정조와 정조시대

서울대학교 규장각한국학연구원 한국학연구총서 38

정조와 정조시대

초판 1쇄 발행 2011년 3월 30일
초판 3쇄 발행 2023년 7월 30일

지은이 김인걸 외

펴낸곳 서울대학교출판문화원
주소 08826 서울 관악구 관악로 1
도서주문 02-889-4424, 02-880-7995
홈페이지 www.snupress.com
페이스북 @snupress1947
인스타그램 @snupress
이메일 snubook@snu.ac.kr
출판등록 제15-3호

ISBN 978-89-521-1187-6 94900
978-89-521-1028-2 (세트)

서울대학교 규장각한국학연구원 한국학연구총서 38

정조와 정조시대

김인걸 외 지음

서울대학교출판문화원

King Jeongjo and His Reign

by Kim, Ingeol et al.

Seoul National University Press

머리말

본서는 조선시대에서 주목받는 시기 가운데 하나인 '정조시대'를 중심으로 한 공동연구의 결과이다. 정조가 마지막을 장식한 18세기는 최근 새로운 사료의 발굴로 특별히 관심이 집중되기도 하였지만 이미 전부터 많은 연구자가 주목해온 시기이다. 일반인들이 보여주고 있는 사랑도 그간 여러 방면에서 진행된 노력의 성과라고 하겠다. 학문을 좋아하여 규장각을 설립한 호학군주 정조, 그의 재위 기간 이어진 조선 문화의 극성, 그리고 그의 갑작스런 죽음 등은 충분히 세인의 관심을 끌만한 소재이기도 하다.

우리의 이번 연구는 장기적인 관점에서 정조시대를 둘러싼 역사적 흐름을 구조적으로 재조명하는 데에 초점을 맞추고자 하였다. 여기에는 다음의 두 가지 문제의식이 있다. 하나는 기존에 축적된 정조시대와 18세기, 더 넓혀 조선후기 연구에서 부족하거나 보완해야 할 점, 혹은 전후를 연결할 수 있는 지점에 대해 반성하고 새로운 연구 영역을 제시해보자는 것이다. 다른 하나는 그사이 한국사 연구에서 가장 중요한 이론으로 기능하였던 '내재적 발전론'에 입각한 조선후기 연구에 대해 새로운 연구 방향을 모색하자는 것이다.

이와 같은 배경에서 우리는 정조와 정조시대에 관련된 기존의 연구 중 주요한 연구 성과를 검토하고, 이를 기반 삼아 앞으로 연구에서 참고했으면 하는 새로운 연구 시각이나 관련 연구자들에게 시사점을 제공할 수 있는 사실을 제시하고자 하였다. 연구를 진행하는 가운데, 자연스럽게 정조시대를 '자아인식'이라는 각도에서 살펴보게 되었다. 그래서 본 연구에서는 정조시대의 자아인식과 관련하여 크게 1부와 2부로 나누어서, 1부에서는 시간과 공간에 대한 인식, 2부에서는 정조와 조선국가 운영을 둘러싼 다양한 관점을 담았다.

본 연구의 출발은 서울대학교 규장각한국학연구원에서 지원하는 2007년도 한국학장기기초연구비 지원에서 비롯되었다. 1년간 이루어진 연구 지원은 본 연구를 진행하는 데에 큰 도움이 되었다. 공동연구원(김인걸 · 한상권 · 문중양 · 배우성 · 정재훈 · 박현순)들은 2주 간격으로 진행되는 공동연구 세미나에 적극적으로 참여하였으며, 연구진 내에서 채울 수 없는 분야에 대해서는 학계의 전문가들을 초빙하여 의견을 듣고 토론을 하기도 하였다. 그 결과는 1차적으로 2008년 5월, 서울대학교 규장각한국학연구원에서 열린 '정조시대와 규장각: 18세기 조선의 자아인식'이라는 학술회의를 통해 발표되었다. 이후 수차례의 보완작업을 거쳐 이제 본서를 상재한다.

그동안 이 연구를 진행할 수 있게 지원을 아끼지 않은 규장각한국학연구원과 본 연구서를 출판하는 데 도움을 준 서울대학교출판문화원에 심심한 사의를 전한다. 아무쪼록 본서의 간행이 조선시대의 중요한 한 장을 장식했던 정조와 정조시대를 새롭게 이해하는 데에 초석이 되기를 바라마지 않는다.

2011. 2
필자 일동

차례

I. 총론: 정조와 그의 시대*

1. 왜 정조시대인가?

조선시대 국왕 가운데 정조처럼 많은 사람의 사랑을 받고 있는 이는 그다지 많지 않은 것 같다. '세종대왕'이 '이순신 장군'과 함께 서울의 한복판으로부터 전국의 모든 초등학교 교정에 자리 잡고 전 국민의 존경을 받고 있지만, 정조에 대한 세인의 관심은 세종에 대한 그것과 달리 조금 더 각별한 것 같다.

정조가 사랑을 받게 된 데에는 소설이나 사극과 같은 대중매체가 큰 역할을 한 것으로 보이고, 문화유산에 대한 국민적 이해 수준이 높아지는 가운데 정조가 이룬 대표적 업적이라 할 수원 '화성(華城)'이 세계문화유산으로 지정된 것도 하나의 요인이라 하겠다. 여기에 정조 때의 왕립도서관이자 정책 산실이었던 규장각(奎章閣)에 대한 이해가 높아진 것도 한몫을 하였다. 최근 소개된 정조의 어찰첩(御札帖)과 관련한 각종 논의가 언론지상을 떠들썩하게 장식하였던 것도 대중적 호기심을 자극하였을 것으로 생각된다.

*이 글은 공동연구원들의 의견을 토대로 김인걸이 대표 집필한 것이다.

정조가 대중매체나 세인의 주목을 받게 된 데에는 개혁군주의 성공과 좌절이라는 그의 삶 자체가 갖는 극적인 요소가 바탕에 깔려 있기 때문이기도 하다. 정조는 자기를 낳아준 아버지 사도세자를 정치적 희생양으로 만든 정국 구도를 근본적으로 바꾸어보고자 노력하였다. 왕조의 버팀목이 되었던 기존 척신세력에 대신할 신진기예들을 대거 육성, 이들의 협조를 얻어 왕조의 기틀을 새롭게 다지고자 하였다. 그러나 정조는 그 결과를 보기도 전에 49세라는 많지 않은 나이에 생을 마감했다. 그렇기에 그의 죽음에 대해서 근거 없는 추측이 나돌기도 하였지만, 그 추측들 역시 정조의 극적인 삶과 일반인의 정조에 대한 기대에서 비롯된 면이 크다고 하겠다.

'문예부흥기'로서 영·정조 시대가 부각되고, 이 시기 조선사회의 문화 전반에 대한 국민적 관심, 더 나아가 자부심이 고양될 수 있었던 데에는 그간 수많은 연구자의 노력이 큰 역할을 하였다. 1960년대 이래 반세기에 걸친 선배 연구자들의 노력의 결과, 이제는 한국 문화를 중국 문화의 아류로 본다든가, 한국사는 정체(停滯)를 거듭해왔다고 보는 구시대적 인식을 거의 불식할 수 있게 되었다. 우리의 주제와 관련해 볼 때, 특히 정치사 부분에서 과거 일본 관학자들이 심어주었던 당파성론을 극복하고 영·정조대 탕평정국을 더 정치하게 이해할 수 있게 된 것은 큰 성과다. 의리, 청론을 중심으로 한 정조의 준론(峻論) 탕평을 영조의 인물중심 완론(緩論) 탕평보다 한 단계 진전된 것으로 평가할 수 있게 된 것은 그 한 예다.

위와 같은 성과에도 불구하고 정조시대를 어떻게 평가하는가의 문제가 남아 있음은 물론이다. 전문 연구들 역시 정조시대에 대한 균형 잡힌 이해를 제공하기보다는 '성군(聖君)' 정조에 초점을 맞춤으로써 대중적 기호를 충족시키는 데에 일조한 것은 아닌가 하는 점은 문제다. 정조를 전통시대의 마지막을 장식한 군주로 볼 것인가, 아니면 근대로의 길을 제시한 개혁군주로 위치 지을 수 있는 것인가의 문제를 놓고 아직도 이견을 해소하지 못하고 있는 것이 작금의 실정이다. 여기에서 우리는 정조시대를 전체적으로 다시 살펴보아야 할 이유를 발견하게 된다. 최근 노론 벽파(辟派) 대신(大臣) 심환지(沈煥之)에게 보낸 정조의 어찰첩(御札帖)이 학계와 사회에 공개됨으로써 정조의 새로운 면모가 주목받고 있다. 거기에서 주로 관심을 모으는 대목은 엄숙한 개혁군주의 상이라기보다는 모사꾼에 가까운 정치가, 정조의 새로운 모습이다. 그러나 그를 막연하게 성군으로 설정하지 않는 이상 정조가 정치가로서, 국왕으로서 자신의 정치적 역할을 수행했던 것은 지극히 당연한 것으로 볼 일이다. 어찰첩도 정조가 국왕으로서 국정에 대한 전망을 가지고 영향력을 행사하고 있었다는 사실을 확인해준다는 데에 의미가 있을 뿐, 종래 탕평국왕의 면모에서 크게 벗어난 사실을 보여주는 것은 없다.

종래 학계에서 국왕 자체에 대한 연구를 깊이 있게 연구해온 것이 아니어서, 정조의 어찰첩이 갖는 의의를 찾는다면 그간 지나치게 신비화되었던 국왕에 대한 이해를 극복할 수 있는 단서를 제공했다는 데서 구해야 할 것이다. 따라서 정조를 포함한 그의 시대, 18세기 후반 조선의 역사가 조선사나 우리의 역사에서 어떠한 의미를 갖는 것인지 조금 더 내밀한 고찰이 필요하다. 그렇다면 정조의 진면목은 무엇일까? 탕평국왕, 문화군주, 비운의 국왕이라는 단면을 넘어서는 조선의 22대 국왕 정조의 참모습은 무엇일까? 또 정조가 추구한 사회는 어떠한 모습일까? 이런 의문을 다시 품으면서 이 책을 구상하였다.

조선후기의 역사에 관해서는 실학 연구라는 오래된 연구사적 전통이 있다. 그런데 1960－70년대의 연구가 주로 사회경제사적 연구에 무게중심을 두어왔다면, 1980년대 이래 최근의 연구는 정치사·사상사의 연구가 중심이 되어 과거 사회경제사 분야 연구가 갖는 거시적·도식적 한계를 극복한다는 차원에서 진행되고 있다. 그리고 상대적으로 사회경제사 연구의 부진 속에서 연구가 진행된 결과 실학 연구 등 기존 연구와의 연구사적 단절이 눈에 띈다. 아울러 각 분야의 연구 성과 사이에는 상호 연결할 만한 접점을 찾기 어려운 연구사적 문제도 안게 되었다. 따라서 각 분야사 간의 통합적 연구, 나아가 비교사적 연구와 학제적 연구가 필요한 시점이다.

지금까지 정조시대 이해를 위한 많은 연구가 있어왔다. 그런데 각 사건이나 현상을 포함한 시대상이나 각 인물, 사상 등에 대한 평가에 있어서 합의점을 찾지 못하는 경우가 적지 않고, 합의하고 있는 내용이라고 하더라도 그 의미 해석이 빈곤한 경우를 상당수 발견하게 된다. 예를 들어 정조의 탕평에 대해 자세하게 알게 되었음에도 정조를 정치사에서 어떤 존재로 위치 지을 것인가에 대해서는 설명들이 매우 다르다. 의리론으로 파악하는 경우에도 탕평군주 정조를 사림의 의리를 대변하는 것으로 보는지, 아니면 국왕 자신이 세운 독자적 의리를 구현하는 것으로 보는지 견해가 다르다. 또 공(公)과 사(私)의 논리로 보더라도 무엇이 공사의 구분 근거가 되며, 정조가 자임하는 공의 내용이 무엇인가에 대해서도 충분히 설명되지 못하고 있다.

연구를 진진시키지 못하는 것은 개별 연구, 공동연구라 하더라도 기존의 연구가 개별 연구의 집합에서 크게 벗어나지 못한 데서 비롯된 것으로, 지금까지의 연구가 객관적 지표를 확보하지 못한 채 진행되어온 방법론적 한계에서 비롯된 면이 적지 않은 것으로 보인다. 이제 정조시대의 역사적 과제와 정조시대가 도달한 당대의 역사적 수준에 대한 객관적이고 종합적인 이해가 요구된다. 여기에서 우리는 당시 사회상을 반영하는 객관적 지표를 축적하고 이를 통해 새로운 연구 방법론을 모색해야 할 시점에 와 있음을 확인하게 된다.

2. 본서의 구성과 내용

본서에 수록된 글들은 위와 같은 문제의식을 공유한 6명의 연구자들이 수행한 공동연구의 결과물이다. 이번 공동연구는 정조와 정조시대를 중심으로 새로운 연구를 하기 위해 필요한 기초작업, 즉 이제까지의 연구 성과를 검토하여 앞으로 정조시대를 살필 때 필요한 공통 기반을 마련하기 위해 기획되었다.

본 연구는 정조시대를 전체적으로 아우를 수 있는 주제의 하나로 '자아인식'을 선택하였다. 그리고 이번에는 '자아인식'이라는 관점을 크게 보편과 특수의 차원에서 둘로 나누어, 하나는 시간과 공간에 대한 인식, 그리고 다른 하나는 조선 인식과 국가운영을 고찰하였다. 이와 같은 구상에 의해 전반부에는 「18세기 후반 조선 과학의 역사 시간」, 「공간에 관한 지식과 정조시대」라는 두 편의 글을 싣고, 후반부에는 「정조의 '국체' 인식」, 「정조의 군주론과 왕정」, 「정조대 서울·지방의 분화와 지방 사족의 등용」, 「18세기 국가운영체제의 재정비」 등 네 편의 글을 실었다. 이 후반부 네 편의 글은 국가를 기준으로 보았을 때 각각 대내외적인 자기인식, 국정 주도자로서의 국왕, 중앙과 지방, 국가와 민이라는 주제에 짝하는 것이다.

가장 먼저 실은 문중양의 「18세기 후반 조선 과학의 역사 시간」은 정조대를 중심으로 18세기 후반 조선의 과학이 역사적으로 어떠한 위치에 있었고, 어떤 길로 향하고 있었는지 규명해보려는 글이다. 검토 결과 확인된 것은 정조대 과학을 구성하는 요소들이 다양했다는 사실이다. 정조라는 당시 가장 영향력 있는 행위자는 중국에 버금가는 문화국가로서의 위신을 본국력(本國曆)을 통해서 달성하려고 했다. 정조에게는 서양식 신법이든, 과거의 고법에 입각한 것이든 그것이 중요하지는 않았다. 본국력의 확립을 통해서 번속국(蕃屬國)으로서의 위치에서 떨쳐 일어나 청과 대등한 문화국가의 위신을 세우려 했을 뿐이다.

본국력을 확립하기 위해 수용하고 익혔던 구성 요소들로 새로운 수학 지식이나 천문학 지식, 천문 자료도 활용하였다. 조선에서 당시 가장 전문가적인 사대부 천문역산가였던 서호수와 이가환 같은 행위자들은 오로지 신법을 통해서만 본국력을 확립할 수 있다고 믿었을 것이다. 그러나 대다수 조선의 사대부 행위자들은 그에 동의하지 않았던 듯하다. 신법을 통해서는 유교적 문화 국가에 적합한 본국력을 수립할 수 없다고 생각했을 것이다.

본국력의 확립 과정에서 중국에서 부활한 고법과 중국식으로 옷을 갈아입은 신법이라는 구성요소가 유입되었다. 이것이 정부와 천문역산가라는 행위자와 연결됨으로써 시헌력 체제와 『역상고성(曆象考成)』 체제의 완성이라는 길로 나아갔다. 또한 유학자 행위자들과 연결되면서는 형이상학적인 우주론 사색의 길로도 나아가기도 했다. 이렇게 18세기 후반 조선이라는 무대에서 고법과 신법, 천문역산가와 유학자, 그리고 정조라는 구성요소와 행위자들은 하나의 연결망 속에 있었다.

그런데 당시 강력한 방향성을 제시하는 비인간 행위자가 희미한 전조등을 켜고 있었다. 매문정(梅文鼎)의 과학담론과 연구 프로그램, 이 행위자는 본국력 확립이라는 과제를 수행하는 가운데 중국과 조선의 접속 채널을 통해 그간 꾸준히 몸집을 키워온 터였다. 18세기 말 조선의 과학계는 이 진조등을 따라가는 듯했다. 하지만 그 외곽의 동아시아적 무대에서 보면 이 전조등과는 상당히 다른 길을 비추며 가고 있는 또 하나의 연결망이 있었다. 이웃 난학자가 주도하는 일본의 무대였다. 그러나 조선은 1763년 이후 이 연결망과의 접속을 끊었다는 점을 확인하게 된다.

두 번째, 배우성의 「공간에 관한 지식과 정조시대」는 지리지식을 역사화한다는 문제의식을 가지고 정조와 정조시대에 적용한 글이다. 집필자는 첫 장에서 지리지식에 관한 선행연구들의 성과와 문제점을 살핀 뒤, 새로운 관점의 필요성을 탐색했다. 집필자는 그 과정에서 남북 길이 2,800리에 달하는 조선전도의 등장, 『해동여지통재』의 편찬, 「황여전람도」의 조선 전래 등 정조시대에 이루어진 지리지식의 성과들을 확인했다. 2,800리 조선전도는 육지와 제주도 사이의 실제 거리를 감안한 새로운 형태의 조선전도였다. 『해동여지통재』는 전국지리지로서는 『동국여지승람』 이후 최초의 성과였다. 중국지도학의 결정판이라는 「황여전람도」는 조선에 전래되어 『서북계도』에 그 흔적을 남겼다. 이 사례들은 모두 자국과 자국사의 토대를 새롭게 인식하려 하는 시도와 직간접으로 연결되어 있다는 점에서 정조시대 자아인식의 양상을 반영한다.

둘째 장에서는 주로 발화자(發話者)로서의 정조를 다루었다. 정조가 지리서나 지리지식을 필요로 했던 것은 합리적인 정책을 수립하고 시행하기 위해서였다. 그러나 그것은 도덕과 포폄을 본질로 하는 경세체용에서 이탈하려는 것이 아니라, 경세체용의 관계를 지리지식이라는 새로운 방식으로 읽어내려는 것이었다. 정조는 한편으로 청의 국가 규모를 의식한 위에서 조선의 위상을 정하려 했다. 정조의 생각은 조선팔도의 북극(北極) 고도(高度)를 정하는 장면에서 잘 드러난다. 실측이 아니라는 점에서 한계는 분명한 것이지만, 적어도 청과 같은 수준에서 자국 팔도의 위치를 확인하려 했다는 점에서 개체로서의 조선 자신을 의식하려는 노력이 엿보인다.

셋째 장에서는 정조의 의도와는 무관하게 형성되거나 전개된 지식을 다루었다. 압록강, 두만강 대안(對岸)에 대한 기억, 그리고 공간지식의 유통구조와 지식의 공유수준의 문제를 주로 다루었다. 정조시대 공간에 관한 지식의 총량이 늘어났다는 사실과 함께, 역설적이지만 그 지식이 서울의 지식인 집단 사이에서 폭넓게 공유되지는 못했다는 사실을 아울러 지적한다.

집필자는 정조나 정조시대가 생산해낸 지식의 총량을 이해하는 것은 중요한 일이라고 주장한다. 그러나 그 지식의 총량을 백화점 식으로 나열하거나 그것을 다른 왕정과, 혹은 근대와 단선적으로 비교하는 것이 급한 것은 아니라고 생각한다. 정조가 지향했던 가치, 정조시대가 추구했던 방향에 대한 당대적 인식을 이해하는 일이 무엇보다 중요하다는 점을 강조하고 있다.

세 번째, 김인걸의 「정조의 '국체' 인식」은 종래 조선의 자아인식의 문제가 주로 대외적인 측면에서 다루어져온 점에 주목하고, 이를 확대하여 대내외적인 면을 아울러 검토함으로써 조선후기 정조의 '국체(國體)' 인식이 갖는 특성을 드러내고자 하였다. 흔히 국체란 근대국가의 정치체제[政體]를 의미하는 용어로 이해되는바, 이 같은 의미의 국체 논의가 조선사회에서 깊이 있게 논의된 적은 없다. 그렇지만, 조선에서도 대내외적으로 자신의 존재에 대한 인식이 확대 심화되고 있었던 만큼 이에 대한 역사적 접근이 필요하다는 판단에서 이루어진 글이다.

이 글은 세 부분으로 이루어져 있는데, 앞의 두 부분에서는 '중화질서'에서 조선의 지위를 다룬 기왕의 연구와 최근 주목되어 온 '조선중화론'에 관한 연구들이 갖는 의의와 한계를 연구사적으로 검토하였다. 그리고 세 번째 부분에서는 그 바탕 위에서 국왕 정조의 국체 인식을 중점적으로 다루고 있다. 정조는 '국체'를 대내외적인 차원에서 공히 강하게 의식하고 있었는데, 이는 일본·청과의 커다란 전쟁을 거치고 난 뒤 조선후기 역사 경험에서 형성된 것으로 파악한다.

연구에 따르면 정조의 국체인식은 현실적 조건을 인정한 위에서 전개된 것으로, 대외적인 면에서는 청을 인식한 것이었고 대내적인 면에서는 국가 기구 운영 및 그 방향과 관련되어 사고되고 있었다. 즉, 대외적인 측면의 전자와 관련해서 정조는 기존 대명의리를 버리지 않되 그것을 의식(儀式)으로서 정리하고, 청과의 관계에서 현실적인 조공책봉관계를 유지하되 기존 중화주의적 질서에서 자유로워진다는 것이다. 그리고 후자와 관련해서는 자신이 추구했던 '우현좌척(右賢左戚)'의 정치운영 방식이 빚은 문제점을 후대 왕이 답습해서는 곤란하다고 보고, 군주(君主)－척리(戚里)[외척]－정신(廷臣)[대소신료] 3자가 각자의 분수를 지키며 제 역할을 하는 '국조본색(國朝本色)'의 정치체제를 지향했다. 국가운영과 관련해서 정조는 자신이 강조해온 민(民)의 이해를 배려해야 함을 매우 강조하였는데, 이는 민본정치라는 원론에서 크게 나아간 것은 아니었다. 정조는 '민국지대계(民國之大計)'를 꾸림에 있어 항상 '손상익하(損上益下)'라는 원칙을 지키려 하였으며, 이것이 국체를 지키는 일이라고 강조한 점도 지적했다.

다음으로 한상권은 「정조의 군주론과 왕정」을 검토하였는데, 그 요지는 다음 세 가지로 요약할 수 있다. 첫째, 16세기 사림세력의 성장과 함께 군주로 하여금 성학(聖學)=수기치인학(修己治人學)을 이수하여 성인군주가 될 것을 요구하는 군주성학론(君主聖學論)이 등장하였다는 점이다. 군주성학론을 인정하게 되면 국왕은 더는 하늘의 명을 받아 백성에 군림하는 절대적 . 초월적 존재가 아니게 된다. 국왕은 천명을 인간사회에 구현하는 능력, 즉 유교에서 이상으로 여기는 왕도정치를 현실사회에 실현함으로써 권능을 인정받는 세속적 존재가 된다. 둘째, 군사(君師)를 자임한 정조는 유교적 왕정을 정책을 통해 현실사회에 구현하려 하였다는 점이다. 소민(小民)을 나라의 근본으로 파악한 정조는 능행 등을 통해 백성들과의 활발한 만남을 가졌고, 손상익하(損上益下) · 일시경외(一視京外)를 정책의 이념적 지표로 삼아 계층 간 · 지역 간 갈등을 완화함으로써 대동사회를 실현하려 하였다. 정조가 정도(正道)로써 세상을 복종시킨 임금이라는 의미에서 '정(正)'이라는 묘호(廟號)를 받은 것은 이 때문이다. 그리고 셋째로 정조는 유교적 왕정이념에 입각하여 특정 계층의 이익보다는 사회 전체의 이익을 대변하려 함으로써 국가의 계급성이 약화된 반면 공공성이 상대적으로 높아졌다는 점을 지적한다. 이는 국가권력의 폭력성과 수탈성을 강조하는 연구와는 다른 견해다.

이 연구는 정조의 군주론이 사림들이 주장하는 군주성학론을 극복하는 과정에서 나왔다는 점을 지적한 것과 아울러 정조의 군주론을 왕도정치의 실현이라는 현실정치와 연결시켜 파악하였다는 점에서 주목된다. 그리고 정조 왕정의 지향점이 지역 간 · 계층 간 갈등을 완화하여 대동사회를 구현하려는 데에 있었다는 점을 지적한 것도 시사하는 바가 크다고 하겠다.

다섯 번째, 박현순의 「정조대 서울 · 지방의 분화와 지방사족의 등용」은 조선후기 서울과 지방이 분화되는 가운데 정조가 어떻게 인재 등용

책을 펼쳐가는가 하는 점을 검토하였다. 서울과 지방이 분화되면서 당대인들이 직접적으로 서울과 지방의 차이를 인식하게 된 계기의 하나가 인사(人事) 문제였다. 이 문제는 숙종대 후반부터 본격적으로 제기되었는데, 문과(文科)가 서울 유생들에게 유리하게 운영되고 청요직(淸要職)도 서울의 벌열에게 집중되어 지방 출신들이 인사에서 소외된다는 것이 그 요지다.

지방 인사를 정책적으로 등용하려는 시도는 영조대부터 나타났지만, 정조대에는 이를 계승하여 향거리선(鄕擧里選)을 모델로 하는 도천(道薦)을 시행하였다. 도천은 삼대의 이상 정치를 모델로 지방의 인재를 고르게 등용하는 것을 목적으로 하였으나 정치권력이 서울에 집중되고 인사 적체가 만연된 가운데 실효를 거두기 어려웠다. 이념적인 혼란과 체제 위기를 인식한 정조는 자신에게 필요한 인재상을 구체화하였다. 그 결과 정조대 후반에는 지역의 사표(師表)가 되는 선현(先賢)·충신(忠臣)의 후손 등용과 정학(正學)의 부양을 위한 지방별 응제시(應製試)를 더 활발하게 시행하였다. 이는 지방 인사 등용과 지방 교화를 동시에 추구했다는 것을 의미한다.

정조대는 경직과 동요가 병존하던 시대였다. 정치권력은 벌열화하고 경직되어 간 반면 체제를 유지해온 성리학적 명분론과 신분질서 및 경제질서가 동요하고 있었다. 그 사이에서 경직을 풀고 다기한 욕구와 소외를 소통시켜 새로운 통합을 추구하는 것이 정조대의 과제였다고 할 수 있다. 필자는 서울과 지방의 분화 역시 18세기의 경직성을 보여주는 양상 중 하나로 파악한다. 지방 사족의 등용은 왕도정치의 이념 하에 지역 간의 격차를 완화하고 전국의 인재를 등용, 배양하는 한편 구래의 이념과 질서를 고수하는 지방사족들을 부양함으로써 지방사회를 안정시키려는 목표를 갖는 것이었다. 이러한 관점에서 이 연구는 서울과 지방을 균형있게 파악하는 연구의 중요성을 제안한다.

마지막으로 정재훈의 「18세기 국가운영체제의 재정비」는 18세기의 탕평국왕들이 내세운 정치운영에 관해 그 전범과 실제를 검토하였다. 흔히 영조와 정조 같은 탕평국왕들이 요순지치(堯舜之治)를 표방한다고 하였지만 그 실체에 대해서는 분명하게 제시된 것이 없었다. 또한 그같은 지향이 어디에서 유래하였는지에 대해서 분명하게 밝혀진 바가 없다.

전범과 관련해서 이 연구는 이전 조선의 역사를 고려하여 국가운영체제의 지향을 살펴볼 것을 권하고 있다. 필자가 주목한 것은 조선초기의 경우 국가중심의 성리학 이해와 이를 기초로 한 국가체제의 운영을 시도한 바가 있다는 점이다. 18세기에도, 이러한 앞선 사례를 전폭적으로 인용한 것은 아니지만, 그 같은 점을 강하게 인식하고 있었다는 점을 확인하고 있다.

필자는 조선중기에는 사림에 의해 국가 중심의 운영체제를 사림들의 적극적인 참여로 이끌려는 노력이 경주된 반면, 탕평국왕의 국가운영체제에 대한 구상은 사림정치론을 넘어서 조선 초에 제시되었던 국가(국왕)－민의 체제를 복원하는 것과 관련이 있다고 본다. 비록 조선초와 같은 형태의 복원은 아니지만 이 과정에 붕당정치의 타파를 위해 여러 가지 방법이 시도되었다. 이는 국왕의 처지에서는 결국 사대부 관료들을 탕평의 세계로 끌어들이려는 것이기도 했다.

그러나 위와 같은 시도는 국왕이라는 정조의 입장에서 취해진 시도일 뿐 기존 체제를 근본적으로 변화시킬 수 있을 만큼 충분하지는 못했다. 결국 정조대에 시도된 국가운영체제 재정비의 실상은 이 점에서 조선의 역사 전체와의 비교 위에서 그 위상이 드러날 수 있을 것으로 본다. 그리고 이러한 비교에서 나아가 동아시아에서 중국과의 비교, 서양과의 비교사적 연구의 필요성을 전망한다.

정조는 『존주휘편(尊周彙編)』을 편찬하고 대보단에 성심으로 배향하였다. 여기에서 볼 수 있듯이 그는 성리학 이념에 충실한 군주였다. 그러나 정조는 주자학적인 방식으로만 사회를 이해하지 않았다. 한(漢)·당(唐)대의 지식은 물론 서구지식, 청나라의 고증학 등을 받아들여 사회를 총체적·종합적으로 이해하고 이끌어가려 하였다. 또한 정조는 "우리 동방에 태어났다면 마땅히 우리 동방의 본색을 지켜야지 어찌 굳이 중국을 본받으려 애쓸 필요가 있겠는가"(『홍재전서』, 「일득록」)라고 하여, 조선의 지식인들이 자신의 본색을 버리고 중국 것을 모방하는 행위를 비판했다. 정조시대는 주자학에 대한 완숙한 창조적 이해를 바탕으로 자아에 대한 인식이 그 어느 때보다 고양된 시기였다. 정조시대에는 시간인식, 공간인식, 국체인식 등에서 자아인식이 투철하였고, 그 바탕 위에서 국정이 운영되었던 것이다.

3. 정조시대 연구의 의의

그간 정조와 정조시대에 관한 우리 학계의 논의는 대체로 매우 극적인 지점에 집중되어왔다. 정조는 개혁군주인가 아니면 노회한 정치가인가. 정조가 추구한 개혁의 실체는 무엇인가. 정조는 조선을 어디로 이끌어가려 했는가.

정조시대에 관한 역사상이 하나로 정리되기 어려웠던 것은 정조가 취한 다양한 정책 노선이 서로 충돌하는 것처럼 보이는 경우가 많기 때문이기도 하였다. 패관소품과 청조 고증학 그리고 전범 없는 글쓰기를 비판한 정조와, 서양과학 마니아인 서호수의 주장을 받아들인 정조는 같은 사람이었다.

정조에 관한 논의가 합의에 도달하기 어려웠던 또 다른 이유 중 하나는 정조와 그 시대를 근대와 관련한 어느 지점에 위치시키지 않으면 안 된다는 조급함 때문이기도 했다. 아래로부터의 근대화와 위로부터의 근대화, 농업중심의 근대화와 상공업중심의 근대화, 식민지 근대화론과 식민지 근대성 등 조선후기 전체를 보는 분열된 시선들이 여전히 정조와 정조시대로 향하고 있는 형편이다. 정확하게 말한다면, 정조와 정조시대는 그 분열된 시선들이 가장 압축적으로 충돌하는 지점이기도 하다.

정조와 그 시대의 역사적 위치를 설정하는 것이 중요한 문제라는 것을 부인하는 연구자는 없을 것이다. 물론 움직일 수 없는 사료적 근거에 기초해 비교사적 논증의 과정을 거친 결론이라면, 우리가 정조를 유교적 계몽절대군주라고 부를 수 있을지도 모른다. 그러나 정조와 그 시대가 유럽에서 실현되었던 국가주도형 근대의 길을 향해 얼마나 잘 가고 있었는지 아니면 잘못 가고 있었는지를 재단하는 것은 적어도 지금 우리에게 가장 시급한 일은 아니다. 유럽적 근대의 모델에 집착해야 할 만큼 현재 우리 학계의 학문적 자양분이 메말라 있는 것은 더욱 아니다.

결국 우리 공동연구자들은 정조와 정조 시대를 역사적으로 자리매김하기 위해 하나의 지표를 설정할 필요성을 느꼈다. 우리가 주목하고자 했던 것은 정조시대의 자아인식이었다. 정조와 그 시대 지식인들이 자기 시대와 국가를 인식하는 방식을 당대의 맥락에서 해명하는 쪽으로 논의의 물꼬를 돌려보고자 한 것이다. 우리는 이 과정에서 정조와 그의 시대가 개체로서의 자아에 대해 분명한 자기인식에 도달했다는 잠정적인 결론을 내리게 되었다. 이 자아는 청을 의식하면서 형성된 자아라는 점에서, 그리고 공(公)과 소통을 지향하는 자아였다는 점에서 뚜렷한 자기정체성을 갖는다.

조선을 하나의 문명적 실체로 간주하는 인식은 이미 17세기부터 확인된다. 명·청교체 이후 조선을 중화문화의 유일한 담지자로 여기는 사람들이 적지 않았다. 그러나 그 인식은 현실에 존재하는 청의 존재를 부정하는 발상 위에서 나온 것이었다. 그에 비하면 정조와 정조시대에서 확인되는 개체로서의 자아인식은 실체로서 존재하는 청의 국가 규모나 문화적 성취를 '충분히' 의식한 것이었다는 점에서 특별한 의미가 있다.

정조는 일찍부터 청대의 문화프로젝트에 관해 주의를 기울이고 있었다. 정조는 『사고전서』 수입을 시도하다가 『고금도서집성(古今圖書集成)』을 들여왔으며, 『내각방서록(內閣訪書錄)』을 작성하여 체계적인 도서 구입을 시도했다. 정조는 조선의 문화를 청대의 문화적 성취에 뒤떨어지지 않는 수준으로 끌어올리려 했다. 우리 공동연구자들은 정조가 조선 팔도의 북극고도를 산정하고 본국력을 채택하는 장면에서, “동방의 본색을 지켜야 한다”고 말하는 모습에서 청과 대비되는 개체로서의 자아인식을 보았다.

정조는 주자학이 가진 정학(正學)으로서의 권위에 대해, 그리고 대명의리론과 왕도정치의 적실성에 대해 결코 의심하지 않았다. 또한 정조가 제시한 군사론(君師論)과 탕평론은 군신공치론(君臣共治論)과 군주성학론에 대해 탕평군주들이 취해온 정치론의 연장선상에 있었다. 그런 점에서 학문과 왕도, 그리고 탕평정치를 바라보는 정조의 시선이 정조만의 것이라고 말하기는 어렵다. 그러나 정조는 같은 패러다임 하에서 다른 어느 군주도 시도하지 못한 공(公)과 대동(大同), 소통, 통합의 정치를 지향하는 모습을 보여주었다. 우리 공동연구자들은 정조가 공천하(公天下)의 이념 하에 지역 간, 계층 간 갈등을 조정하고 소외된 지방지식인을 소통시키려는 노력에서, 그리고 국가-왕실 중심의 의례서를 편찬하는 양상에서 그 공적 자아에 대한 인식을 보았다.

우리는 자아인식에 대해 검토한 이 작은 결과물만으로 정조와 정조시대를 온전히 자리매김할 수 없다는 것을 잘 알고 있다. 다만 우리는 정조와 정조시대에서 간취한 자아인식을 통해 그들의 사유구조와 정책지향을 어느 정도 드러낼 수 있었다는 점에서 앞으로 이루어질 다른 연구에 대해 하나의 제안을 하였다고 생각한다. 우리는 이 연구가 확장된다면 19세기의 역사를 이해하는 실마리가 될 수도 있다고 생각한다. 19세기 한국사를 전망하면서 최한기의 사상적인 성취나 민을 중심으로 한 정치 참여 층의 확대 과정에 의미를 부여할 수 있다면, 그것은 상당부분 정조시대의 유산이라고 말할 수도 있기 때문이다. 물론 그것이 서학(西學)과 민에 대한 정조의 정책의지가 만든 결과인지, 그렇지 않고 정조의 정책지향으로 생긴 다양한 여백이 정조의 의지와 무관하게 만들어진 것인지는 엄밀하게 논증되어야 할 것이다.

제1부

시간과 공간 인식

II. 18세기 후반 조선 과학의 역사 시간

문중양(서울대학교 국사학과)

1. 왜 조선 과학의 역사 시간을 묻는가?

정조대의 과학기술은 역사의 흐름 속에서 어디쯤 가고 있었을까? 1990년대 후반 이후 일련의 소장 과학사학자들의 정력적인 연구 성과가 쏟아진 결과 조선후기 과학기술의 역사상은 상당히 규명되었다고 자부할 수 있다. 실제로 17세기 초 천문학과 지리학 정보를 중심으로 중국을 통해 이질적인 외래의 과학 지식이 들어온 이후 17−18세기 동안에 이루어진 전통 과학의 변동 양상에 대한 역사적 이해가 여러 차원에서 심도 깊게 밝혀졌다. 그런데도 당시 조선의 과학 시계가 어디쯤 가리키고 있었는지에 대해서는 연구자 사이에 일치된 견해를 형성했다고 보기는 어려운 것이 작금의 현실이다.

18세기 후반 조선의 과학이 중세의 주자학적 자연학과는 분명히 달라져 있었다는 데에는 연구자 대부분이 동의하고 있다. 그렇다고 해서 과학혁명 이후 형성된 서양의 근대과학과 같은 단계의 과학에 근접했다고 보는 연구자도 이제는 거의 없다. 조선의 과학은 그사이 어디쯤 있었음이 분명하다. 그런데 조선의 과학시계가 어디쯤 가리키고 있었는지 규명하는 일만큼이나 연구자 사이에 일치된 견해를 얻기가 어려운 것은 조선의 과학시계가 어디로 향하고 있었는지에 대한 논의다. 18세기 후반 조선의 과학은 근대로 향해 가고 있었을까? 사실 1990년대 중반 무렵까지만 해도 소위 실학자들의 자연 지식이 지닌 근대성의 맹아에 대해서 의심하는 연구자들은 그리 많지 않았다. 그러나 근래의 연구자들은 조선후기 전통과학이 근대를 향해 가고 있었다는 사실에 의심을 던지는가 하면, 더 나아가 근대성을 찾는 작업 자체에 회의적 태도를 보이기도 한다.

이 글은 18세기 후반 조선의 과학시계가 동아시아 과학의 역사적 발전 과정 속에서 어디쯤 가리키고 있었는지 규명해보려 한다. 물론 만족스러운 답을 얻기 위해서는 한 편의 짧은 글로는 부족하며, 조선의 지성사와 사회사적 여러 배경에서 조선 과학의 역사적 지형과 위상을 여러 각도에서 규명해야 가능할 것이다. 다만 이 글에서는 근래의 주목할 만한 연구 성과를 최대한 반영해서 조선 과학의 역사시간을 판단하는 데 노움이 될만한 몇 가지 주제를 검토해보는 것으로 고찰 범위를 국한한다. 먼저 조선의 과학이 처해 있던 동아시아 무대에서 18세기 후반 중국과 일본 과학의 역사시간과 패러다임의 역사적 흐름에 대해 살펴본다. 그러한 동아시아 무대에서 조선의 과학은 17세기 이후 18세기 후반까지 어떻게 변화했는지 살펴볼 것이다. 그것은 소위 개력(改曆) 사업으로 일컬어지는 정부 차원의 전문적인 천문역산 사업과 사대부 식자층의 자연철학적인 자연지식에 대한 과학담론의 변화라는 다소 상이한 두 가지 층위에서 각각 살펴볼 것이다. 마지막으로 18세기 후반에 이루어진 정조대 천문역산 사업의 성과를 본국력의 확립이라는 차원에서 살펴보겠다. 이를 통해 17세기 이후부터 18세기 후반에 이르기까지 변화된 과학의 지형도와 성과에 대한 역사적 성격을 살펴볼 수 있을 것이다. 그러한 18세기 후반 조선 과학의 역사 시간이 19세기에 어디로 흘러갔는지는 후속 연구과제로 남긴다.

2. 동아시아 과학의 역사 시간: 중국과 일본

18세기 후반 건륭제 때의 가장 큰 학술 사업이던 『사고전서』(1772-1781) 편찬 사업은 고대 이후 중국에서 이루어진 모든 지식의 성과물을 총정리하는 거대한 국가적 사업이었다. 그중에 천문산법류는 고대 이래 쏟아진 수많은 천문역산 분야의 문헌을 발굴하고 정리해서 묶어내면서 중화의 천문산법을 대표하는 신뢰할 만한 문헌들을 선정하여 수록했다. 이때 선정의 기준은 소위 매문정(梅文鼎, 1633-1721)의 연구 프로그램과 과학담론이었다. 이러한 매문정의 프로그램과 『사고전서』 천문산법류에 수록된 내용은 18세기 후반 중국 과학의 지형뿐 아니라 역사시간을 가장 잘 가리키는 지표인 듯하다.

『사고전서』 천문산법류에 수록된 문헌은 『주비산경』과 『구장산술』 같은 고대의 고전적 문헌부터 18세기에 이르기까지의 중요한 문헌이 포함되었지만, 거의 대부분이 서양과학이 유입된 후 편찬된 것들로 17세기 이후 얻어진 성과물이 절대적인 비중을 차지하고 있음을 알 수 있다.[1] 이는 그만큼 17세기 이후 중국 천문역산 분야에서의 지각 변동이 컸음을 말해준다. 실제로 17세기 명말청초 무렵 중국의 과학은 그 어느 때보다도 큰 변화를 겪었다. 물론 그러한 변화는 양자강 유역을 중심으로 하는 강남의 풍부한 사회경제적 기반과 함께 그것을 토대로 하는 고증학적 학문 활동의 형성을 배경으로 일어났다. 하지만 그와 함께 종래의 전통과학과는 매우 다른 이질적인 외래 서양 과학의 유입도 그에 못지않은 큰 배경이었다고 할 수 있다. 그것은 마테오 리치(利瑪竇, Mattco Ricci) 이래의 서양 예수회 선교사가 주도한 서양 천문학과 지리학 등의

1. 현재 영인본 『사고전서』 천문산법류의 17책 중에 17세기 이전의 것은 2책에 불과했고 15책이 17세기 이후 서양식 천문역산 수용 이후에 편찬된 문헌들이다. 다른 지식 분야에 비해서 17세기 이후, 특히 서양식 천문역산 내용이 담긴 과학서의 비중이 월등히 컸음을 이를 통해 단적으로 알 수 있다.

유입이었다. 마테오 리치에 의해 세계지도인 『곤여만국전도』(1602)와 천문학의 『건곤체의』(1605), 그리고 수학의 『기하원본』(1611) 등의 개설적인 한역 서양과학서가 간행되어 중국에 소개된 이후 얼마 지나지 않아 소위 『숭정역서』 편찬사업이라는 국가적인 차원의 체계적이고 전문적인 서양식 천문역산 지식의 수용과 그것을 토대로 한 개력 준비 사업이 이루어졌다. 그것은 예수회 선교사 아담 샬(湯若 望; Adam Schal lvon Bell, 1591－1666)과 로(羅雅谷; Jacobus Rho, 1593－1638), 그리고 그들의 중국인 협력자 서광계(徐光啓)와 이천경(李天經) 등의 고위직 관료들의 주도로 1629년부터 시작되어 1635년 최종 보고서가 올려지며 일단락된 개력을 위한 거대한 과학 프로젝트였다. 이 『숭정역서』는 명말의 다급한 정치 상황에서 반포되지 못했지만 그 내용이 고스란히 청이 들어선 이후 1644년 "시헌력"으로 반포되었고, 1645년 『서양신법역서』로 편찬·간행되었다. 『서양신법역서』는 『건곤체의』와 『기하원본』을 위시해서 예수회 선교사들이 전해준 중요한 천문역산의 모든 천문역사 지식을 체계적으로 정리해 수록한 방대한 문헌이다.

그런데 시헌력의 반포와 국가 공인의 『서양신법역서』의 편찬이 곧 중국의 고전적 역법의 패퇴와 서양 천문학으로의 대체를 의미하는 것일까? 서양 천문역산의 수용과 시헌력으로의 개력 사업을 통해서 중국의 전통 과학에서 이루어진 지각 변동의 내용과 그 양상을 면밀하게 따져볼 필요가 있다. 시헌력을 채택하면서 수용했던 지구설을 전제로 하는 기하학적 구면삼각법을 이용한 새로운 천문학의 이론과 계산법은 전통 천문역산과는 완전히 다른 것으로 그것 자체로도 혁명적이라고 할 수 있다. 실제로 땅이 구형(球形)이라는 사실, 그리고 그 지구 안에서 중국의 땅 덩어리는 아주 일부분에 불과하고 게다가 중국 땅만이 유일한 중심일 근본적인 이유가 없다는 사실 등은 전통적인 세계관과는 양립할 수 없는 가히 혁명적이고 동시에 불온한 내용이었음은 분명했다. 그런데도 그렇게 불온한 내용의 서양 과학 지식이 중국 정부의 공식 역법을 구성하는 이론과 계산법으로 어떻게 확고한 자리를 잡을 수 있었을까?

『서양신법역서』에서 서양과학 지식이 자리 잡은 모습은 사업의 최고 책임자였던 서광계를 통해서 단적으로 살펴볼 수 있다. 그것은 "저들의 재질(材質)을 녹여서 대통력의 모형(模型)에 넣는다"는 것이었다.[2] 이 말은 서양식 천문역산을 해체해 그것의 구체적인 지식 정보를 대통력이라는 중국 전통의 역법체계 모형에 넣어서 하나로 회통한다[會通歸一]는 의미였다. 그렇게 해서 얻은 구성물, 즉 새로운 역법체계 내에서 서양의 천문학 이론과 계산법은 그야말로 해체되어 지식 정보의 상태로 스며들어 중국의 전통 역법체계, 즉 고법(古法)을 더욱 깊이 있고 풍부한 것으로 만들어주는 데 기여할 뿐이었다.

매년 동지 때 간행·반포한 시헌력서를 살펴보면 그러한 사실을 단적으로 알 수 있다. 물론 주지하는 바와 같이 시헌력은 종래의 100각법 시제(時制)와 365와 1/4도 주천도수를 전면적으로 바꾸어 96각법 시제와 360도로 바꾸는 등 중요한 변화가 있었다. 또한 이미 언급한 바와 같이 지구설을 전제로 서양의 수학인 구면삼각법을 이용해 천체 운행을 계산했다. 그럼에도 역서로서 시헌력의 체제가 대통력과 질적으로 다른 체제였다고 볼 수는 없다. 고대의 태초력 이래 유지되어 왔던 태음태양력의 기본 줄기는 변하지 않았으며, 그레고리력의 태양력 체제로 바뀐 것은 청이 망하고 난 후인 민국시절 1913년이었다. 시헌력서에 수록되는 내용의 뼈대는 물론 천문학적 계산치와 자료들이었다. 즉 일년의 총 일수, 12달의 대·소, 윤달을 두는 치윤(置閏), 세차(歲差)·월건(月建)·일진(日辰), 일출(日出)이나 일입(日入)의 시각, 달의 삭망과 상하현의 시각, 24절기의 정확한 일시, 28수(宿) 별자리의 위치, 그리고 일식과 월식의 예보 등이 중요한 구성요소였다. 그러나 이러한 천문학적 구성요소들이

2. 『신법산서』(사고전서 788책), 권1 「緣起 1」, "書總目", 11ㄱ쪽, "鎔彼方之材質 入大統之型模."

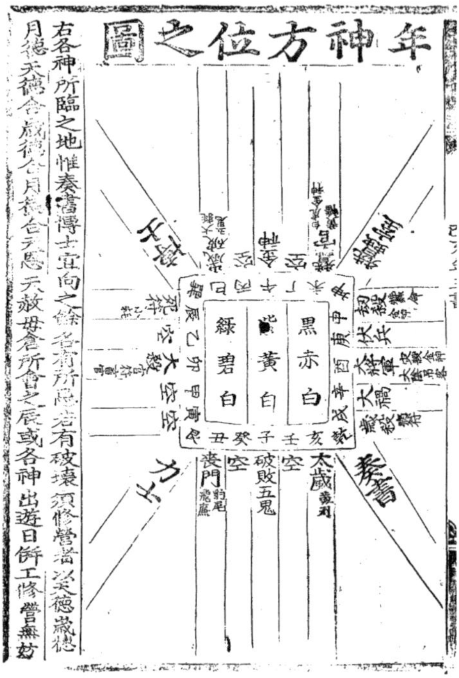

그림 1 『시헌서(時憲書)』 첫 페이지에 수록된 「연신방위지도(年神方位之圖)」. 『시헌서』의 성격과 모습을 한눈에 보여준다.

뼈대이기는 했으나, 역서를 구성하는 내용 대부분은 천문학과는 거리가 먼 역주(譯註)들로 가득 차 있었다. 그 대부분은 날짜나 방위와 관련해서 '의(宜)'(적당하다) · '불의(不宜)'(부적당하다), 또는 '길(吉)' · '흉(凶)'으로 규정된 택일(擇一)과 택방(擇方)의 역주들이었다. 택일과 택방은 말 그대로 적당하고 적당하지 않은 날짜와 방위를 가려 해석해 놓은 것을 말한다. 이러한 택일과 택방은 지지, 음양오행, 월신(月神), 연신(年神), 28수, 12직(稷) 등의 다양한 시간 주기의 조합으로 이루어졌다. 이와 같은 역주들은 대통력과 같은 전통적인 역서들이 담아내던 구성 내용들이었는데, 『시헌서』는 이러한 체제를 그대로 유지했다.[3]

3. 시헌력서의 구성에 관한 자세한 논의는 이창익, 2005, 「조선후기 역서의 우주론적 복

이와 같이 서양과학의 지식 정보가 해체되어 전통 과학의 패러다임 하에서 재구성되는 양상은 비단 역법 체계에서만이 아니었다. 유학자들의 자연에 대한 형이상학적인 사색에서도 유사하게 드러난다. 17세기 중·후반 강남 지역을 토대로 서양 과학을 적극적으로 공부하던 일련의 방이지 학파 학인들의 우주론 사색을 그러한 예로 단적으로 들 수 있다. 그들은 『숭정역서』 사업을 주도하던 서광계나 이지조 못지않게 서양 과학을 적극적으로 배우고 공부한 학인들이었다.[4] 그들에 따르면 구체적인 서양 과학 지식은 옳았고, 그에 비해서 고대의 천문학자 장형(張衡)으로부터 송대 성리학자들에 이르기까지 중국의 전통 자연 지식 대부분은 오류였다. 그렇다고 해서 서양 과학이 항상 타당한 것은 아니었다. 특히 서양 과학은 방이지(方以智)의 표현을 빌리자면 질측(質測)에는 능하나 통기(通機)에는 부족한, 즉 원리적 측면에서 부족한 지식이었다. 이렇게 부족한 부분을 그들은 송대 장재(張載)가 체계화한 기론적(氣論的) 자연인식 체계에서 찾았다. 결국 방이지 학파의 학인들은 방대한 서양 과학의 정밀하고 실증적인 타당한 지식을 기(氣)의 운행과 변화라는 성리학적 우주론 체계로 끌어들여 중국과 서양의 자연 지식을 융합하려 했다. 다시 말해서 서양 과학 지식을 중국의 고전적 자연인식의 틀로 중국화하려 한 것이다.[5] 이는 『숭정역서』 편찬을 통해서 고법에 의거해 신법을 회통귀일하려던 서광계의 의도와 크게 다르지 않았다.

합성에 대한 연구: 역법과 역주를 중심으로」(서울대 종교학과 박사논문)가 매우 유용하다.

4. 그들은 웅명우(熊明遇, 1579－1651)와 방공소(方孔炤, 1591－1655)로부터 시작해서, 방이지(方以智, 1611－1671), 유예(遊藝, 1614－1684년경), 그리고 게훤(揭暄, 1625－1705년경)과 방중통(方中通, 1633－1698)에 이르기까지 매우 활발한 학문적 토론의 네트워크를 형성하고 있던 그룹의 학인들이었다. 방이지 학파의 자연 지식과 활동에 대한 자세한 논의는 張永堂, 『明末方氏學派硏究初編: 明末理學與科學關係試論』(大北: 1987); 張永堂, 『明末淸初理學與科學關係再論』(學生書局: 臺北, 1994)을 참조할 것.

5. 방이지 학파의 이와 같은 학문적 지향에 대한 자세한 논의는 林宗台, 2004, 「이방의 과학과 고전적 전통: 17세기 서구 과학에 대한 중국적 이해와 그 변천」 『東洋哲學』 제22집, 198－203쪽을 참조할 것.

그러나 17세기 중·후반 방이지 학파의 학인들이 추구한 이와 같은 성리학적(즉 기론적) 자연인식 체계를 이용한 서양 과학 읽기와 형이상학적인 우주론 논의와 같은 과학 연구 프로그램은 대다수 중국의 지식인들의 호응을 얻지 못했다. 오히려 중국의 다수 학인들은 형이상학적인 우주론 사색을 비판하면서 철저하게 실증적이고 엄밀한 자연에 대한 고찰을 지향했다. 이러한 시대적 경향 하에서 17세기 후반 서광계와 이지조의 문헌학적·실증적 접근을 계승한 왕석천(王錫闡, 1628-1682)과 매문정의 과학담론과 서양 과학에 대한 접근이 17세기 후반 이후 지배적인 담론으로 자리 잡았다. 특히 매문정의 고법 중심의 중·서 천문학 회통이라는 과학담론과 연구 프로그램은 '서양과학의 중국 기원'이라는 중화주의적 대서사와 함께 한몸이 되어 그의 『역학의문(歷學疑問)』(1693)에서 체계화했다. 이러한 매문정의 연구 프로그램과 고법을 중심으로 회통귀일이 이루어진 17세기 초 이래의 천문역산 지식은 강희제의 명으로 그의 손자 매각성(梅瑴成)이 편찬한 『역상고성』(1723)과 『수리정온』(1722) 같은 국가 공인의 천문역산서에서 채택되었다. 이로써 매문정의 과학 담론은 절대적인 권위를 지니며 1720년대 이후 18-19세기 동안 지배적인 패러다임으로 확고한 위치를 차지했다.[6]

17세기 중·후반 이후의 실증적이고 문헌학적인 서광계와 매문정 식 천문역산 연구의 학풍이 지배적인 흐름 속에서 『서양신법역서』 이후 우주론적으로 의미 있는, 그리고 질적으로 수준이 높은 천문역산 지식의 유입과 창출은 이루어지지 않았다.[7] 이후 아담 샬을 계승해 흠천감을 장악하고 중국 천문역산가를 대표하던 예수회 선교사들이 편찬·간행한 천문역산서들도 그들의 흠천감에서의 전문가로서의 위치를 지키

6. 매문정의 과학담론과 연구 프로그램이 18세기 초 중국에서 절대적 권위를 가지고 정착하는 과정에 대한 자세한 논의는 임종태, 위의 논문, 209-214쪽을 볼 것.

7. 예컨대 코페르니쿠스(Copernicus) 천문학이 전제로 하는 태양중심의 우주 구조와 지구의 자전과 공전과 같은 근대 천문학의 우주론과 이론을 말한다. Nathan Sivin, 1973, "Copernicus in China," *Studia Copernicana*, vol. 6, pp.89-90을 볼 것.

기 위해 더욱 새로운 계산법과 관측치들을 개정·증보하는 것에 불과했을 뿐, 17세기 동안 유럽에서 이루어진 과학혁명의 과정과 18세기 뉴턴 이후의 근대과학에서 얻은 최신의 천문학과 수학 지식은 제시되지 않았다.[8] 오히려 매문정의 뒤를 이은 18세기 중국의 천문역산 연구는 17세기의 서양과학에 대한 호기심 어린 흥분과 열정에서 벗어나 '서양과학 중국기원론'과 매문정의 실증적·문헌학적·수학적 연구 프로그램에 입각해 중국의 고대 천문역산학과 우주론 문헌을 문헌학적 교감과 정밀한 계산을 통해서 그 속에 담긴 원리적 지식을 복원하는 작업이 주를 이루었다. 이와 같은 중국 천문역산학의 패러다임은 『사고전서』의 편찬과 완원(阮元, 1764-1849)의 『주인전(疇人傳)』(1799)에서 그대로 반영되었음은 물론이다. 『사고전서』 천문산법류 편집 책임자였던 대진(戴震, 1724-1777)에 의해서 고대의 천문서 『주비산경』은 경전으로 화려하게 부활했고, 17세기 중·후반의 주목할 만한 독창적 우주론 사색방식이던 방이지 학파의 자연지식은 너무 억단(臆斷)에 불과하고 허황되다며 『사고전서』에서 제외되었다.[9] 이후 중국의 천문역산은 1742년 『역상고성후편』이 편찬된 이후 19세기 중반 무렵 개신교 선교사들의 활약을 중심으로 종전과는 완전히 다른 최신의 근대 과학이 수입되기 전까지 의미 있는 질적인 변화나 방향의 전환은 일어나지 않았다.[10]

한편 18세기 후반 일본 과학의 역사 시계는 어디쯤 가고 있었을까?

---

8. 그러한 모습은 『曆象考成後編』에서 잘 살펴볼 수 있다. 이 책은 1736년의 일식예보가 계산이 틀리자 건륭 황제의 명을 받아 戴進賢(Ignatius Kögler)이 편찬하기 시작해 1742년에 완성을 본 방대한 천문역산서다. 그러나 이 책은 당시 최신의 자료인 카시니(Cassini)의 관측치를 활용했을 뿐, 백년도 훨씬 넘은 오래된 케플러(Kepler)의 타원 궤도 계산법을 태양과 달의 운행에 적용했을 뿐, 그보다 의미 있는 태양중심의 우주 구조를 제시한다거나 18세기 유럽의 천문학과 역학에서는 이미 정착해 있었을 뉴턴의 계산법을 활용하지는 않았다.
9. 임종태, 앞의 논문, 211쪽을 볼 것.
10. 19세기 중반 서양 근대 과학의 활발한 유입에 대한 논의는 文重亮, 2003, 「崔漢綺의 기론적 서양과학 읽기와 기륜설」 『大東文化硏究』 43집, 282-284쪽을 볼 것.

주지하는 바와 같이 동아시아 삼국 중에서 서양 문명과 가장 일찍 접한 것은 일본이었다. 이미 1548년 예수회 선교사 사비에르(F. Xavier, 1506-1552)가 가고시마(鹿兒島)에 들어와 포교 활동을 시작했고, 그들에 의해서 화승총(火繩銃)과 같은 서양 기술이 전해졌다. 그러나 일본에 들어온 예수회는 포교 활동과 자연 신학의 전래에만 치중했지, 중국의 예수회가 보여준 적극적인 서양과학 소개의 활동은 전혀 찾아볼 수 없었다. 그렇다고 중국을 통해서 과학서가 들어온 것도 아니었다. 일본에서 주목할 만한 의미 있는 과학 활동은 오히려 쇄국 기간이던 17세기 중반 이후에나 찾아볼 수 있었다.

1639년부터 1720년에 이르는 쇄국정책 하에서 조선에서의 지식의 유입은 중요한 채널이었다. 조선의 통신사 일행이던 박안기에게서 배워 수시력에 근거한 역법을 시부카와 하루미(涉川春海, 1639-1715)가 만든 예가 그러한 사정을 상징적으로 보여준다. 이 역법이 1685년에 반포한 '죠코력(貞享曆)'으로 일본 최초의 독자적 역법이었다.[11] 이미 중국과 조선은 서양식 역법인 시헌력으로 개력한 후였는데 수시력이라는 전통 역법에 근거한 역법을 뒤늦게 제정해 반포한 것이다. 이는 강력한 쇄국과 기독교 금지 정책 하에서 이 시기 동안에 서양의 과학서들이 거의 유입되지 못한 데에도 기인하는 바가 컸다고 할 수 있다. 그런데 예외적으로 방이지 학파의 매우 독창적인 우주론 사색의 내용을 담은 『천경혹문(天經或問)』(전집은 1675년, 후집은 1681년 편찬)이 1680년대 유입되었음이 흥미롭다. 난학자들이 서양 과학을 소개하고 연구하기 이전 일본의 학인들은 이 『천경혹문』을 통해서 간접적으로 서양과학의 내용을 접할 수 있었다. 앞서 언급한 바와 같이 기론적 자연인식 체계에 근거해 서양과학 지식 정보를 재구성한 『천경혹문』의 과학담론은 일본 학인들의

11. 시부카와 하루미는 이 '죠코력'을 제정한 공으로 당시 신설된 에도의 天文方이 되어 일본 천문역산가를 대표하는 위치에 올랐다.

자연인식에 큰 영향을 주어 18세기 동안 『천경혹문』은 베스트셀러가 될 정도였다.[12]

1720년 쇄국정책이 완화된 시기 이후에 일본의 과학은 더욱 역동적으로 변화하였다. 수많은 『천경혹문』의 주석서가 간행되고 널리 보급되어 일본 학인들의 자연에 대한 형이상학적 관심을 더욱 증폭시켰고, 1726년에는 매문정의 『역산전서(曆算全書)』가 수입되어 이후 서양식 역법을 새롭게 습득한 세력과 전통 역법에 머문 세력 사이의 경쟁적 갈등 속에서 서양식 천문역산학에 대한 이해도 심화되어갔다. 쇼군 도쿠카와 요시무네(德川吉宗, 1684-1751)의 명으로 중국과 조선을 따라 서양식 역법으로의 개력이 추진되었으나 신·구 천문역산가 세력의 갈등 속에서 오히려 후퇴한 역법이라고 평가받을 정도인 호레키력(寶曆曆)이 1755년에 반포되는 등 쉽지는 않았다. 이후 『역산전서』에 담긴 새로운 역법체계에 대한 완벽한 소화는 18세기 말에 이르러 아사다 코류(麻田剛立, 1734-1799)가 천문방으로 임명되면서 이루어져, 결국 1798년의 '간세이력'(寬政曆)에서 『역상고성』과 『역상고성후편』 체제에 입각한 서양식 역법체계를 구현할 수 있었다.[13]

조선과 중국을 통한 종래 일본 전통 과학의 변동 양상은 18세기 후반 이후 난학자들의 활동으로 더욱 큰 질적인 변화를 겪게 된다. 중국에서는 서양 예수회 선교사들이 주도해서 번역해 전해준 데에 비해서, 일본의 난학자들은 네덜란드어를 배워 원서를 직접 보고 번역한 것이다. 이러한 번역은 당시 설립된 난학숙(蘭學塾)을 중심으로 이루어졌는데, 의학 서적이 주였지만 천문학 서적도 많이 번역되었다. 누가 번역의 주체인가 하는 것은 내용의 전달에 있어서 대단한 차이를 드러낼 수밖에 없

12. 일본에서의 『천경혹문』의 유통과 그 영향에 대해서는 吉田忠, 1985, 「『天經或問』의 受容」, 『科學史研究』 No.156, 215-224쪽; 中山茂, 「『天經或問後集』について」 『東洋の科學と技術』 199-389쪽을 참조할 것.

13. 안대옥, 2005, 「근세 일본의 과학」 『에도시대의 실학과 문화』(경기문화재단), 116-127쪽을 참조할 것.

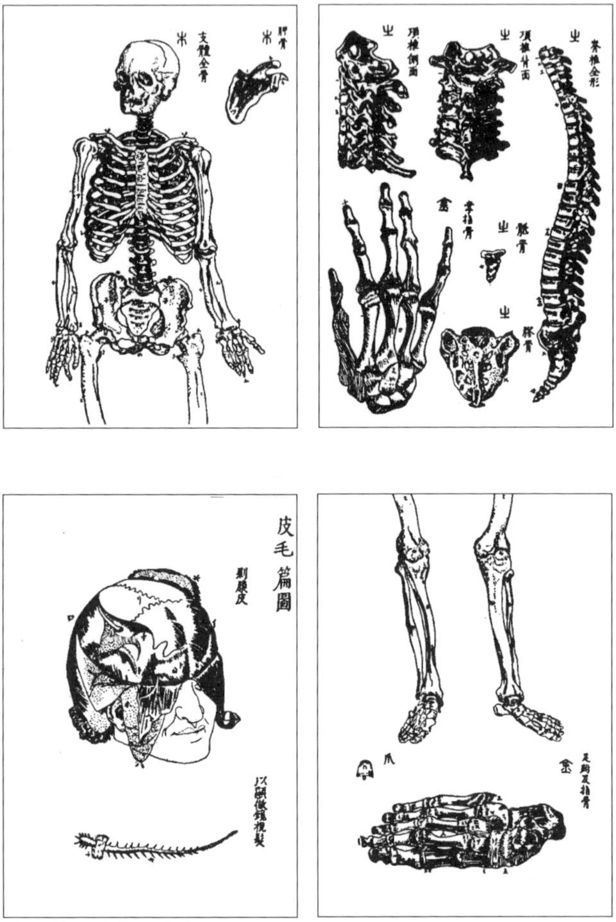

그림 2 『해체신서』의 해부도. 동아시아에 유입된 서양 의학 지식 중에 가장 최신의 서양 의학 지식이었다.

을 것이다.[14] 그 결과 19세기 중반에 이르기까지 중국에도 전해지지 않았던 서양의 우주론과 천문학, 그리고 의학 분야의 의미 있는 과학 지

14. 동아시아 삼국의 서양과학 수용 양상의 차이에 대한 이와 같은 흥미로운 논의는 朴星來, 1981, 「韓中日의 서양과학수용」『한국과학사학회지』 3(1), 85－92쪽을 볼 것.

식이 난학자들에 의해서 활발하게 소개되고 연구되었다. 대표적으로 모토키 료에이(本木良永, 1735－1794)가 1792년 무렵 그의 저서에서 코페르니쿠스 이론을 소개하고, 그의 제자 시즈키 타다오(志筑忠雄, 1760－1806)가 『역상신서(曆象新書)』(1798－1802)에서 뉴턴이론과 케플러법칙을 소개한 것을 들 수 있다. 의학 분야에서는 스기타 겐파쿠(杉田玄白, 1733－1817)가 최초의 해부학 서적인 『해체신서(解體新書)』(1774)를 번역했다. 이러한 천문학과 해부학의 책들은 모두 네덜란드의 과학서를 번역·정리한 것으로 18세기 말 19세기 전반 일본 과학의 역사 시간을 그대로 보여주는 지표라고 할 수 있다. 중국에서도 소개된 바 없던 새로운, 즉 과학혁명 이후의 근대 과학 이론과 정보를 담은 내용이었다.[15] 이와 같이 중국과 조선에서는 18세기 초 이후 매문정의 『역상고성』과 『역상고성후편』 체제의 패러다임 하에서 정상과학적인 활동이 펼쳐졌던 데에 비해 18세기 후반 이후 일본에서는 매문정의 패러다임으로는 규정할 수 없는 과학 활동이 벌어졌다. 적어도 18－19세기 서양에서 형성된 근대과학의 지식 정보가 유입된 것을 지표로 삼는다면 일본의 과학은 18세기 말 이후 중국과 조선의 과학과는 한참 다른 길을 가고 있었다.

3. 『역성고성』 체제의 완성과 본국력의 확립

이상과 같은 중국 및 일본과 비교해서 18세기 후반 조선 과학의 역사 시간은 어디쯤에 있었을까? 이 절에서는 18세기 후반 조선 과학의 지형도를 살펴보기 위해 먼저 서양 과학 수용의 가상 큰 주체이자 과학 활동의 가장 큰 무대이기도 했던 정부 주도의 천문역산학 프로젝트와 그 성과를 중심으로 조선 과학의 역사 시간을 살펴본다.

---

15. 18세기 일본 과학의 비약적 성장에 대한 자세한 논의는 Masayoshi Sugimoto, David L. Swan, 1978, *Science and Culture in Traditional Japan; A.D. 600－1854* (MIT Press), pp.291－399를 참조할 것.

『동국문헌비고』「상위고(象緯考)」(1770) 서두에서 서호수(徐浩修)는 조선 천문학사의 양대 사건으로 『칠정산내편』의 편찬으로 대표되는 세종대 천문역산의 성과와 함께 조선후기 시헌력으로의 개력과 그 성과를 들고 있다. 세종대 이전에는 중국의 역법을 그대로 들여와 썼을 뿐 독자적인 역법을 확립하지 못했는데, 『칠정산내편』의 편찬으로 역사상 처음으로 독자적으로 역법 계산을 할 수 있게 되고 역서를 반포할 수 있게 되었기 때문이었다. 시헌력은 종래의 전통 역법과는 비교할 수 없을 정도로 천행(天行)과 부합하는 매우 우수한 역법이었다. 360도의 주천도, 지구설, 타원의 천체 운행궤도 이론, 그리고 세차 현상에 대한 항성동이론 등으로 대표되는 시헌력은 이전의 어떤 역법과 비교해도 월등히 우수한, 천행을 제대로 구현한, 그리고 정밀한 추보를 이룬 대단한 역법이라는 판단이다.[16] 물론 시헌력에 대한 이와 같은 극찬의 평가는 서호수 개인의 시각이 반영된 것이 분명하지만 그러한 평가가 정부 공인의 문헌에 적힘으로써 조선 정부의 공식 입장이 되었다는 데 그 의미가 크다. 어쨌든 17세기 이후 조선 천문역산의 역사는 그렇게 정밀하고 천행과 부합한다고 정부가 인정했던 시헌력 체제를 수용하고 배우는 고난한 과정이었다고 해도 과언이 아니다.

그런데 과연 시헌력으로의 개력이 시헌력이 그렇게 우수한 역법이었기 때문이었을까? 세종대 『칠정산내편』의 확립으로 조선의 천문역법은 이미 독자적으로 역법 계산을 할 수 있었는데도 불구하고 훨씬 우수한 역법이었기에 시헌력을 배우기 시작했을까? 게다가 시헌력은 서양 오랑캐의 것으로 만주족 오랑캐가 수용해 만든 역법이 아니던가? 사실 시헌력으로 개력한 가장 큰 이유는 중원을 장악하고 새로운 세계질서의 중심에 선 청이 시헌력으로 개력했기 때문이었다고 할 수 있다. 개력 논의가 일어나기 시작한 1644년(인조 23) 이전 『칠정산』으로 계산한 역법

---

16. 『증보문헌비고』 권1 「상위고1」 1ㄱ쪽.

과 역서가 치명적으로 계산 오류를 낸 적은 없었다. 물론 세월이 오래 되어 오차가 쌓이는 문제가 있기는 했지만 사실 오차의 누적 문제는 상수만 바꾸면 해결될 것이지 개력을 해야 할 충분조건은 못 된다. 오히려 청이 시헌력으로 개력한 이후 청력과 조선의 역이 차이가 날 것이 더 근본적인 문제였다. 그러한 인식은 당시 관상감 제조로서 개력을 주장한 김육의 상언에서 잘 드러난다. 김육이 주장한 논조를 보면 원나라 이후 365년 동안이나 사용해온 수시력 체제가 매우 정밀하지만 청이 개력했기 때문에 조선의 역이 청력과 반드시 차이가 날 것이기 때문에 개력할 수밖에 없다는 현실적인 문제를 잘 드러내고 있다. 결정적으로 하자가 없는 중화의 역인 수시력 체제를 놔두고 더 우수하고 정밀한지도 확신할 수 없는 오랑캐의 역법을 수용하자는 주장은 정치외교적으로 현실적인 문제를 들어 설득할 수밖에 없었을 것이다.[17]

김육의 시헌력으로의 개력 주장은 별 반대 없이 받아들여져 이후 개력 사업이 추진되었다. 이렇게 시작된 시헌력으로의 개력 사업은 중국의 『숭정역서』 편찬 사업이 그랬듯이 쉽고 간단한 작업이 아니었다. 서양식 수학과 천문학을 완벽하게 이해하고 소화해야만 가능한 작업이었기 때문이다. 특히나 중국과의 조공-책봉 관계에서 조선이 독자적으로 역법을 계산하고 역서를 간행하는 것은 있을 수 없는 일이었다. 그렇기 때문에 드러내놓고 개력 사업을 추진할 수 없는 국제질서 속에서 천문관을 중국 사신행에 은밀히 파견해 방대한 관련 천문역산서를 몰래 구해 와서 연구해야 했다. 게다가 그 내용이 전통 수학 및 천문학과는 완전히 다른 방식이었기 때문에 결코 쉽지 않았다. 1644년 사업을 시작한 지 10년 만인 1654년 역서부터 비로소 시헌력을 사용할 수 있게 되었다. 그러나 24절기와 날짜 계산을 중심 내용으로 하는 일과력(日課曆)이

17. 시헌력 도입 과정의 찬반 논란에 관한 자세한 논의는 전용훈, 2002, 「17-18세기 서양 과학의 도입과 갈등」 『東方學志』 제117호, 1-49쪽을 참조할 것.

었을 뿐 칠정력(七政曆)은 엄두도 못 냈다. 즉 칠정력의 일월 교식과 오성의 운행 계산은 종전의 대통력 체제에 의존할 수밖에 없었다. 시헌력으로 칠정력의 일월식과 오성의 운행을 계산할 수 있게 된 때는 1708년 무렵에 가서였다. 그 와중에 어렵게 『서양신법역서』 체제를 소화해 나가고 있는데, 청이 1723년 『역상고성』 체제로 전환하면서 청력과의 차이나는 문제는 다시 원점으로 돌아갔다. 결국 『역상고성』을 어렵게 구득해와 연구하는 수밖에 없었다. 1728년에는 데이터표가 빠진 『역상고성』 일부분을 구입해왔고, 그 다음해에 비로소 『역상고성』 전질을 어렵게 구해 연구를 거듭했다. 그 사이에도 청력과 조선력의 차이는 계속 났다. 그런데 또 『역상고성』도 숙달하지 못했는데 청이 타원궤도설에 입각한 『역상고성후편』 체제로 1742년 전환함으로써 문제는 더욱 어려워졌다. 1745년에는 후편 전질을 구해와 이후 고난한 연구를 계속했다. 그 결과 1760년대 후반에 이르면 『역상고성후편』 체제를 어느 정도 숙달하고 청력과 차이가 나지 않는 역법을 낼 수 있었다.[18] 1644년 시작한 지 120여 년이 지난 후였다.

그런데 『역상고성』과 『역상고성후편』 체제를 어느 정도 숙달했다고 해서 독자적인 역법을 확립할 수 있는 것은 아니었다. 이후에도 청력과 조선력은 계속 차이가 발생하는 등, 문제가 궁극적으로 해결되지 않았기 때문이다. 특히 중기(中氣)가 달의 말일 자정(子正) 근처에 오는 경우에 중국의 경위도와 조선의 경위도 차이에 따라서 윤달 설정이 다르게 되는 경우는 큰 문제였다. 하루 이틀의 차이가 아니라 달이 달라지기 때문이다. 1734년(영조 10) 그 다음해 역법을 계산해 보니 청력은 윤4월인데 조선에서 계산한 것은 윤3월이 되었다. 이럴 경우 논란은 조선의 경위도에 맞춘 계산대로 청력과 다르게 윤3월로 정할 것이냐 아니면 조

18. 이러한 긴 세월 동안에 이루어진 역법의 정비 과정에 대한 자세한 논의는 전용훈, 2004, 「조선후기 서양천문학과 전통천문학의 갈등과 융화」(서울대 박사논문), 1장 "曆法改曆을 통한 天文曆算學 지식의 습득"이 매우 유용하다.

선의 경위도와 다르지만 청력을 따라 윤4월로 할 것이냐의 문제였다. 논의는 나뉘었지만 결론은 청력을 따를 수밖에 없다는 것이었다.[19] 이는 아무리 역법 계산을 완벽하게 해도 청력과 차이가 날 경우 정치적 세계 질서를 따라서 계산과 다른 역서를 냈음이다. 다시 말해서 역법의 차원에서 또는 과학의 차원에서 중국과 동등한 수준을 이룩해도 정치적 문제 때문에 독자적 역법인 본국력을 포기할 수밖에 없었다는 의미였다.

조선의 천문관원이 계산한 결과를 포기하고 청력을 따라서 윤달을 정해 역서를 낸 가장 큰 이유는 물론 정치적 고려였다. 그러나 조선의 천문역산 수준이 중국에 미치지 못한 데에서 나오는 자신감의 부족도 무시할 수 없다. 특히 일월오성의 계산은 어느 정도 소화했다 하더라도 모든 역법 계산에 없어서는 안 될 뭇 별들의 경위도 자료는 어찌할 도리가 없었다. 조선에서는 이러한 항성의 경위도 자료를 독자적으로 측정·추보하지 못했다. 심지어 조선후기 관측기구의 기준이던 한양에서의 북극고도 '37도 39분 15초'의 값도 숙종 39년(1713) 청의 목극등(穆克登)이 측정한 것으로 『역상고성』에 수록되었던 값이었다. 시헌력 시행 이후 조선은 아담 샬 등이 1628년 측정·추보하고 『항성역지(恒星曆志)』(1631)에 실렸던 자료를 사용해온 이후 줄곧 중국의 자료에 전적으로 의존했다. 『역상고상후편』 체제를 어느 정도 숙달했던 18세기 중엽 무렵에도 조선은 독자적인 항성경위도 자료를 측정·추보하지 못하고 중국에서 1744년에 3,083개의 모든 별에 대해서 측정·추보한 『의상고성』(1744-1752)에 실려 있는 방대한 "항성황적도경위도" 자료를 사용했을 뿐이었다.[20] 조선에서는 이 자료를 이용해 1745년(영조 21)에는 물시계의 잣대 시간을 정한 『누주통의』를 정했고,[21] 1768년(영조 44)부터는 이

19. 『증보문헌비고』 권1 「상위고1」 8ㄴ-9ㄱ쪽; 『영조실록』 권39, 영조 10년 11월 19일(경인)

20. 『의상고성』 권2 「항성황적도경위도」 121-383쪽.

21. 『영조실록』 권59, 영조 20년 6월 25일(신미); 『승정원일기』 989책, 영조 21년 8월 4일(계묘). (한영호 논문 참조) 『증보문헌비고』 권3 「상위고3」 '附漏局'조, 11ㄴ-16ㄱ쪽

방대한 자료 중에서 28수의 거성과 1등성의 별만을 선정해 44개 별의 경위도 자료를 이용해 역법 계산에 필요한 자료를 발췌해 활용했다.[22] 『동국문헌비고』「상위고」에 실려 있는 자료는 바로 그렇게 중국의 데이터에 의거해 발췌·정리한 값이었다.

뭇 별의 경위도 자료를 독자적으로 확보하지 못하고 중국의 자료를 그대로 사용하는 일은 그래도 나았다. 어차피 항성경위도 값은 어디서나 동일한 값이기 때문에 중국이 확보한 자료를 이용해 조선의 경위도에 맞게 환산해서 사용하면 되기 때문이다. 아마도 항성경위도 자료까지 조선이 독자적으로 측정·추보해서 구할 필요까지는 인식하지 않았던 듯하다. 그러나 자존심 상하는 문제는 조선의 경위도도 실측해서 구한 정확한 값을 가지고 있지 않다는 데 있었다. 다시 말해서 조선은 한양의 북극고도(즉 위도)만 실측한 정확한 값을 갖고 있을 뿐(그것도 중국이 구한 값), 한양 이외의 지역에서의 북극고도는 실측값을 가지고 있지 않았다. 그뿐만 아니라 한양의 경도 값도 실측한 정확한 자료를 가지고 있지 않았다. 이렇게 조선 한양의 정확한 경위도도 확보하지 못한 상태에서 청력과 조선력이 차이가 났을 때 계산이 정확하다고 해서 청력을 무시하고 조선력으로 밀어붙이기에는 자신이 없었을 것은 충분히 짐작이 간다.

『동국문헌비고』「상위고」를 편찬하던 1770년 전후한 시기 이와 같은 사정에 대한 비판과 반성의 목소리가 터져나오기 시작했다. 「상위고」의 편자 서호수의 아버지인 서명응(徐命膺, 1716－1787)은 이미 1760년(영조 36) 조선 8도 각 지역에서 북극고도를 측정하고, 그 값에 의거해 주야시각과 절기시각을 제정해야 한다고 주장했다. 그는 함경도에서 유배생활을 하면서 직접 상한의 등을 만들어 백두산 유람시 북극고도를 측정해

에 실려 있는 "24전의 경점시각표"가 그것이다. 권2「상위고2」"중성", 16ㄴ－20ㄱ쪽에 있는 '24절기의 중성기' 자료는 이때 추보한 자료인 듯하다.

22. 『증보문헌비고』 권2「상위고2」'항성황적경위도', 1ㄱ－6ㄱ쪽의 자료가 그것이다.

보기도 할 정도였다.[23] 서호수 역시 이러한 주장을 그가 편찬한 「상위고」에서 "북극고도"와 "동서편도"를 다룬 기사에서 피력했다. "북극고도" 조에서는 조선의 보척(步尺)이 믿을만하지 못하기 때문에 지도에 나타난 이차(里差) 비례로 환산한 경위도 값[24]은 근본적으로 정확하지 않다는 주장이다.[25]

북경과 한양의 경도 값 차이를 논하는 "동서편도"조에서는 더욱 구체적으로 주장하고 있다. 이차 비례에 의한 한양의 동서편도 산정(算定) 값은 북경에서 편동(偏東) 10도 30분이었는데,[26] 이 값은 특히 절기 시각의 추보에 결정적으로 사용되는 값이었고, 특히 정치적으로 매우 중요한 일식과 월식 시각의 계산에 사용하는 값이기 때문이었다. 편도 1도(度)마다 절기 시각이 4분의 차이가 나므로 북경 절기 시각에 42분을 더한 값이 한양에서의 절기 시각이었고, 일월 교식 시각도 마찬가지로 북경 교식 시각에서 42분을 더하는 식이었다.[27] 그간 역서 간행에서 가장 문제가 되었던 청력과 조선력의 윤달 설정의 차이가 근본적으로 이러한 동서편도에서 비롯되었음을 감안하면 북극고도보다 더 중요한 값이었다고 할 수 있다. 마찬가지로 조선에서의 정확한 일월식 시각 계산을 위해서도 정확한 동서편도 값(결국 한양의 경도 값)은 정확한 교식 시각의 계산에 절대적으로 필요했다. 구식례(求食禮)라는 의식이 천명(天命)을 받아 통치하는 존재인 왕이 자기 성찰의 계기로 삼아 성실하게 치러야 하는 의식이던 사실을 감안하면 정확한 동서편도 값은 그만큼 중요한 자료였던 것이다.

---

23. 서명응의 이러한 주장은 배우성, 1998, 『조선후기 국토관과 천하관의 변화』(일지사), 387-389쪽을 볼 것.
24. 지도 상에 나타난 거리 200리마다 天度로는 1度의 비례였다. 『증보문헌비고』 권1 「상위고1」 "天地", 15ㄴ쪽.
25. 『증보문헌비고』 권2 「상위고2」 "북극고도", 10ㄴ-11ㄱ쪽.
26. 『증보문헌비고』 권2 「상위고2」 "동서편도", 14ㄱ쪽.
27. 『증보문헌비고』 권2 「상위고2」 "동서편도", 14ㄱ-15ㄱ쪽.

그런데 당시 조선은 한양에서의 경도 값도 정확한 실측값을 가지고 있지 않았다. 이에 서호수는 『중성기』와 『누주통의』마저 북경을 기준으로 한 자료를 사용하는 현실에 대해 매문정에게서 비판받을 만하다는 자조적인 탄식을 하면서 반드시 천문의기를 가지고 조선의 자오선(즉 경도)을 실측해야 한다고 주장했다.[28] 이미 중국에서는 강희년간에 실측값을 구해 활용하고 있었던 사정[29]을 익히 알고 있었을 서호수였기에 한양의 경도를 정확히 측정해야 진정한 절기 시각과 일월식 계산을 할 수 있음을 정확히 인식하고 있었던 것이다. 그랬을 때에 청력과 다른 조선력을 정치외교적 문제에도 불구하고 사용하자는 주장이 힘을 얻을 수 있을 것이었다.

그러나 영조대는 물론이고 정조대 전반기까지도 조선에서 한양의 경도 값은 물론이고, 조선 8도 각지에서의 북극고도도 실측값이 구해지지 않았다. 본국력 확립에 필요한 천문 자료의 확보 논의와 사업이 추진된 것은 정조대 후반 1789년(정조 14) 무렵에 이르러서였다. 사료에 나타난 계기는 장헌세자의 묘소를 옮기는 국가적 대례를 앞두고 표준시계인 물시계를 바로잡아야 하고, 그러기 위해서는 중성을 바로잡는 것이 선결과제라는 영관상감사 김익의 주장이었다.[30] 이 주장이 발단이 되어 관상감 제조 서호수가 주도하고 중인층 천문학자 김영(金泳)이 발탁되어 지평일구와 적도경위의 등의 천문 관측 기구를 새로이 만들고 국가의 표준시간 체제를 정비하는 사업이 추진되었다.[31] 이때에는 그간 조선에

---

28. 『증보문헌비고』 권2 「상위고2」 "동서편도", 15ㄱ-16ㄱ쪽.
29. 천문학적으로 동서편도를 측정하는 일은 결코 쉬운 일이 아니라고 한다. 중국에서도 『서양신법역서』에서조차 실측값이 아닌 지도를 이용한 리차 비례로 계산한 값을 사용했고, 강희년간에 와서야 비로소 실측할 수 있었다고 한다. 이에 대한 논의는 전용훈, 2004, 앞의 논문, 44-45쪽을 볼 것.
30. 『정조실록』 권28, 정조 13년 8월 21일(갑술)
31. 이때의 사업에 대한 구체적인 내용은 문중양, 2001, 「18세기 후반 조선 과학기술의 추이와 성격: 정조대 정부 부문의 천문역산 활동을 중심으로」 『역사와 현실』 제39호, 199-231쪽을 참조할 것.

서 사용해오던 1744년의 항성경위도(『의상고성』의 자료)가 46년이나 지나 그 사이에 오차가 벌어져 계산이 많이 틀리므로 1783년에 중국에서 새로이 추보한 항성경위도 데이터를 이용해 새로운 '경위도중성기'를 정하고, 그것에 의거해 『신법누주통의』를 정했다.[32] 그런데 이 과정과 결과를 보면 지평일구와 적도경위의 등 서양식 관측기구를 만들었지만 한양의 자오선을 비롯한 경위도를 측정하지는 못한 듯했다. 중성을 정하는 데 의거했던 항성경위도는 결국 업데이트된 중국의 최신 항성의 경위도 자료였던 것이다. 그러나 이때 한양 자오선과 항성의 경위도를 독자적으로 측정·추보하지 않았지만, 서호수와 김영 주도로 새로운 천문의기를 만들어 관측활동에 정밀성을 더하고, 중국의 최신 자료를 활용해서 『신법중성기』와 『신법누주통의』를 새로이 편찬하는 등 국가 표준 시간 체제를 새롭게 한 단계 업그레이드시켰음은 분명하다.

2년 후 1791년(정조 15) 무렵에는 더욱 적극적인 천문역산 정책이 서호수 주도로 펼쳐졌다. 먼저 관상감의 운영과 제도를 대대적으로 정비했다. 개혁의 중심 내용은 시헌력으로 개력한 지 100여 년이 지났음에도 여전히 대통력 체제로 남아 있던 불합리한 구제도를 개선하는 것이었다. 그중에는 천문관 선발 시험으로 『수리정온』과 『역상고성』으로 시험을 치르는 것도 포함되었다.[33] 이는 관상감 천문관원의 전문성과 수준을 엄격하게 지켜 조선 천문관원의 수준을 한 단계 올리는 데 결정적으로 기여했을 것으로 판단된다. 아울러 그러한 사업 와중에 서호수의 강한 주장으로 그 다음해 역서에서는 전국 팔도에서의 북극고도와 동서편도를 계산해 삽입해 넣기로 했다. 비록 측정값은 아니지만 전국 팔도에서의 북극고도와 동서편도 값은 각 지역에서의 정확한 주야 시각

---

32. 이때 추보한 '경위도중성기'는 『國朝曆象考』 권2, 5.b－41.b쪽; 『신법누주통의』의 물시계 잣대 시각표는 『國朝曆象考』 권4, 2a－31b쪽에 각각 실려 있다.
33. 1791년 관상감 운영과 제도에 대한 정비의 자세한 내용은 문중양, 앞의 논문, 219－223쪽을 볼 것.

과 절기 시각을 알려줄 것이었다. 이는 이에 앞서 중국의 역서에서 13성 각지에서의 북극고도와 동서편도를 적용하여 각기 다른 주야 시각과 절기 시각을 산정하고 있었던 예를 따르려 한 것이다. 이러한 중국의 역서와 비교하면 조선의 역서는 경기 지역의 역서이지 조선 팔도 전체의 역서라고 할 수 없다는 인식이었다. 이러한 서호수의 주장은 수용되어 일단 그 다음해 역서에서부터 전국 팔도의 북극고도와 동서편도, 그리고 그에 따른 주야시각과 절기 시각을 기입하기로 한 것이다. 그러나 적지 않은 신료들의 반대에 부닥친 듯하다. 당초 내려졌던 정조의 결정은 거두어지고 결국 없던 일로 되었다.

이에 대해서 정치적 판단이 더욱 중요시되었을 연대기 기록은 규장각 각신 서유방이 보기에만 좋을 뿐 관상감의 사역이 미치지 못하니 그 결정을 폐지할 것을 건의해서 철회된 것으로 적고 있다.[34] 그러나 천문역산에 전문적인 식견을 지닌 전문가로서의 판단이 더 개입되었을 『서운관지(書雲觀志)』(1818년, 성주덕成周德 편찬)의 기록은 다음과 같이 다른 이유를 들고 있다; 즉 관상감 제조 서용보가 주장하길 중국 이외의 외국에서 역서를 간행하는 것은 엄히 금하는 바이며, 게다가 청나라의 역서와 똑같이 각 지역에서의 주야시각과 절기시각을 첨가하는 것은 공연히 일을 확대하는 것이라며 반대했고, 그에 따라서 폐지되었다는 것이다.[35] 이를 보면 연대기 사관보다 『서운관지』의 편찬자가 정치적 이유로 제대로 된 역서를 발행하지 못했음을 더욱 분명하게 지적하고 아쉬워하고 있는 것이 아닐까 싶다. 어쨌든 비록 측정값은 아니지만 산정값으로라도 청력에 버금가는 전국 팔도에서의 명실상부한 역서 체제를 갖추고자 한 1791년의 노력은 이와 같이 수포로 돌아갔다.

1791년의 시도는 수포로 돌아갔지만 정조 말년으로 갈수록 중국에 버

---

34. 『日省錄』 18책, 정조 16년 6월 16일, 320.d쪽; 『正祖實錄』 권35, 정조 16년 6월 16일(계미)

35. 『書雲觀志』 권3 故事, 46.b쪽.

금가는 명실상부한 제대로 된 역법과 역서 체제를 갖추려는 노력은 서호수 주도로 계속되었다. 그 결과 1796년(정조 20)부터 상황이 달라졌음을 사료는 말해주고 있다. 1796년 12월 관상감에서 올린 다음해의 역서가 청력과 차이가 나는 것이 보고되었다. 차이는 청력에서는 소만(小滿)이 24일에 오는데, 조선력에서는 25일에 와서 하루가 차이 났다. 이러한 상황에서 예전 같으면 그 연유를 몰라 담당자가 처벌을 받거나, 중국에 파견해서 차이가 나는 이유를 알아오게 하거나 했을 터인데, 이번의 경우에는 서호수가 단호하게 청력의 계산이 틀렸다며 자신 있게 관상감에서 올린 역서를 그대로 간행할 것을 주장했고, 그대로 시행되었다.[36]

그 다음해 역서에서도 마찬가지 상황이 벌어졌다. 1798년(정조 22) 겨울에 다음해(1799)의 청력과 조선력을 비교해보니 또 차이가 났다. 그 차이에 대해서 서호수는 "신들이 해당 추보관들과 함께 『역상고성』의 계산법에 따라 상세히 살폈더니 우리나라 역서의 추보는 『역상고성』과 서로 맞는데 청력은 틀립니다. 그러니 모두 우리나라 역서에 따라 시행하는 것이 타당하겠습니다"라고 아뢰었다. 그에 따라 그해의 청나라 역서는 관상감에 놔두고 아예 임금에게 바치지도 않았다.[37] 이것은 서호수와 관상감 관원들이 역법 계산에서의 완벽한 이해와 자신감을 갖추었기에 가능했다고 할 수 있다. 이러한 자신감은 서호수 사후에도 한동안은 마찬가지였던 듯하다. 즉 1800년(정조 24) 1월에 다시 청력과 조선력이 차이가 났을 때에도 관상감에서는 계산상의 오류가 아니고 맞는 계산이기 때문에 우리나라 역서를 시행하자고 주장했고 정조는 그에 따랐다.[38]

정조대 말년 3회에 걸쳐서 조선의 역서는 청력과 차이가 나는 역서를 그대로 간행·반포했다. 『역상고성』 체제를 거의 통달했던 1760년대 이후에도 정치적 고려와 실측으로 얻은 정확한 조선의 경위도 자료를 가

---

36. 『書雲觀志』 권3 故事, 63.a－b쪽.
37. 『書雲觀志』 권3 故事, 63.b－64.a쪽.
38. 『正祖實錄』 권53, 정조 24년 1월 12일(을축)

지지 못한 자신감의 결여 등으로 청력과 다른 역서를 내지 못했는데, 이때에 이르러 독자적인 역서, 즉 조선력을 간행 반포한 것이다. 이로써 1654년 시헌력으로 개력한 이후 비로소 절기 날짜, 월의 대소, 윤달의 설정 등에서 한양의 자오선을 기준으로 하는 역서를 제정하게 되었다고 할 수 있다. 그러나 여전히 한양의 자오선을 실측한 값에 의거한 것은 아니었다. 게다가 이러한 본국력의 반포는 오래가지도 않았다. 이어지는 순조대에만 해도 청력과 조선력은 계속 차이가 나고 그때마다 연유를 파악하지 못하고 우왕좌왕하면서 청력을 따르는 것을 볼 수 있기 때문이다.

몇 번의 역서를 청력과 다른 본국력으로 냈는지는 분명하지 않다. 아마도 정조대에 국한된 것이었을 듯하다. 조공-책봉의 국제 질서 속에서 청력과 달라도 상관없다는 인식과 주장은 역법에 대한 자신감뿐 아니라 국왕의 의지도 절대적으로 필요하기 때문이다. 실제로 정조는 집권 말년 중국의 역법에 버금가는 제대로 된 천문역산을 확립하려 노력했음을 알 수 있다. 그것은 정조가 1799년(정조 23)에 북경에서 책을 사다가 수리와 역상에 관한 종합적인 책을 편찬하는 일을 이가환(李家煥)이 맡아서 하면 어떻겠는가 하고 자문한 일에서 엿볼 수 있다.[39] 이때 정조가 편찬하려던 천문역상의 종합적인 책은 청나라의 『율력연원(律曆淵源)』(「수리정온」, 「역상고성」, 「율려정의」 합본)에 버금가는 야심찬 '역산지대전(曆算之大典)'의 편찬이었을 것이다. 이에 앞서 1795년에는 명과학 분야의 고전인 청나라의 『상길통서』와 『협기변방서』를 종합적으로 검토해 『협길통의』를 편찬했었다. '술수지대전(術數之大典)'의 편찬·간행이었다고 할 수 있다. 또한 정조는 중국의 『농정전서(農政全書)』와 『수시통고(授時通考)』에 버금가는 '농가지대전(農家之大典)'을 편찬하고자 1798년 11월 30일에 「권농정구농서윤음」을 내렸다. 이에 중앙 관료는 물론

39. 『與猶堂全書』 권2 第1 詩文集, 「貞軒李家煥墓地銘」 589쪽.

이고 전국 각지의 유생들은 자신이 지니고 있던 농업 기술과 농정책을 정리해 '응지진농서(應旨進農書)'를 바쳤었다.[40] '역산지대전'의 편찬을 위한 사업은 어느 정도 물밑에서 준비 작업이 있었던 듯하다. 1798년 11월 29일 관상감에서 보관하고 있던 역서들을 점검하는 과정에서 지난 5, 60년 동안의 칠정력 과반 이상이 유실된 것을 알아내고 관리 담당자를 밝혀내 파면하도록 했는데[41] 이는 정부 내에 소장하고 있는 역산서들의 점검이었다고 할 수 있을 것이다. 또한 다음해 1799년(정조 23) 5월에는 봄에 돌아온 동지사 일행에 관상감 감생 이덕성이 관상감에서 필요한 방서 200여 권을 구해왔고, 감생 정충은, 김종신은『율력연원』세 질을 구해와 바쳐 그 공로를 시상했다.[42] 그러나 이 사업은 결국 정조의 죽음으로 결과를 보지는 못했다.

4. 조선의 과학담론과 지향

18세기 후반 정조대의 시기는 1644년 이후 시헌력 체제로 상징되는 서양식 구면삼각법과 역법 계산을 중국을 통해 구득한 문헌 연구만에 의존해 익혀서 결국『역상고성』과『역상고성후편』체제를 완성해 청력과 다른 독자적인 본국력을 확립하는 시기였다고 할 수 있다. 적어도 정부 차원에서 이루어진 천문역산의 이와 같은 성과는 정조대 말년에 절정에 도달했다고 해도 과언이 아닐 것이다. 이 절에서는 이러한 정조대 천문역산의 프로젝트와 성과가 얻어지는 역사적 전개의 과정을 다른 각도에서 한발 물러서 동아시아의 과학 지형의 무대에서 살펴보고자 한다. 아

40. 이에 대한 자세한 논의는 문중양, 2000,『조선후기 水利學과 水利담론』(집문당), 134－144쪽을 참고할 것.
41.『日省錄』26책, 정조 22년 11월 29일(무자), 91.c쪽.
42.『日省錄』27책, 정조 23년 5월 30일(정해), 969.b쪽. 물론 이러한 책들은 이때 처음 들여온 것은 아니었다. 이미 영조대 1740년에 들여와 일차 검토한 바 있었다.

울러 당시 조선 학인들의 과학 지식과 담론은 어떠했는지 살펴보자. 이를 통해 정조대 과학이 어디로 향하고 있었는지 따져보고자 한다.

앞 절에서 살펴본 정조대 말년에 이룬 천문역산의 성과는 간단하게 규정해서 중국 매문정의 천문역산 패러다임의 결정체인 『율력연원』(즉 『수리정온』 『역상고성』 『율려정의』의 합본)을 150여 년이 넘는 오랜 기간에 걸쳐서 숙달한 결과물이었다고 그 역사적 의미를 부여할 수 있을 것이다. 물론 국왕 정조의 강력한 의지를 바탕으로 청력과 다른 본국력을 조공-책봉 관계라는 중화적 세계 질서에도 불구하고 독자적 역법을 편찬·반포했다는 의미를 부여할 수 있다. 하지만 동아시아 천문역산의 역사 시간의 관점에서 볼 때 정조 말년 조선의 천문역산은 1720년대의 중국 역사 시간에서 크게 벗어나지 않았다고 할 수 있다. 『율력연원』이란 문헌이 17세기 초 서양식 수학과 천문학을 이용해 시헌력 체제로 변화된 이후 1720년대에 중국의 학인 매문정이 확립한 천문역산 패러다임의 결과물이었기 때문이다.[43] 따라서 중국에서와 마찬가지로 조선에서도 고전적 자연 지식과는 너무나 다른 이질적인 서양의 자연 지식, 즉 지구설을 전제로 한 서양식 세계지도와 구면삼각법을 기초로 한 서양식 역법이 17세기 전반 유입된 이후 18세기에는 우주론적으로 또는 형이상학적인 차원에서 흥미롭고 의미 있는 새로운 자연 지식, 또는 서양과학 지식은 유입되지 않았다.[44]

---

43. 그렇다고 해서 조선의 천문역산이 70여 년 이상 중국에 뒤쳐졌다는 것은 아니다. 중국에서도 그 이후 『역상고성후편』(1742)이나 『의상고성』(1744-1742), 나아가 『의상고성속편』(1845) 등의 진전된 성과를 냈지만 『역상고성』 체제에서 질적으로 변화된 모습이나 내용을 담은 것은 아니었고, 조선은 이러한 성과물들을 계속해서 빠른 시간 안에 수용해 배웠던 것이다.

44. 심지어 1757년 유럽의 교회가 코페르니쿠스의 저서 『천구의 회전에 관하여』(1543)를 금서 목록에서 제외한 이후 코페르니쿠스의 태양중심 구조와 지동설을 비교적 상세하게 설명해놓은 부노아(蔣友仁; Michel Benoist, 1715-1774)의 『地球圖說』(1767년 간행)조차도 18세기에는 조선에 소개되지 못했다. 『지구설』이 조선에 전해져 유통된 것은 훨씬 나중인 1850년대였던 듯하다. 이에 대한 논의는 문중양, 2006, 「19세기의 호남 실학자 이청의 『井觀編』 저술과 서양 천문학 이해」 『韓國文化』 37집, 140-141쪽을

18세기 후반 조선에서 매문정의 『역상고성』 체제가 완성되고, 국가 공인의 천문역산서인 『동국문헌비고』 「상위고」(1770)와 『국조역상고』(1796)에서 그러한 성과물이 정리되면서 적어도 정부 차원, 또는 전문가적인 천문역산가 커뮤니티에서는 매문정의 과학 연구 프로그램은 자연스럽게 수용되었던 듯하다. 우리는 그러한 사실을 「상위고」에서 서호수가 매문정의 연구 성과물뿐 아니라 과학 담론까지도 그대로 수용하는 모습에서 잘 알 수 있다. 보통 매문정의 과학담론은 실증적이고 수학적인 방법론에 입각해서 중국의 고전적 과학, 즉 고법을 중심으로, 이질적이지만 최신의 자연 지식인 서양과학, 즉 신법을 해체해 고법의 모형으로 회통귀일하는 것으로 이해된다. 이러한 매문정의 과학담론은 그의 『역학의문』에 적혀 있는 "서양의 계산법을 녹여서 대통력의 모형(模型)에 넣는다"(鎔西算 以入大統之型模)[45]는 그의 선언적 언설에서 압축적으로 표현되었다. 서호수는 이러한 매문정의 주장을 「상위고」에서 그대로 인용했던 것이다.[46]

하지만 매문정의 선언적 주장이 국가 공인의 「상위고」에 수록되었다고 해서 조선의 모든 학인이 그의 연구 프로그램과 담론에 동의했다고 보기는 어렵다. 먼저 서호수 자신도 사실은 매문정과는 다른 과학 담론을 보여주고 있다. 「상위고」 서두에서 시헌력 체제가 천행과 얼마나 부합하는가의 차원에서 종래의 어떤 고전적 역법에서도 유래를 찾을 수 없을 정도로 탁월하다는 서호수의 이해에서 그러한 사실이 단적으로 드러난다. 이러한 서호수의 관점은 고법을 중심으로 신법을 회통한다는 매문정의 관점과는 상당한 거리감이 느껴지는 것이 사실이다. 이후 정조대 천문역산 사업을 주도하고, 자타가 인정하는 조선 최고의 사대부 천문역산가로서 명성을 날리던 서호수는 고법보다는 철저하게 신법에 치우친

볼 것.

45. 매문정의 이 표현은 『역산전서』 권1, 「역학의문 1」 "論中西之異", 8ㄱ쪽에 나온다.

46. 『증보문헌비고』 권2 「상위고2」 10ㄱ쪽.

편향성을 더욱 보여주었다. 매문정의 과학담론에 입각해 『사고전서』 천문산법류 편집 작업을 하고 있던 옹방강(翁方綱, 1733-1818)을 사신행으로 북경에 가서 만나본 후 그의 수준이 1세기 전에도 못 미친다고 혹평한 일화에서 그러한 사실을 잘 알 수 있다. 그의 눈에는 엄연히 탁월한 신법을 추구하지 않고, 과거의 때 지난 천행과도 잘 맞지 않는 고법에 매달리는 옹방강이 천문역산에 무지한 학인으로 비쳐진 것이다.[47]

서호수가 신법에 편향된 태도와 시각을 가진 예외적인 학인이었다면, 많은 수의 조선 학인은 왕석천과 매문정이 부정했던 17세기 중·후반 형이상학적 우주론 사색을 펼치던 방이지 학파의 고법과 신법에 대한 태도와 접근에 훨씬 동조적이었다고 할 수 있다. 사실 17세기 초 이후 역법의 독자적 확립과 역서의 간행을 위한 국가적 차원의 필요에 의해서 중국식으로 옷을 갈아입은 서양식 천문역산학이 도입되었지만 그 안에 담긴 우주론적 자연지식은 조선의 학인들이 그대로 받아들이기에는 껄끄럽고 불온한 내용이 적지 않았다. 특히 전통 성리학적 우주론과 배치되는 종동천설(宗動天說), 일월오성의 우행설, 정기법(定氣法)이라는 절기 배치법, 그리고 지구설 등이 그러했다. 이러한 이론들은 역산 전문가들에게는 시헌력 체제의 수용과 함께 기계적으로 수용되는 것이었지만 사대부 유학자들에게는 사정이 달랐다. 그러한 자연 지식은 고전적 패러다임, 즉 성리학적 자연인식 체계와 부합하지 않았으며, 고대 이래 성인이 부여해주고 성리학이 정당화해온 상하의 명분적 사회 질서와 윤리에 위협적이었다. 결국 서양식 천문역산학이 담고 있던 새로운 자연 지식을 어떻게 수용할 것인가, 또는 전통적인 성리학적 자연 이해의 틀 속에서 어떻게 이해할 것인가는 조선 학인들에게 중요한 과제였다.

이질적이고 기원이 다른, 즉 패러다임이 전혀 다른 서양의 새로운

47. 서호수의 이와 같은 신법에 대한 태도는 문중양, 2003, 「18세기말 천문역산 전문가의 과학 활동과 담론의 역사적 성격: 徐浩修와 李家煥을 중심으로」 『東方學志』 121집, 51-84쪽을 참조할 것.

자연 지식을 접하면서 그것을 읽고 이해했던 조선 학인들의 패턴은 다양했다. 예컨대 김석문(金錫文, 1658-1735)은 그의 『역학이십사도총해』(1726)[48]에서 매우 흥미롭고 주목할 만한 그 자신만의 독자적인 우주론을 확립해 제시했는데, 그의 우주론을 구성하는 지식 정보는 티코 브라헤(Tycho Brache)의 천문학에 기반한 서양 천문학에서 비롯된 것이었지만 그것의 이론적 토대는 철저하게 성리학적 자연 인식 체계였다. 그가 의존했던 성리학적 자연 인식의 틀이란 주돈이(周敦頤, 1017-1073)의 「태극도설(太極圖說)」에 담긴 태극으로부터 비롯된 우주 만물 생성 변화의 메커니즘과 소옹(邵雍, 1011-1077)의 원회운세설(元會運世說)로 대표되는 수비학적 우주주기론이었다.

사실 이러한 김석문의 우주론 사색은 얼마나 믿을 만한 천문학 정보에 근거했는가의 차이만 있을 뿐 조선 유학자 대부분이 자연을 이해할 때 취했던 일반적인 접근이었다. 가장 극단적이고 고차원적으로 성리학적 인식 체계를 활용해 서양 천문학이 알려준 새로운 우주론적 지식 정보를 해석한 사람은 서호수의 아버지 서명응이었다. 서명응은 철저하게 송대 소옹이 부활시켜놓은 상수역학적인 자연인식 체계만을 활용해 서양 천문학이 전해준 천체의 구조와 운동, 그리고 천체의 현상에 대한 구체적인 지식 정보를 체계적으로 재해석해 정리했다. 특히 하늘이 우주의 원리를 담은 하도(河圖)를 내리고, 성인인 복희(伏犧)가 그것에서 얻어냈다고 믿어지는 도상들인 선천도(先天圖)를 이용해서 어떠한 천문학 이론이라도 해석하려 했다. 그야말로 그에게 선천도는 우주와 인간 사회에 일반적이고 보편적으로 관철되는 대원리가 담긴 진리 그 자체였다.

김석문과 서명응은 이와 같은 방식으로 상식적인 감각 경험에도 부합하지 않고, 상하 관념에 입각한 고전적인 천원지방의 세계관과도 부합

48. 1697년 『易學圖解』로 처음 저술되었으며, 1726년 『易學二十四圖解』라는 제목으로 간행되어 세상에 널리 알려졌다.

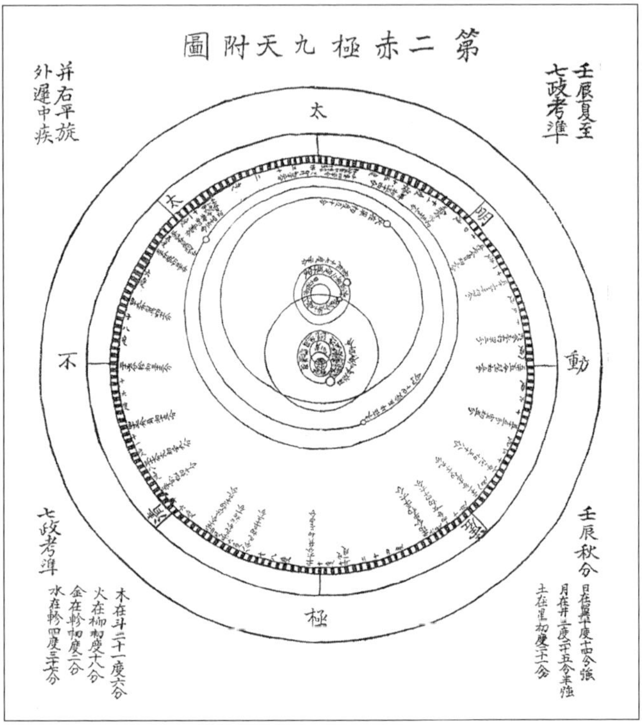

그림 3 김석문의 우주도. 『역학이십사도해』에 수록된 24개의 우주도 중에 두 번째 그림인 「제2적극구천부도」로 티코 브라헤의 우주구조를 그대로 담아냈음을 알 수 있다.

하지 않는 서양의 지구설을 참인 지식으로 받아들였다.[49]

김석문과 서명응 같은 이들이 상수역학적인 개념과 체계를 이용해 지구설의 타당성을 논증했다면 이와 달리 기의 개념과 메커니즘에 의존해 지구설의 타당성을 이해한 논자들도 많았다. 대표적으로 이익(李瀷,

---

49. 김석문과 서명응의 우주론적 사색에 대한 자세한 내용은 朴權壽, 1998, 「徐命膺의 易學的 天文觀」『한국과학사학회지』 20권 1호; 문중양, 1999 「18세기 조선 실학자의 자연지식의 성격: 象數學的 宇宙論을 중심으로」『한국과학사학회지』 21권 1호, 27－57쪽을 참조할 것.

1681–1763)과 홍대용(洪大容, 1731–1783)이 그들이다. 지구와 같이 둥그런 물체는 상하사방에서 중심으로 향하는 세력이 있다는 이익의 '지심설(地心說)', 유사하게 지구의 회전운동에 따라서 지구를 둘러싼 기가 회전하면서 허공 중의 기와 부딪혀 지구 중심으로 향한다는 홍대용의 '기의 상하지세(上下之勢)'는 성리학자의 견해에서 지구설을 수용 가능하도록 해석하는 흥미로운 가설들이었다. 물론 이러한 이익과 홍대용 사색의 우주론적 기반은 장재(張載, 1020–1077)에 의해서 제시되고 주희(朱熹)에 의해서 더욱 구체화된 송대의 기론적 우주론이었다.[50]

조선 유학자들의 서양 천문학 지식에 대한 이해의 방식이 이와 같이 달랐음에도 공통적으로 모두 성리학적 자연 인식의 틀에 입각해 서양 과학 지식을 읽었다는 사실은 주목할 필요가 있다. 자연지식에 조예가 깊은 조선 유학자라면 대부분이 서양 천문학이 전해준 지식 정보를 타당한 것으로 인정했다.[51] 특히 서양 과학은 경험적·실증적 자료에 근거했다는 점, 그리고 정밀한 수학에서 비롯되었다는 점이 장점으로 이해되었다. 그러나 그들은 동시에 서양 과학은 현상을 잘 설명해주는 지식이기는 하지만 자연의 참다운 원리, 즉 '소이연지고(所以然之故)'를 밝히는 지식은 못 된다고 인식했다. 이익과 홍대용은 전 우주에 충만한 기에서, 김석문은 태극과 수비학적인 수(數)에서, 그리고 서명응은 선천도에서 그러한 '소이연지고'를 찾으려 했다. 결국 조선 유학자들은 경험적이고 실증적인 차원에서 옳다고 파악한 서양 과학의 지식 정보를 이용해서 동아시아의 고전적인 과학 패러다임의 부활과 구축을 추구했다고 할 수 있다.

조선 유학자들의 이와 같은 우주론 논의와 서양과학 읽기는 큰 맥락에

---

50. 이익과 홍대용의 이와 같은 氣論的 우주론 논의는 문중양, 2003, 「조선후기 실학자들의 과학담론, 그 연속과 단절의 역사: 氣論的 우주론 논의를 중심으로」『精神文化硏究』 26권 4호, 27–52쪽을 참조할 것.
51. 물론 대다수 조선 유학자들은 서양과학 지식을 옳다고 여기는 데 강한 거부감을 지니고 있었으며, 서양 과학에 호의적 태도를 보인 사람은 오히려 매우 소수에 불과했다.

서 매문정에 의해서 부정되고 『사고전서』에서 믿을 수 없는 지식에 불과하다고 낙인찍혔던 중국 방이지 학파 학인들의 담론과 매우 유사했다고 할 수 있다. 비록 방이지 학파의 학문적 경향과 달리 소옹의 상수역학적 우주론 논의가 기론적 우주론 논의보다 오히려 지배적이었지만 서양 과학에서는 부족한 우주 생성과 변화의 원리에 대한 설명을 성리학적 자연 인식 체계를 이용해 해결하려는 학문적 지향은 동일했다. 이러한 조선의 학문적 경향은 일본의 경우와도 흡사했다고 할 수 있다. 그러나 일본과 달리 18세기에 이르기까지 조선에서 이루어진 유학자들의 형이상학적인 자연 지식 논의는 방이지 학파와는 무관하게 이루어졌다.[52]

17, 18세기 동안 이루어진 조선 유학자들의 이와 같은 서양 과학 읽기와 자연 지식 논의는 국가 공인의 「상위고」와 『국조역상고』에서 공식화된 매문정의 과학담론과는 상당한 거리가 있었다고 할 수 있다. 우리는 그러한 사정을 정조대 1789년에 내린 "천문책(天文策)"과 그에 응대한 대책(對策)에서도 잘 살펴볼 수 있다. 정조는 윤5월 22일 전 승지 이가환·이서구(李書九, 1754－1825)와 직각 이만수(李晩秀, 1752－1820), 교리 윤행임(尹行恁, 1762－1801) 네 명에게만 "천문책"을 내리고 대책을 올리도록 명하였다. 1789년이면 8월부터 서호수와 김영 등으로 하여금 국가 표준시간 체제와 관상감의 운영과 제도를 개혁하는 정책을 펼치기 시작하던 무렵이었다. 아마도 정조는 천문역산의 개혁을 추진하기 앞서 문제점을 점검하고, 개혁의 방안을 모색하기 위해서 유능하고 젊은 정조가 특별히 아끼던 근신들에게 천문책을 내린 듯하다. 이 중에 이가환

52. 방이지 학파의 자연 지식 사색을 담은 문헌들은 『천경혹문』을 포함해서 19세기 이전에는 하나도 조선에 유입되지 않았다. 조선에서 이루어진 기론적 우주론 사색은 일본의 경우와는 달리 17세기 중·후반 중국에서 이루어진 깊이 있는 기론적 우주론 논의와는 무관하게 독자적으로 이루어진 사색이었다. 이에 대한 자세한 논의는 MOON Joong-Yang, 2008, "Late Circulation of the Early Qing Natural Studies in 19th Century Korea," *Historia Scientiarum,* vol. 17－3(March, 2008), pp.189－210을 참조할 것.

은 종래 천문역산에 해박한 지식을 지닌 인물로 알려졌지만 나머지 세 명은 과학사에서 거론된 바가 없던, 즉 천문역산에 깊은 지식이 있던 인물로 보기 어려웠다. 앞서 살펴본 형이상학적인 우주론 사색을 펼쳤던 인물들이 누구보다 해박하고 깊은 천문역산 지식을 지닌 인물이었던 데에 비해 이들은 정조의 두터운 신임을 받던 탁월한 인재들이었지만 과학 분야에서는 그저 평범한 학인에 불과했다. 그렇기 때문에 그들이 응대한 대책을 통해서 더 일반적인 조선 학인들의 천문역산 지식과 신·고법 과학에 대한 태도 등을 잘 보여준다 하겠다.[53]

"천문책"에서 정조가 묻고 있는 중심 논제는 고법과 신법 중에 어느 것이 더 타당한가, 그리고 두 가지 상이한 전통의 역법 체제를 어떻게 절충할 것인가였다. 그런데 이 논제들 중에는 「상위고」에서 정리된 공식 역법 체제를 감안하면 전혀 문제가 안 되는 논제들도 많았다. 예를 들어 주천도수는 고법의 365와 1/4도와 신법의 360도 중에 어느 것이 더 타당한가의 문제가 그러하다. 주천도수 360도는 이미 시헌력으로 개력한 이후 150여 년 전부터 확고하게 정착되어 사용해오던 시헌력의 기본 틀로서 그 타당성을 묻는 것은 현실적으로 의미가 없는 것이었다. 타당하지 않다면 어찌할 것인가?

각각의 대책을 통해서 네 명의 젊은 관료-학인들은 확연한 견해 차이를 드러냈다. 신법, 즉 서양식 천문역산에 대한 강한 신뢰를 지닌 쪽의 극단에 이가환이 있었다면 서양식 천문역산에 대한 강한 불신과 고전적 역법 이론과 원리에 대한 강한 신뢰를 보인 쪽의 극단에 윤행임이 있었다. 이서구와 이만수는 그 중간쯤에 있었는데, 물론 세세한 사안에 대해서는 더 복잡한 견해의 차이를 드러냈지만 이서구가 신법을 더 신

53. 정조의 천문책과 대책에 대한 논의는 구만옥, 2006, 「조선후기 천문역산학의 개혁 방안: 정조의 천문책에 대한 대책을 중심으로」『한국과학사학회지』 28권 2호, 189-225쪽; 구만옥, 2006, 「朝鮮後期 天文曆算學의 주요 爭點: 正祖의 天文策과 그에 대한 對策을 중심으로」『韓國思想史學』 27집, 217-257쪽에서 상세하게 소개 정리되었다. 이 글에서는 이 연구 성과에 주로 의존한다.

뢰한 편인 데 비해 이만수는 고법을 더 신뢰했다. 고전적 천문가들에 대한 평가를 보면 이가환을 제외한 나머지 세 명이 모두 전통적인 신뢰의 인식을 보여주었다. 이는 그들이 전문적인 역법 지식과 연구 프로그램에 대한 식견이 있다고 보기 어려운 인물들인 점을 감안하면 여전히 역산의 분야에서 상고(尙古)주의적 인식이 지배적이었음을 잘 보여준다 하겠다. 또한 시헌력과 『역상고성』 체제 하에서는 너무나 당연한, 논란의 여지도 없던 주천도수 논제에 대해서는 이만수만이 365와 1/4도의 전통적 주천도수를 고집했고 나머지 세 명은 360도의 신법 주천도수가 합리적이라고 보았다. 세차설에 있어서는 이가환과 이서구가 '항성동이설'의 신법이 타당하다고 보았다. 지구설에 대해서는 이가환과 이서구가 지구설을 이용해 주야(晝夜)와 한서(寒暑)의 차이가 나타남을 논리적으로 설명하면서 그 타당성을 논증한 반면에 이만수는 완전히는 믿지 못하겠다는 회의적 태도를, 윤행임은 고전 문헌의 기록에 근거해 철저한 부정의 태도를 보여주었다.[54]

대책에서 보여준 신법과 고법에 대한 견해의 차이를 드러내는 사실도 흥미롭지만 왕을 비롯한 중신들이 평가한 채점 내용도 매우 흥미롭다. 채점관은 정조를 비롯해 이복원, 채제공, 김종수, 서유린이었는데, 전반적으로 이가환과 윤행임의 대책이 높은 점수를 받았다. 이가환은 서호수와 마찬가지로 일관되게 신법에 치우친 강한 신뢰를 보여주는 답안을 작성했고, 이와 정반대로 윤행임은 일관되게 신법을 부정하고 고전적 전통에서 천문역산의 개혁을 추구하는 답안을 작성했다.[55] 이를 어떻게 해석해야 할까? 분명한 사실은 시헌력으로 개력한 지 150여 년이 지나고, 1760년대 이후에는 『역상고성』 체제를 거의 완벽하게 구현해낸 정

54. 이에 대한 자세한 내용은 구만옥, 2006, 「朝鮮後期 天文曆算學의 주요 爭點: 正祖의 天文策과 그에 대한 對策을 중심으로」 228－251쪽을 볼 것.

55. 대책에 대한 채점 결과에 대해서는 구만옥, 2006, 「조선후기 천문역산학의 개혁 방안: 정조의 천문책에 대한 대책을 중심으로」 222－225쪽을 볼 것.

조대 조선에서 신법, 즉 서양식 역법에 대한 일방적인 신뢰는 정조는 물론이고 조선 학인들에게서도 전폭적인 동의를 얻지 못했음을 보여준다.

그렇다고 고법을 중심으로 신법을 해체해 회통귀일하려는 매문정의 과학담론으로 설명할 수 있는 것도 아니었다. 아니면 매문정의 과학담론을 이해할 수 있는 수준이 아니었는지도 모르겠다. 그러나 조선의 학인들이 매문정의 과학담론과 연구 프로그램을 동의했든 안 했든 18세기 말 조선의 천문역산학계는 그 영향권 하에 있었음은 부정할 수 없을 것이다. 이미 매문정은 중국에서와 마찬가지로 「상위고」에서 서호수가 거론하고 있는 바와 같이 천문역산학의 불가침적인 존재였다. 특히 그가 『역학의문』에서 정립하고 강희제에게서 절대적인 권위를 부여받은 '서양과학의 중국기원'의 대서사는 조선의 모든 학인이 18세기 후반 이후 의심의 여지없이 믿었던 신념이었다.[56] 『역상고성』 체제의 완성을 통한 독자적인 본국력의 확립이라는 정치적 목표를 달성하기 위한 노력이었지만 그 성숙의 과정을 통해서 중국에서의 지배적인 과학 연구의 패러다임, 즉 성리학적 자연 인식 체계로 자연을 접근하고 이해하는 방식을 지양하고 정량적 자료에 의한 경험적 추론과 기하학이나 삼각법 같은 엄밀한 수학적 논증을 통해서 자연의 이치를 파악하려는 과학 연구의 경향이 18세기 말에 이르면 조선에서도 형성되는 모습을 보이고 있다. 이는 매문정 과학 패러다임의 결과물이라고도 할 수 있는 『역상고성』과 『수리정온』이 지녔던 절대권 권위의 영향이었다고도 할 수 있을 것이다. 실제로 천문역산학에 조예가 깊었던 18세기 후반 이후 조선 유학자 대부분은 매문정의 패러다임을 추종했다.[57]

그에 따라 17, 18세기 동안에 독창적이고 자유롭게 이루어졌던 조선

---

56. 盧大煥, 2003, 「조선후기 "西學中國源流說"의 전개와 그 성격」 『歷史學報』 제178집, 113－139쪽을 참조할 것.
57. 18세기 후반 이후 조선 천문역산학에 매문정이 미친 영향에 대한 논의는 全勇勳, 2004, 앞의 논문, 90－97쪽을 참조할 것.

유학자들의 형이상학적 우주론 사색은 18세기 말에 이르면서 더는 전개되지 않는 양상을 보이는 듯하다. 18세기 중·후반 홍대용과 서명응에서 절정에 달했던 기론적 또는 상수역학적 우주론 논의는 더는 세련된 후계자를 18세기 말 이후에는 내지 못했다. 사대부로서 수리천문학적 전문지식을 갖춘 역산 전문가들이 이전 시기에 비해 많아졌지만 그들은 선배들처럼 형이상학적인 우주론 사색을 펼치지 않았다. 18세기 말 조선 최고의 천문역산가였던 서호수와 이가환을 비롯해서 19세기 전반의 유희(柳僖, 1773-1837)와 홍길주(洪吉周, 1786-1841)에서 우리는 그러한 학문적 경향을 확인할 수 있다.[58]

매문정의 천문역산학이 이와 같이 조선 사회에 정착하면서 서양 과학과 같은 이질적인 새로운 과학 지식에 대한 매문정의 읽기 방식은 조선 유학자들에게 하나의 모델이 되었다. 즉 고법(중국 전통 천문역산학)을 중심으로 신법(서양 천문학)을 회통하려는 연구 프로그램에 담겨있는 "고법과 신법은 결국 이치가 통한다"는 관점을 들 수 있다. 이와 함께 중서 천문학을 회통하려는 관점의 다른 표현태인 '서양 과학의 중국기원설'을 들 수 있다. 이러한 두 기준은 매문정 수리천문학의 수용과 정착이 본 궤도에 오른 18세기 후반에는 대부분의 조선 유학자들에게서 공통적으로 찾아볼 수 있다. 매문정식 천문역산학의 형성에 의해서 절대적인 권위를 지니게 된 이와 같은 두 기준은 18세기 말 이후 조선 유학자들의 서양 과학을 읽는 절대적 기준이었다.

58. 서호수와 이가환에 대해서는 文重亮, 2003, 「18세기말 천문역산 전문가의 과학 활동과 담론의 역사적 성격: 徐浩修와 李家煥을 중심으로」『東方學志』 121집, 51-84쪽을 유희에 대해서는 具萬玉, 2001, 「方便子 柳僖(1773-1837)의 天文曆法論: 조선후기 少論系 陽明學派 自然學의 一端」『韓國史硏究』 113호, 85-112쪽을, 홍길주에 대해서는 Jun Yong Hoon, 2006, "Mathematics in Context: A Case in Early Nineteenth-Century Korea" *Science in Context* 19(4), pp.475-512를 각각 참조할 것.

5. 근대의 언저리에서 서성대는 조선의 과학

이제 정조대 조선 과학의 역사 시간이 어디에 있었고, 어디로 가고 있었는지 답해야 할 차례다. 서두에서 고백했듯이 독자에게 만족스러운 답을 주기에는 턱없이 부족하다. 물론 짧은 글로 못 다 살펴본 데에 기인하기도 하지만, 가장 큰 이유는 역사는 하나의 길을 걸어가는 단일한 실체가 아니기 때문일 것이다. 역사를 구성하는 요소들, 즉 행위자(actor)들은 무한히 많고, 그것들마다 성격도 다르고, 가고 있는 방향과 길이 제각기 다르다. 구성 요소들이 어떻게 연결되어 어떠한 성격의 그물망을 이루고, 그것이 어디로 갈지는 누구도 모른다. 훗날의 역사를 통해서 결과론적으로 해석할 뿐이다. 그러나 결과론적 해석은 특정한 '주의'에 빠져 왜곡된 역사 해석을 할 위험이 있다. 그렇기에 구성 요소들 또는 행위자들이 각각 당대의 맥락(context)에서 어떻게 연결되어 있었고, 어떤 길을 가고 있었는지 비유적으로 파악하는 것으로 자위해 본다.

정조대 과학을 구성하는 요소들에서도 다양한 모습이 보인다. 정조라는 당시 가장 영향력 있는 행위자는 중국에 버금가는 문화국가로서의 위신을 본국력을 통해서 달성하려 했다. 그가 지향했던 국가가 동아시아에서 절대적 권위를 지닌 유교적 중화 문화를 구현하는 국가였음은 부정할 수 없을 것이다. 본국력이 서양식 신법이든, 과거의 고법에 입각한 것이든 중요하지는 않았다. 본국력의 확립을 통해서 번속국으로서의 위치에서 떨쳐 일어나 청과 대등한 문화국가의 위신을 세우려 했을 뿐이다. 본국력을 확립하기 위해 수용하고 익혔던 구성 요소들로 새로운 수학 지식이 있었고, 천문학 지식이 있었다. 또한 정밀한 천문 자료도 있었다. 이 구성요소들은 행위자들에 따라서 고법(古法)과 신법(新法), 또는 중법(中法)과 서법(西法)으로 분류·이해되었다. 조선에서 당시 가장 전문가적인 사대부 천문역산가였던 서호수와 이가환 같은 행위자들은 오로지 '신법'을 통해서만 본국력을 확립할 수 있다고 믿었을 것이다.

그러나 대다수 조선의 사대부 행위자들은 그에 동의하지 않은 듯하다. 그들에게 새로운 천문역산학은 '신법'일 뿐만 아니라 '서법'이기도 했을 것이며, 그러한 '서법'으로는 유교적 문화 국가에 적합한 본국력을 수립할 수 없다고 생각했을 것이다.

어쨌든 본국력의 확립을 통해서 중국에서 부활한 고법과 중국식으로 옷을 갈아입은 신법이라는 구성요소가 유입되었다. 이것이 정부와 천문역산가라는 행위자와 연결됨으로써 시헌력 체제와『역상고성』체제의 완성이라는 길로 나아갔다. 또한 유학자 행위자들과 연결되면서는 형이상학적인 우주론 사색의 길로도 나아가기도 했다. 이렇게 18세기 후반 조선이라는 무대에서 고법과 신법, 천문역산가와 유학자, 그리고 정조라는 구성요소와 행위자들은 하나의 연결망 속에 있었다. 그런데 당시 강력한 방향성을 제시하는 비인간 행위자가 희미한 전조등을 켜고 있었다. 매문정의 과학담론과 연구 프로그램, 이 행위자는 본국력 확립이라는 과제를 수행하면서 중국과 조선의 접속 채널을 통해 그간 꾸준히 몸집을 키워온 터였다. 18세기 말 조선의 과학계는 이 전조등을 따라가는 듯했다.

그런데 그 외곽의 동아시아적 무대에서 보면 이 전조등과는 상당히 다른 길을 비추며 가고 있는 또 하나의 연결망이 있었다. 이웃 난학자가 주도하는 일본의 무대였다. 그러나 조선은 1763년 이후 이 연결망과의 접속을 끊었다.

참고문헌

논문

구만옥, 2006, 「조선후기 천문역산학의 개혁 방안: 정조의 천문책에 대한 대책을 중심으로」『한국과학사학회지』 28권 2호, 189－225쪽.

구만옥, 2006, 「朝鮮後期 天文曆算學의 주요 爭點: 正祖의 天文策과 그에 대한 對策을 중심으로」『韓國思想史學』 27집, 217－257쪽.

具萬玉, 2001, 「方便子 柳僖(1773－1837)의 天文曆法論: 조선후기 少論系 陽明學派 自然學의 一端」『韓國史研究』 113호, 85－112쪽.

吉田忠, 1985, 「『天經或問』의 受容」『科學史研究』 No.156, 215－224쪽.

문중양, 2006, 「19세기의 호남 실학자 이청의 『정관편』 저술과 서양천문학 이해」『韓國文化』 37, 125－156쪽.

문중양, 2008, 「19세기 조선의 자연지식과 과학담론: 明末·淸初 중국 우주론의 늦은 유입과 그 영향」『다산학』 13호, 7－24쪽.

문중양, 2008, 「『東國·增訂·增補文獻備考』「象緯考」의 편찬과 영·정조대의 천문학」『진단학보』 106호, 249－280쪽.

文重亮, 2003, 「崔漢綺의 기론적 서양과학 읽기와 기륜설」『大東文化研究』 43집, 273－312쪽.

문중양, 2001, 「18세기 후반 조선 과학기술의 추이와 성격: 정조대 정부 부문의 천문역산 활동을 중심으로」『역사와 현실』 제39호, 199－231쪽.

문중양, 2003, 「18세기말 천문역산 전문가의 과학활동과 담론의 역사적 성격: 徐浩修와 李家煥을 중심으로」『東方學志』 121집, 51－84쪽.

MOON Joong-Yang, 2010, "Landscape and Historicity of Korean Science of the Early to Middle Nineteenth Century" *The Review of Korean Studies*, vol.13 No.1 (March 2010), pp.92－119.

이창익, 2005, 「조선후기 역서의 우주론적 복합성에 대한 연구: 역법과 역주를 중심으로」, 서울대 종교학과 박사논문.

林宗台, 2004, 「이방의 과학과 고전적 전통: 17세기 서구 과학에 대한 중국적 이해와 그 변천」『東洋哲學』 제22집, 198－203쪽.

안대옥, 2005, 「근세 일본의 과학」『에도시대의 실학과 문화』(경기문화재단), 116－127쪽.

전용훈, 2002, 「17－18세기 서양과학의 도입과 갈등」『東方學志』 제117호, 1－49쪽.

전용훈, 2004, 「조선후기 서양천문학과 전통천문학의 갈등과 융화」, 서울대 박사논문.

Jun Yong Hoon, 2006, "Mathematics in Context: A Case in Early Nineteenth-Century Korea," *Science in Context* 19－4(2006), pp.475－512.

저서

張永堂, 1987 『明末方氏學派硏究初編: 明末理學與科學關係試論』(大北).

張永堂, 1994 『明末淸初理學與科學關係再論』(學生書局: 臺北).

III. 공간에 관한 지식과 정조시대

배우성(서울시립대학교 국사학과)

1. 18세기 지리지식 연구현황과 과제

1) 지도 · 지리지 · 지리고증에 관한 선행연구의 성과

(1) 조선전도와 20리 방안 군현지도집

이 글은 정조시대의 자아인식이 공간 문제에서 어떻게 표현되고 있었는지를 읽어보려는 것이다. 이미 역사학과 지리학 분야에서 정조시대의 지도 · 지리지 · 지리고증에 관한 적지 않은 성과들이 있지만, 두 학문 분야에서의 개별적인 성취는 서로 소통되지 않는다. 관심의 방향이 같지 않았기 때문이다. 이 글에서는 선행연구를 검토하면서 지리학에서의 성과를 '역사화'시키기 위해 필요한 조건을 드러낼 것이다. '역사화'라는 말은 공간에 관한 지식을 특정한 시간 속에 배치하여 읽어낸다는 의미로 이해하고 싶다.

정조시대라는 시점을 중심에 두고 던질 수 있는 질문들도 찾아보려 한다. 정조시대 공간인식의 특징적 양상은 무엇인가. 그 지식은 발화자의 의도를 어느 정도 반영한 것인가. 그 지식은 어떻게 유통되었는가.

정조시대의 공간지식은 19세기에 어떤 방식으로 계승되거나 단절되는가. 이 연구는 역사학과 지리학의 성과를 소통시킨다는 점에서, 그리고 공간지식에서 보이는 변화의 양상들을 '역사화'한다는 점에서, 나아가 정조시대 이해를 위한 새로운 실마리를 찾아본다는 점에서 의의를 찾고 싶다.

지리학에서의 성과를 검토할 때 가장 먼저 문제가 되는 것은 정조시대의 조선전도일 것이다. 물론 이런 것들을 명시적으로 알려주는 사료는 없다. 그러나 지리학자들은 조선전도가 어떻게 대동여지도에 도달할 수 있었는가에 대해 연구하는 과정에서 18세기 조선전도를 다루었다. 일찍이 이병도·이찬·전상운 등은 이 문제에 관한 큰 밑그림을 그린 바 있다. 이후 다음 세대 지리학자들에 의해 18세기 조선전도와 군현지도집이 집중적으로 탐색되어오고 있다.

정상기가 백리척과 지지정보들을 이용해 제작한 조선전도는 이전 조선전도들의 수준을 훌쩍 뛰어넘는 것이었다. 이 지도는 홍양호에 의해 영조에게 소개되었고, 이후 대표적인 관찬 조선전도로 자리 잡았다. 정상기의 동국지도는 정항령-정원림 등에 의해 계승되었으며, 한편으로는 정후조 등 해주정씨에 의해 수정되기도 하였다. 이 사본들 가운데에는 폐사군 일대 압록강의 유로나 남해안 해안선이 수정된 것들이 있고, 면의 명칭이 기입되거나 군현의 경계가 보완된 것들도 있다.[1]

정상기의 동국지도가 수정되는 한편에서 20리 방안을 채택한 전국 군현지도집이 만들어지기도 하였다. 현재까지 『해동여지도』(국립중앙도서관), 『조선지도』(서울대 규장각), 『동국지도3』(국립중앙도서관) 등이 집중적으로 분석되고 있다.[2] 18세기 조선전도와 20리 방안 군현지도집의 관

---

1. 정상기의 동국지도에 대해서는 오상학, 1994, 「정상기의 동국지도에 관한 연구, 제작과정과 사본들의 계보를 중심으로」 『지리학논총』 24; 이기봉, 2006, 「정상기의 동국지도해설」 『조선지도』 해설색인집, 규장각 참조.
2. 조선전도와 20리 방안지도집과 관련된 논의에 대해서는 아래의 논문들을 참조. 이찬, 1981, 「한국고지도에서의 좌표체계」 『한국과학사학회지』 3-1; 양보경, 1995, 「대동

계에 대해서는 최한기의 「청구도제」(靑丘圖題)와 김정호의 『청구도』 범례에 실려 있는 기사들이 실마리가 된다.

일찍이 이병도는 『청구도』 영인본을 내면서 이 글들의 번역문을 제시한 바 있다. 최근에는 이기봉이 새로운 번역문을 제시하기도 하였다. 원문은 한문의 문리와 리듬감, 그리고 지도제작 기술에 관한 이해가 수반되어야 정확히 이해될 수 있는 문장이어서 약간의 어려움이 있다. 여기에서는 논지 전개와 관련해 필요한 경우에 한하여 필자의 번역문을 새로 제시하기로 한다. 먼저 『청구도』 범례를 보자.

> 우리나라는 삼국시대와 고려시대로부터 역사에는 모두 지지가 있었으니, 지지는 즉 지도의 근원이다. 고려 중엽에 이르러서는 유공식이 집에 간직한 고려 지도가 있었고 공민왕 때에는 나흥유가 고려지도를 편찬하여 왕에게 올렸다. 조선왕조에 들어와서는 세조가 양성지에게 명하여 지지 및 지도를 편찬하게 하였다. 생각건대 이 전후의 지도들을 편찬할 때 반드시 저것을 들어 이것을 밝히고 옛것을 따라 지금 것을 바꾸었을 것이다. [그 가운데: 필자] 오래도록 전해온 것은 『동국여지승람』의 첫머리에 있는 팔도지도뿐인데, 간략하고 소박하여 겨우 그 범위를 갖추었다. 정조 때 여러 주군에 명하여 그 지방을 그려 올리게 하였다. 이에 경위선표가 있게 되었으니 혹은 팔도로써 분폭하고 혹은 주현으로써 분표하여 임의로 제작하였으니 정철조·황엽·윤영의 지도가 가장 뛰어났다. 대개 종이의 크기에 한정이 있으니, 도본은 전폭 안에 방면과 분계선을 모두 그릴 수 없은즉 그 자세함을 다할 수 없고, 주군각본은 그 땅의 크기를 가리지 않고 반드시 한 판 안에 배포해 넣으니 경위선에 차이가 생겨서 강계를 살필 때 표에서 찾기 어려운즉 관규의 폐단을 면키 어

여지도를 만들기까지」『한국사시민강좌』 16, 일조각; 이상태, 1999, 『한국고지도발달사』, 혜안; 이기봉, 2004, 「김정호의 청구도 제작과정과 지도적 특징에 관한 연구」『대한지리학회지』 39-3; 김기혁, 2005, 「조선후기 군현지도의 유형연구: 동래부를 사례로」『대한지리학회지』 40-1; 김기혁, 2007, 「조선후기 방안식 군현지도의 발달연구: 동국지도 3을 중심으로」『문화역사지리』 19-1; 김기혁, 2007, 「우리나라 고지도의 연구현황과 과제」『한국지역지리학회지』 13-3; 이기봉, 2007, 「청구도 범례에 나타난 김정호의 고민과 희망: 지도의 제작과 이용 및 교정방법」『문화역사지리』 19-1; 장상훈, 2007, 「조선후기 대축척 조선전도의 발달과 동여」『문화역사지리』 19-1.

려웠다. 그런고로 이에 대폭전도를 사용하여 층판을 나누고 고기비늘처럼 잇대어 책을 만들어 [이런: 필자] 두 가지 문제를 해결하게 되었으니, 지지에 실려 있는 내용과 옛사람들의 지도 또한 이것을 가지고 상고할 수 있을 것이다.[3]

김정호는 도본(道本)과 1군현 1도엽으로 되어 있는 주군각본(州郡各本)을 거론했다. 이것들은 각각 도지도와 군현지도를 의미한다. 그가 본 정조시대의 도지도와 군현지도들은 모두 종이의 크기에 따라 모눈의 크기를 조정한 것들이었다. 이런 상태로는 도지도에서 자세한 정보를 찾기 어렵고 군현지도로는 각 군현 간의 연결관계와 크기를 짐작하기 어렵다. 최한기도 「청구도제」에서 비슷한 이야기를 남겼다.

내 친구 김정호는 어렸을 때부터 지도와 지지에 뜻을 두고 오랜 세월 자료를 찾아서 여러 방법의 장단점을 자세히 살폈다. 매양 한가할 때에 확론하여 비람식의 간편함을 구득하였지만, 모눈을 그리니 어쩔 수 없이 물을 끊고 산을 자르게 되었으며 고을을 흩어놓게 되니 진실로 표를 보고 그 경계를 알기 어려웠다. (이 두 구절은 재래 지도의 폐단을 밝힌 것이다. 한 장 안에 리수에 따라 종횡으로 정간을 그리고 물줄기와 산줄기를 그었으니 이것이 물을 끊고 산을 자른다 한 것이다. 334개의 주현을 각기 한 폭에 그리니 작은 현은 넓어지고 큰 현은 도리어 줄어드니, 표에 따라 경계를 살필 때에 寸으로 尺을 헤아리는 것과 다름이 없어서 항상 문란함이 많았다.) 이에 전폭에다 구역에 따라 재단하였으니 [이는: 필자] 우임금이 정전을 구획한 것을 본받은 것이며, 변선에 글을 썼으니 [이는: 필자] 소대에 역산을 표한 것을 모방한 것이다.[4]

---

3. 一 左海地方 自三國高麗 史皆有志 地志卽圖之張本也 暨于勝國中葉 有柳公植家藏地圖 恭愍王時 羅興儒撰本國地圖 以進于王 入本朝 世祖命梁誠之 撰地誌及地圖 竊想前後撰圖 必有擧皮昭此 沿古革今 壽其傳者 惟有輿地勝覽弁卷之八道圖本 質略朴野 僅具範圍 正廟朝 分命諸州郡 圖形該地方以上 於是 有經緯線表 或以八道分幅 或以州縣分俵 任意裁作 鄭喆祚黃燁尹鍈之本最著焉 盖楮方有限 道本全幅之內 難容坊面與分界線 則無以盡其詳矣 州郡各本 無論其地之濶狹長短 必排布於一版之內 經緯線自有疏密稀稠之分 及其査界 難於尋表 則未免管窺之弊 故玆庸大幅全圖 局定層版 鱗次成卷 庶無二患 而地志所載 前修撰圖 亦可將此而考焉

4. 金友正浩 年自童冠 深留意於圖志 歲久搜閱 詳諸法之輸嬴 每値靜閑時確論 求得比覽式簡便

최한기는 「청구도제」에서 천문측량과 지도의 관계, 정조시대의 지도 등을 소개한 뒤, 김정호가 『청구도』를 만들게 된 과정을 언급했다. 김정호는 범례에서 모눈 간격이 다른 1군현 1도엽의 군현지도집을 비판하면서 자신이 왜 전도를 사용할 수밖에 없었는지 말했는데, 최한기도 여기에서 같은 이야기를 했다. 다만 최한기의 글에는 김정호가 '비람식(比覽式)의 간편(簡便)함을 구득(求得)했다'는 내용이 보인다. 비람식의 간편함을 이해하게 되어 방안식 지도를 제작해보았더니 문제가 많더라는 것이다. 비람식이 방안식 기법을 사용하여 지도의 축소·확대를 자유롭게 하는 기술을 말하는 것이라면, 『해동여지도』는 이런 기술적 성과가 정조시대에 축적되고 있었음을 보여준다.

현재 지리학계에서는 김정호의 『청구도』가 조선전도를 계승한 것인지 20리 방안의 군현지도집을 계승한 것인지 논란이 있다. 물론 『청구도』는 내용만으로 보면 『동국지도3』 『조선지도』 『해동여지도』와 같은 20리 방안 군현지도집과 무관하지 않다. 그러나 층판 방식이 『청구도』와 유사한 조선전도들이 있기도 하기 때문에, 『청구도』가 20리 방안 군현지도집이 아니라 다른 조선전도를 계승했을 것이라는 견해도 있다.[5] 이 연구는 『청구도』의 저본지도에 관한 지리학자들의 주장에 답하는 데 목적이 있는 것은 아니다. 그러나 이 문제는 정조시대의 지도제작 실태를 이해하는 데 중요한 실마리가 되기 때문에 간략하게라도 언급해 두기로 한다.

이 문제를 이해하기 위해서는 신경준의 지도로 돌아가지 않으면 안

畫成方罫 無奈截水塹山 俵散諸州 誠難按表查界 (上二句 明流傳地圖之弊 一張之內 依里數畫縱橫井間 而以水波山脊 倘于其上 是乃截水塹山也. 三百三十四州縣 各畫一幅 小縣使張大邑反縮 及其查表察界 無異較寸而量尺 常多紊亂) 於是 全幅區裂 效神禹畫井田 邊線識書倣昭代表曆算

5. 청구도와 조선전도의 관련성에 관해서는 양보경, 1999, 「일본 대판부립대 소장 조선도의 고찰」 『서지학연구』 17; 장상훈, 2007, 앞의 논문; 오상학, 2001, 「고산자 김정호의 지도제작과 그 의의」 『고산자김정호기념사업연구보고서』 국립지리원 참조.

그림 1 「동여도」(부분)(국립중앙박물관 소장). 방안도법의 원리를 채택한 것은 영조대 20리 방안 전국군현집과 같지만, 한반도를 동서 1,540리, 남북 2,800여 리 안에 망라했다는 점에서 차별성이 있는 지도다.

된다. 신경준은 왕명을 받고 정항령의 지도 등을 참고하여 열읍도(列邑圖) 8권, 팔도도 1권, 전국도 족자 1축을 만들었다. 신경준은 이 지도에 세로줄 76개, 가로줄 131개의 방안선을 적용했다. 그는 정상기 계열의 도지도와 군현지도, 그리고 대축척 방안 군현지도 등 여러 선행지도를 활용하여 전도·도지도·군현지도를 유기적으로 결합시켰다. 군현지도 도면상의 방안 간격은 일정하게 유지되었다.

신경준의 지도 이후로 20리 방안 군현지도집들이 제작되기 시작했다. 일찍이 이찬은 이 20리 방안 군현지도집들의 존재를 학계에 알렸다. 그 뒤 여러 학자가 『해동여지도』『조선지도』『동국지도3』과 같은 20리 방안 군현지도집과 『청구도』와의 연관성에 주목해왔다.

그런데 『청구도』와 20리 방안지도집 사이에는 적지 않은 차이도 있다. 『청구도』는 가로 22판, 세로 29층으로 각 면은 가로 70리, 세로 100리로 되어 있는데, 각 면의 주변에는 10리 방안선이 그려져 있다. 말하자면 10리 방안을 단위로 한 지도인 것이다. 방안의 단위가 같지 않은 것이 결정적인 차이라고 말하기는 어렵다. 『조선지도』와 『해동여지도』를 놓고 보면 20리 방안 군현지도를 10리 방안전도로 만드는 일은 그리 어려운 것이 아니기 때문이다. 그런데 『청구도』와 이 20리 방안 군현지도집들 사이에는 그보다 더 큰 차이가 있다. 한반도의 동서남북 리수가 일치하지 않는 것이다.

신경준의 지도는 경선이 76줄, 위선이 131줄이므로, 방안은 가로로 75개, 세로로 130개가 된다. 이 방안 간격은 20리를 기준으로 한다. 따라서 신경준의 지도는 동서 1,500리(75개 방안×20리), 남북 2,600리(130개 방안×20리)로 전국을 망라한 셈이다. 『해동여지도』『조선지도』『동국지도3』 등 20리 방안의 군현지도들의 방안 숫자를 전도 규모로 환산해보면 가로 75개, 세로 130개가 된다. 동서는 1,500리(75개 방안×20리), 남북은 2,600리(130개 방안×20리)가 되는 것이다. 신경준 지도의 실체에 대해서는 논란의 소지가 있지만, 방안 숫자만으로 보면 양자가 일치하는 것이다. 반면 『청구도』는 동서 1,540리(22판×70리), 남북 2,900리(29판×100리)로 전국을 망라하고 있다.

『청구도』와 20리 방안지도집이 내용상 유사하다는 사실도 의미 있지만, 전국을 나눈 방안의 규모가 같지 않다는 점을 간과해서는 안 된다. 내용 면에서 『청구도』가 20리 방안지도집을 계승했다고 말할 수는 있지만, 방안의 규모 면에서는 직접적인 계승관계를 설정하기는 어려운 것이다. 필자는 『청구도』가 20리 방안지도집과는 방안 규모를 달리하는 다른 종류의 조선전도를 계승했다고 보는 것이 좀 더 합리적이라고 생각한다.

그런 점에서 최근 장상훈이 학계에 보고한 『동여』라는 지도책은 특별한 의미가 있다. 이 지도집은 제주도를 포함한 한반도 전체를 동서 1,540리, 남북 2,800여 리 안에 망라하고 있는데, 최한기가 「청구도제」에서 앞 시대의 지도로 언급한 경도 154, 위선 280여 개와 거의 일치하는 수치다. 『동여』의 지명은 19세기의 것으로 보이지만, 그 원도가 있었다면 그것은 확실히 최한기가 지적한 앞 시대 조선전도의 특징과 부합한다고 말할 수 있는 것이다.

(2) 도성도 · 피아지도 · 동아시아지도 · 세계지도

18세기에 조선에서 만들어지거나 복제된 지도들 가운데에는 도성도, 각종 피아지도(彼我地圖), 동아시아지도, 세계지도와 천하도 등이 있다. 물론 이런 지도들에 대해서도 그 시대적 의미를 읽기 어려운 방식의 논의가 계속되어왔다. 그러나 정상기의 지도나 20리 방안 군현지도집 등이 지도발달사라는 단일 맥락에서 읽혀온 것에 비하면, 이 지도들에서는 훨씬 다양한 의미를 읽을 수 있는 여지가 있다.

영조대에는 도성삼군문수비체제의 확립 이후 도성삼군문분계지도가 만들어지는데, 이 도성삼군분계의 윤곽은 여타의 회화식 도성도들에도 반영되어 있는 경우가 많다. 한편 만주 일대와 조선의 서북지역을 결합시킨 피아지도 류는 18세기 조청관계의 양상뿐만 아니라 정계비 설립 이후 조선에서 확산되었던 영토의식을 상당부분 반영하고 있다. 병자호란 이후 무려 한 세기 반에 걸치는 기간 동안 조선의 왕과 지식인, 관료들은 전면전의 재발 가능성을 우려했다. 그것은 당초 만주 일대에 대한 정확한 지리지식에 기초한 판단은 아니었다. 조선은 청이 오랑캐라고 하는 숙명적인 이유 때문에 백년 이상 나라를 유지할 수 없을 것이라고 판단했다. 그러나 전쟁에 대한 우려가 계속될수록 만주 일대에 대한 지리정보의 필요성은 늘어만 갔다.

우여곡절끝에 조선은 『성경지』와 『대청일통지』 『만주원류고』 『고금도서집성』 등을 들여오게 되었다. 특히 조선에서 『성경지』는 매우 중요

그림 2 「서북계도」(부분)(서울대 규장각 소장). 만주 일대와 조선의 서북지역을 하나로 합쳐 그린 피아지도의 일종이다. 만주 일대의 윤곽은 「황여전람도」의 사본을 베껴 그린 것이다. 이 지도는 만주어 지명이 조선에서 동문화되어가는 과정을 보여줄 뿐만 아니라, 김정호의 지도에 앞서서 분첩절첩식의 제책방식을 구현했다는 점에서도 중요하다.

한 지리정보였다. 이이명은 일찍이 『성경지』에 기록된 만주지리정보를 활용해 「요계관방도」를 제작했다. 그러나 역시 가장 전형적인 피아지도류는 다양한 사본이 남아 있는 「서북피아양계만리일람지도」라고 해야 한다. 이 유형의 지도들에는 여전히 전통적인 위기의식이 강하게 남아 있다. 지도 여백의 설명문에도, 북경에서 영고탑으로 이어진 도로망 표시에도 그런 의식의 흔적들이 잘 남아 있다. 조청정계 이후 확대되어 간 영토의식의 편린들도 확인된다.

이런 경향은 정조 때 만들어진 것으로 추정되는 『서북계도』에도 그대로 남았다. 이 지도는 백두산에서 발원하는 물줄기에 대해 독자적인 판단을 하고 있다는 점, 분첩절첩식의 초기적 형태를 보여준다는 점에서도 특별하다. 『서북계도』는 「황여전람도」 원도 계열의 지도와 「동국지도」 수정본을 결합해 만든 피아지도 유형의 지도책이다. 지도에 활용된 원도들은 바뀌었지만 청에 대한 위기의식, 분계강에 대한 발상, 그리고 압록강, 두만강 대안의 적로는 여전히 강하게 의식되고 있다. 화원의 솜씨라고 보기 어려운 거친 필치이지만, 새로운 자료를 활용한 피아지도류의 결정판이라는 점에서, 그리고 「황여전람도」가 조선에 전래되어 재해석되는 양상을 보여준다는 점에서 중요한 의미가 있는 지도다.[6]

새로운 중국지도나 만주에 대한 정보들이 주로 관찬지도의 형식으로 소화·흡수된 데 비해, 일본이나 유구에 관한 지리정보는 민간을 통해서도 흘러들어왔다. 17세기에 조선 사람들이 본 일본지도에는 행기식 일본도, 『해동제국기』 유형의 일본도, 강항의 일본도 등이 있었다. 그런데 18세기에는 에도시대에 출판된 일본 전도들이 부산 왜관을 통해, 혹은 통신사행을 통해 조선에 유입되었다. 이익은 홍중효를 통해 석고제(石高制) 현황이 표시되어 있는 일본지도를 보았고, 정약용은 녹우당에 있던 『본조도감강목』의 사본을 보았다. 이덕무는 원중거를 통해 『일본원비도』의 윤곽을 보았고 그것을 토대로 『청장관전서』에 일본지도를 남겼다. 그것은 원본과는 달리 조선에서 본 방위를 기준으로 하고 있다. 에도시대 일본지도의 사본 중 일부는 비변사에까지 흘러들어갔다. 유구에 대한 정보량도 증가하였다. 정조시대에 제작된 것으로 추정되는 『해동삼국도』는 조선에서 제작한 지도 가운데 가장 개선된 일본의 윤곽을 보여준다.[7]

18세기 조선사회에서 만주, 일본, 유구 등에 대한 정보량이 증가하고

6. 피아지도의 제작과 서북계도의 의의에 대해서는 배우성 2007, 「18세기 청의 지리지·지도와 백두산의 수계」 『역사와경계』 65; 배우성, 2010, 「만주에 관한 지식과 조선후기 사회」 『역사학보』 208 참조.

7. 일본지도의 유입 및 일본관의 변화와 관련한 내용은 하우봉·손승철·이훈, 1999, 『조선과 유구』 아르케; 배우성, 1999, 「정조시대 동아시아 인식과 해동삼국도」 『정조시대의 사상과 문화』 돌베개; 하우봉, 2002, 『조선후기실학자의 일본관연구』 일지사; 오상학, 2003, 「조선시대의 일본지도와 일본인식」 『대한지리학회지』 38-1; 하우봉, 2006, 『조선시대 한국인의 일본 인식』 혜안 참조.

있었던 것은 사실이다. 이 정보들은 일반적으로 조선 지식인의 지리적 시야를 확대시키는 데 기여한 것으로 평가된다. 만주에 대한 정보량 증가는 서북지역 개발과 영토의식 확산의 밑거름이 되었으며 일본에 대한 화이론적인 시선은 상대적으로 객관화되었다.

18세기만의 현상이라고 말하기 어렵지만, 17세기 이후 조선사회에 서구식 세계지도가 보급되었으며, 그것과 함께 「천하도」가 널리 보급되었던 것도 기억할 만한 일이다. 조선 지식인은 서구식 세계지도를 통해 넓은 세계를 보았다. 그러나 「천하도」가 서구식 세계지도라는 지적 자극에 의해 탄생한 도면이었다는 사실은 다른 맥락에서 볼 때 특별히 중요하다.[8]

(3) 지리고증과 지리지 편찬

조선시대의 '지식' 중에는 늘 짝하는 것들이 있었다. 지리지가 지도와 짝하는 것처럼, 경전은 역사와 떼려야 뗄 수 없는 지식이다. 역사는 다시 지리와 짝을 이룬다. 공간은 그 자체로서 독립된 것이 아니라 시간과 함께 기억되었다. 지리에 관해서 연구하고 지리를 고증하려는 움직임은 일찍부터 있었다. 기전체 역사서인 『고려사』에도, 편년체 역사서인 『세종실록』에도 지리지가 있다. 『동국여지승람』이라는 방대한 지리서가 편찬된 것도 조선전기였다. 그러나 『고려사』 지리지는 군현의 명칭 변화나 군현의 상하 예속관계를, 『동국여지승람』은 인물·형승·제영 등을 비중 있게 다루었다. 물론 고대사의 강역에 관한 정리가 전혀 없는 것은 아니었다. 『동국여지승람』에서 고조선과 고구려의 중심지는 반도 안쪽으로 추정되었다. 이 견해는 16세기에 유행한 사략형 역사서들에서 그대로 계승되었다. 그러나 『동국여지승람』의 편찬자들이 다양

8. 천하도가 보여주는 세계상에 대해서는 배우성, 2000, 「서구식 세계지도의 조선적 해석 천하도」 『한국과학사학회지』 22－1; 오상학, 2001, 『조선시대의 세계지도와 세계인식』 서울대 박사학위논문 참조.

한 사료와 지리정보를 비판·분석하여 그런 결론을 내린 것은 아니었다. 이때까지만 하더라도 명실상부한 지리 연구, 지리고증이 시도되지는 못했던 것이다.[9]

그런 점에서 17세기 지식인 한백겸은 특별히 중요하다. 그는 역대의 역사서나 지리서에서 국가의 강역, 수도, 관방 관련 지명의 위치가 일정하지 않은 것을 바로잡으려 했다. 그러기 위해서는 비판적·실증적 연구태도를 유지할 필요가 있었다. 그의 삼한설과 기전도설은 유형원, 신경준, 안정복, 이긍익 등 18세기 학자들에게 계승되었다. 유형원은『요사』 등을 새로운 자료로 활용하여 고대사의 무대를 요동 지역으로 확대해서 인식했으며, 신경준은 유형원 등의 성과를 계승하여 만주를 고대사의 무대로 설정했다. 이들은 역사지리학을 선도하면서 서로 영향을 주고받았다.[10]

지리고증은 자국사에 관한 이해가 심화되어가는 양상과 무관하지 않다. 한백겸의『동국지리지』가 삼한의 역사를 소급했다면, 허목의『동사』는 단군의 문화를 적극적으로 재평가했다. 안정복은 단군조선의 문화가 이미 중화의 단계에 들어섰다고 보았다. 정약용과 한치윤 등 다음세대의 남인학자들은 고조선의 중심지를 압록강 이북으로 보는『요사』 계통의 문헌을 불신했다. 정약용은 고조선보다는 삼한 역사와 지리 연구에 치중하였다.

한백겸의『동국지리지』는 60여 쪽에 달하는 얇은 책자이지만, 역사학을 경학으로부터 독립시킨 저작으로 평가되었다. 가치판단을 배제하고

---

9. 조선초기 역사지리 연구의 양상에 대해서는 한영우, 1987,「조선시대 사서를 통해 본 한국상고사 이해」『한국의 문화전통』; 서인원, 2002,『조선초기 지리지 연구』 혜안 참조.

10. 한백겸의 역사학과 그 계승자들에 대해서는 정구복, 1987,「한백겸의 사학과 그 영향」『진단학보』 63; 한영우, 1989,『조선후기사학사연구』 일지사; 박인호, 1996,『조선후기 역사지리학연구』 이회; 윤희면, 1999,「한백겸」『한국사시민강좌』 22, 일조각; 원유한, 1999,「한백겸의 동국지리지 성립배경」『실학사상연구』 13; 박인호, 2003,『조선시기 역사가와 역사지리인식』 이회 참조.

사실을 확인하는 것을 중시했기 때문이라는 것이다. 유형원의 『동국여지지』 역시 자국 역사지리의 연원을 자세하게 기술했다는 점에서, 또 윤리 · 도덕 · 포폄보다는 사실을 기록하려 했다는 점에서 특별한 가치를 인정받고 있다. 박인호는 이들의 역사지리 연구에서 발견되는 학문적 엄밀성과 실증적 태도, 주체적인 자아인식과 국토 이해 등이 한국 근대 역사학의 학문적 토대가 된 것으로 평가했다.

숙종 · 영조 · 정조가 서북지역에 대해 지역특화정책을 취하거나 지리지를 편찬했던 사실에 대해서도 연구가 있었다. 서북지역을 무예의 고장으로 삼아야 한다는 주장은 오래 전부터 있어왔지만, 특히 영조와 정조는 서북지역의 변화를 국가가 선도하며 지역의 역량을 중앙으로 흡수 통합하려 했다. 탕평과 왕권 안정이라는 정치적인 요구는 함경도에 있는 왕실 관련 사적을 정비하는 또 다른 계기가 되었다. 영조는 백두산을 국가 사전(祀典)의 대상으로 포함시켰다. 정조 때에는 장진부가 설치되었으며 폐사군 지역도 개발되기 시작했다.[11]

정조는 '풍속에 따라 다스리며 땅에 따라 그 마땅함을 다르게 한다'는 원칙을 유지했다. 그러나 정조의 바람과는 달리 서북지역에 서원이 늘어나고 무의 기풍은 줄어들어갔다. 마침내 정조는 지역별 특화라는 정책 기조를 더는 고집하지 않았다. 서북지역 유생들을 대상으로 『빈흥록』이 작성되었던 것은 매우 인상적인 장면이었다. 그러나 그것은 서북지역을 영남지역으로 만드는 것을 의미하지는 않았다. 정조는 서북지역 『빈흥록』에 문무과 합격자를 나란히 기재하였다. 지역별 특화의 원칙은 크게 훼손되었지만 문무병용의 논리는 여전히 살아 있었던 것이다. 정조에게 문과 무는 성리학적 원칙과 실용주의를 표상하는 것이었다. 정조는 문

11. 조선후기 서북지역개발과 지역인식 변화, 함경도 이미지의 레토릭화 등에 대해서는 강석화, 2000, 『함경도 지역개발과 북방영토의식』 경세원; 오수창, 2002, 『조선후기 평안도 사회발전연구』 일조각; 고승희, 2003 『조선후기 함경도 상업연구』 국학자료원; 배우성, 2004, 「정조의 유수부 경영과 화성 인식」 『한국사연구』 127; 윤정, 2010, 「숙종후반기 북도 사적인식과 정비논의」 『역사와경계』 76 참조.

무의 병용이야말로 국운을 장구하게 할 수 있는 계책이라고 생각했다.

조선시대에 풍패지향(豊沛之鄕)이라는 단어는 왕가의 발상지인 함경도를 의미했으며, 함경도는 정조가 지역별 특화정책을 포기하기 전까지만 하더라도 평안도와 함께 무(武)를 상징하는 곳이었다. 정조는 사도세자의 무덤을 화산 아래로 옮기고 화성을 장용외영으로 편성하면서 풍패지향이라는 수식어를 수원 화성에 사용하기 시작했다. 화산자락은 사도세자뿐만 아니라 효종과도 인연이 있는 곳이었다. 화성은 가깝게는 왕가의 발상지이며 무향이며, 멀리는 효종의 뜻을 계승한 곳이 되었다.

영·정조대는 관찬 전국지리지 편찬이 시도되었으며 가시적인 성과가 도출되었다는 점에서도 특별한 시대였다. 17세기는 사찬(私撰) 지리지의 시대였다. 지방관으로 나가게 된 사족들이 그 지방의 지리지 편찬을 주도하는 경우가 많았다. 그러나 사찬 지리지가 만연하는 동안 『동국여지승람』은 개정되지 못했다. 숙종은 『동국여지승람』 개정을 시도했지만 뚜렷한 결실을 맺지 못했다. 영조대에 우여곡절끝에 『여지도서』가 편찬되었다. 이 책은 시문과 제영을 중시한 『동국여지승람』에 비해 훨씬 실용적인 지리지였다. 그러나 이 지리지 편찬사업 또한 『동국여지승람』을 개정하는 차원에서 진행되었다. 전국 각 군현에 홍문관의 관문과 편집지침이 하달되었고, 각 군현에서는 군현지도를 첨부한 읍지를 편찬해 올렸다. 이것들을 모은 것이 『여지도서』였다. 자신의 통치이념에 맞는 새로운 전국지리지를 희망했던 정조는 『해동여지통재』를 편찬했다.[12]

2) 공간지식과 역사 지식의 결합을 위한 조건

선행연구는 지도 제작, 지리고증, 그리고 지역정책과 지리지 편찬으로 요약된다. 이 주제들 가운데 역사학자들의 손길이 거의 닿지 못했던 것

12. 조선후기 지리지 편찬의 추이에 대해서는 양보경, 1983, 「16-17세기 읍지의 편찬배경과 그 성격」 『대한지리학회지』 18-1; 배우성, 1998, 『조선후기 국토관과 천하관의 변화』 일지사 참조.

은 지도 편찬과 활용에 관한 분야이다. 한국사학계에서 본격적인 지도 연구를 시도한 것은 지극히 최근의 일이다. 오랜 시간 지도 연구가 역사 연구의 일환이 되지 못했던 것은 왜일까. 다른 문헌자료에 비해 지도 자료의 열람이 쉽지 않았던 것도 사실이다. 그러나 필자는 다른 점에서 더 큰 원인을 찾고 싶다. 지리학자들은 지도의 계보화에 흥미를 느낀다. 그러나 역사학자들은 그 계보화되는 지도들이 당대의 어떤 역사적 현상과 어떤 의미적인 연관에 있는지를 궁금해 한다. 만일 지도에 대해서 연구한다고 해도 결과적으로 그 지도가 담고 있는 시대성을 드러내고, 그 시대 속에서 지도를 논의할 수 없다면 역사학자의 지도 연구는 또 한번 미궁에 빠질 수밖에 없다.

지도는 대부분 작자가 표시되어 있지 않다. 원본이 모사된 경우도 다른 어떤 자료에 비해 많다. 더구나 『대동여지도』처럼 분명하게 제목이 쓰인 일부 지도를 제외하면, 지도의 이름조차 후대에 명명된 것들이 적지 않다. 이런 자료들을 연구하여 발화자와 그 시대 속에서 의미를 읽어내는 일이 가능하기는 한 것일까. 물론 어려운 부분이 전혀 없는 것은 아니다. 그러나 그 어려움은 지도 연구가 실물의 계보정리 수준에서 진행되어왔기 때문에 빚어진 착시 현상이기도 하다. 역사학자의 지도 연구는 이제 출발점에 서 있다. 도성도나 피아지도를 통해 그 가능성을 읽어보자.

조선후기 사료를 읽다 보면 보장처(保障處)라는 말을 자주 보게 된다. 내란이나 전쟁 등 유사시의 상황이 발생할 경우 종묘사직을 지킬 만한 곳이라는 의미다. 이중 가장 각광받던 곳이 강화도와 남한산성이었다. 그러나 영조는 설사 그런 상황이 온다 하더라도 서울을 지켜야 한다고 생각했다. 도성삼군문수비체제가 확립된 시점은 균역법이 실시되고 영조의 탕평이 안정기에 들어선 시점과 멀지 않다. 그런 점에서 영조대 도성도는 특별한 의미가 있다. 도성도의 화자는 탕평군주다. 탕평군주는 이 지도를 통해 서울에 관한 자신의 의지를 불특정 다수에게 보여주었다. 정조시대로 편년되는 회화식 도성도 역시 같은 맥락에 있다.

피아지도를 역사화시키기 위해서는 영조시대 양강 대안에서 문제가 생긴 일을 기억해야 한다. 1731년(영조 7) 5월 7일, 청나라 예부는 나소토(那蘇圖)의 발의에 따라 망우초에 기지를 두려는 방침을 조선 측에 통보했다. 6월 23일 조선은 그 부작용을 거론하며 계획 철회를 요구했다. 마침내 9월 14일 예부는 조선에 취소 방침을 알려왔다. 1732년(영조 8) 7월 28일, 영조는 이 조치에 대해 사례하는 표문을 올렸다. 1746년(영조 22) 청은 망우초 일대에 다시 관병을 주둔시키고 울타리를 조선 쪽으로 가깝게 설치하겠다는 방침을 통보해왔다. 그해 4월 19일, 조선은 청에 이 방침을 취소할 것을 요구했다. 청 황제는 조선의 요구를 받아들였으며, 조선은 이 조치에 대해 사례하는 표문을 올렸다. 1748년(영조 24)에는 두만강 훈융진 너머에 청나라 사람들이 집을 짓고 개간하는 일이 있었다. 조선은 청에 전례에 따라 이들의 개간 및 이주를 철회해줄 것을 요청했고, 청은 다시 조선 측의 요구를 받아들였다.[13]

1746년(영조 22) 청이 울타리를 이동하려 한다는 사실을 알게 된 영조는 『성경지』 개정판이 있다는 보고를 받고는 『성경지』에 수록된 만주 일대의 지도를 그려서 올리도록 명했다.[14] 현재 남아 전하는 각종 「서북피아양계만리일람지도」 유형은 이 시기의 사정과 직접적인 관련이 있다.

지식이 역사화되지 못한 것은 지도의 경우만은 아니다. 역사학자들은 사학사의 일부로써 조선후기 지리고증 분야를 주목해왔다. 그러나 그 성과는 엄밀한 의미에서 역사화되었다고 말하기 어렵다. 한백겸 · 유형원 · 남구만 · 이세구 · 신경준 · 안정복 · 정약용 · 한치윤 · 한진서 등은 지리고증 분야에서 일가를 이룬 사람들이었다. 그들이 지리학자로서 어떤 면모를 가지고 있었는지, 지리고증 문제에 관해 어떤 성과를 내고 있었

13. 배우성 · 구범진 역, 2008, 『국역동문휘고 강계 사료』 동북아역사재단.
14. 『승정원일기』, 영조 22년 4월 25일; 4월 26일.

는지에 대해서는 적지 않은 연구 성과들이 있다. 그런데 이 성과들은 지리고증이 가진 의미를 어떻게 보고 있었던 것일까.

많은 연구들은 지리고증 분야의 성취를 긍정적으로 평가했다. 역사학계에 근대주의적 전망에 대한 회의가 생겨나면서 최근에는 질문하는 방식도 다변화하고 있다. 중화주의적 사유방식에서 포스트모던한 가능성을 타진하고 있는 조성을은 실학－개화사상－민족주의라는 단일한 틀로 조선후기 사학사를 파악하는 것이 여전히 타당한 것인지 물었다. 허태용은 중화를 키워드로 조선후기 역사의식과 지리고증의 양상을 분석했다.[15]

새로운 질문들은 지리고증이 가진 의미를 역사지리학의 발달이라는 단일한 틀로부터 벗어나게 할 수 있는 가능성을 보여주었다. 그러나 우리는 여전히 지리고증의 성과들에 내재되어 있는 의미의 맥락들을 충분히 이해하지 못하고 있다. 지리고증의 필요성은 언제 어떤 방식으로 심화되어 갔는가. 18, 19세기의 지리고증이 17세기의 수준을 넘어설 수 있었던 결정적인 계기는 무엇인가. 한백겸과 그의 계승자들이 가진 경세이학(經世理學)과 학문관, 현실인식과 개혁론, 중화론 등은 지리고증과 어떤 의미적인 그물망을 형성하고 있었던 것인가.

역사지리에 대한 관심이 사회개혁론과 관계가 있을 것이라는 추정이 없었던 것은 아니다. 박인호는 유형원이 사회개혁론을 위한 기초 자료로서 『동국여지지』를 작성했다고 보았으며, 조성을은 정약용이 반도를 중심에 두고 역사를 설명한 것이 내치 위주의 개혁론과 무관하지 않다

15. 조선후기 사학사에서 중화론이 가지는 의미에 대해서는 조성을, 2004, 『조선후기사학사연구』 한울아카데미; 허태용, 2009, 『조선후기 중화론과 역사의식』 아카넷 참조. 일찍이 정옥자는 중화에서 조선적 주체성을 읽어내려 했고, 김문식은 18세기 후반에 등장하는 청 문물도입론이 부국강병을 이루고 외침에 대비하려는 차원에서 전개된 논리임을 밝혔다(정옥자, 1998 『조선후기조선중화사상연구』 일지사; 김문식, 1994, 「18세기 후반 서울 학인의 청학 인식과 청 문물 도입론」 『규장각』 17). 김문식의 논점은 조선중화에서 주체성을 읽어내려는 시도와 무관하다고 할 수 없다. 그러나 중화에 의미를 부여하려는 최근의 경향은 이 선행 연구와는 결이 다른 면이 있다.

고 설명했지만,[16] 맥락적인 이해에까지 이르지는 못한 편이다. 지리고증과 사회개혁론이 가지는 관계를 해명하기 위해서는 양자를 1 : 1로 대응시키는 것보다는 그것들을 아우르는 외연을 해명하고 그 외연과의 연관 속에서 둘 사이의 관계를 들여다보아야 한다.

이중환의 경우를 보자. 그는 지리고증 분야에서 뚜렷한 족적을 남기지는 않았다. 그러나 그는 지리인식과 사회개혁론의 문제가 어떤 맥락에서 하나로 통합될 수 있는지를 잘 보여준다. 그동안 연구자들은 이중환이 사민평등론과 상공업 진흥에 의한 국가경제발전론을 제시했으며, 한국적 주거입지론의 전형을 보여준 것으로 평가해왔다. 그러나 그것들 각각이 어떤 맥락에서 제시된 논의였는지에 대해서, 그리고 그것들 사이에 어떤 관계가 있는지에 대해서는 별다른 관심을 가지지 않았다.

이중환은 엄밀한 의미에서 주거입지론 일반에 대해서는 한 번도 관심을 가진 적이 없었다. 그는 오직 사대부가 어디에서 살아야 하는지를 문제 삼았다. 그는 국가 단위로 사고한 적도 없었다. 상공업을 진흥시켜야 한다는 그의 주장은 사대부가 최소한의 예의를 지키면서 살아가기 위해서는 물적 토대가 필요하다는 소신과 연관되어 있었다. 사민평등론 역시 신분제를 폐지해야 한다는 근대적 발상과는 거리가 있는 주장이었다. 이런 모든 주장은 사대부들이 마음 놓고 살만한 세상, 살만한 곳을 찾아 헤맬 필요가 없는 세상을 꿈꾸는 과정에서 제안된 것이었다. 그것은 만물이 미분화된 상태로서의 태극적 세계를 의미했다. 이중환이 주장한 각론들은 태극적 세계와의 연관 속에서 설명되지 않으면 안 되는 것이다. 지리고증이 왜 조선후기 학자들에게 그렇듯 절실한 문제였는지를 이해하기 위해서도 마찬가지의 과정이 필요하다.

선행연구들은 지리고증을 시도한 저작들에 실증적 · 비판적 · 민족적

---

16. 지리고증을 사회개혁론과 연관지어 분석한 연구로는 박인호, 1989, 「유형원의 동국여지지에 대한 일고찰」『청계사학』 6; 조성을, 1992, 「아방강역고에 나타난 정약용의 역사의식」『규장각』 15 참조.

성격이 들어 있고 그것들로 인해 경사체용의 관계가 해체되었다고 말했다. 그러나 그렇게 말하기 전에 『대학』과 『대학연의』 『자치통감』 『자치통감강목』처럼 경사체용의 양상을 잘 보여주는 저작들이 조선에서 계속 유통되고 있었던 상황을 고려해야 한다. 그런 '실증적 · 비판적 · 민족적' 현상들이 이런 주류적 지식들과 어떤 관계에 있는지를 해명하지 않으면 안 되기 때문이다. 실학을 도리(道理)와 구별되는 물리(物理)로, 혹은 근대지향적 사유체계라는 단일한 구도로 설명해왔던 관행은 이제 더는 유지되기 어렵다.

우리는 선행연구들 덕분에 조선후기에 어떤 지리학자가 있었는지, 그가 어떤 방식으로 지리학자로서의 면모를 드러냈는지 개략적으로 알게 되었다. 그러나 정작 중요한 것은 해명되지 않은 채 그대로 남아 있다. 그가 살았던 시대의 사상적 · 정치적 · 문화적 토대 위에서 그의 지리인식이 가진 맥락을 드러내는 일이다. 이것이 가능할 때, 비로소 지리지식의 역사화도 가능할 것이다. 18세기 지식인들의 지리고증은 한백겸 이래의 역사지리학을 계승한 것이기도 하지만, 18세기의 시대정신을 그 나름의 방식으로 투영한 결과물이기도 하기 때문이다.

18세기 지리 지식에 관한 연구들이 역사화되지 못한 상황에서 그 내용들을 정조시대와 연관시켜 설명하는 일은 더욱 어렵다. 정조시대의 시대정신이나 시대과제를 어떻게 볼 것인가 하는 것부터가 어려운 과제다. 그러나 어떤 연구자도 한국사에서 정조시대가 가진 중요성을 부정하지는 않는다. 정조시대는 탕평정치의 논리를 완성한 시대이자 세도정치의 맹아를 배태시킨 시대이기도 했다. 존주론과 북학의 논리를 결합시키거나 내면화해야 하는 과제를 안고 있던 시대이며, 가장 믿을만한 지식을 어디에서 찾을 것인지 고민하던 시대이기도 했다. 그런 조건 속에서 공간 인식의 문제를 전망하려 할 때 필요한 것은 무엇인가?

무엇보다 지식의 수위를 복수의 갈래로 나누어 보아야 한다고 생각한다. 첫째 발화자의 의도를 엿볼 수 있는 지식이 있다. 정조시대에 편찬된 관찬 지리지나 관찬 지도에는 어떤 방식으로든 정조의 의도가 담겨 있을 수밖에 없기 때문이다. 정조가 취한 지역정책에서도 그런 면모를 읽을 수 있을 것이다. 그러나 정조의 의도는 정조시대가 이룬 모든 것을 말해주지는 않는다. 발화자의 의도와 무관하게 시대가 이루어놓은 성취들도 있다. 이 지식들은 유통되는 범위도, 이해되는 수준도 같지 않았다. 그런 여러 단위의 지식이 결국 정조시대 공간 지식의 전체를 구성하게 될 것이다. 이런 관점에서 정조시대의 공간 지식을 역사화시키려 한다면 어떤 질문들이 가능할 것인가.

2. 정조의 공간관

1) 공간과 시간, 그리고 경사체용

1789년(정조 13) 정조는 초계문신들을 대상으로 지세(地勢)에 대해 물었다. 정조의 공간에 대한 시신은 이 책문에서 잘 드러난다. 정조는 우선 땅의 형태, 구주(九州), 오악(五嶽)과 사독(四瀆) 등에 관한 일관되지 않은 논거들을 거론했다.[17]

역대로 수많은 고전이 있었다. 그런데 그 고전들이 전하는 세계에 관한 지식 중에는 서로 충돌하는 것들이 적지 않았다.[18] 상식적으로 납득하기 어려운 내용임에도 유가의 고전 안에 버젓이 들어 있는 경우도 있었다. 이렇듯 투명하지 못한 텍스트들 사이에서 좀 더 명징한 지식을 얻을 수 있을까. 정조는 초계문신들에게 이 세계가 얼마나 넓은지, 세계

---

17. 『홍재전서』, 권50, 策問 3, 墜勢(이 글에서 사용한 홍재전서는 한국고전번역원이 제공하는 원문과 번역문을 사용하였으며, 번역문의 경우 필자가 일부 수정하였다.)

18. 정조가 이 질문에서 단지 유학의 고전뿐만 아니라 『十洲記』 『道經』 등 도가적인 서적까지 섭렵하고 그것들을 검토의 대상으로 삼고 있는 것은 주목할 만하다. 지식에 대한 정조의 태도가 어떤 것인지를 이해하는 것은 정조시대 출판문화가 가진 성격을 이해하는 데 실마리가 될 수 있을 것이다.

에 관한 다양한 근거들 가운데 어떤 것을 믿어야 하는지를 질문했다. 첫 번째 단락의 말미에서 정조는 이렇게 물었다. “진정 천하의 지리는 끝내 탐구할 수 없는 것이냐?” 그것은 사실상 자신에게 던진 질문이기도 했다.

두 번째 질문은 중국 역사와 공간에 관한 것이었다.

> 사지(史志)에 실려 있는 것을 보면 충분히 역대의 연혁을 볼 수 있다. 춘추시대로부터 내려오면서 진(秦)나라는 40군현(郡縣)을 두었고 한나라는 13주부(州部)를 두었으며, 당나라는 15도(道)를 두었고 송나라는 18로(路)를 두었으며, 원나라는 11성(省)을 세웠고 명나라는 13사(司)를 세웠다. 구역을 가른 제도는 어느 것이 편리하며 지역을 개척하여 넓힌 일은 어느 시대에 가장 성하였느냐? 낙양(洛陽)은 사면으로 적을 받고 금릉(金陵)은 편벽되어 한쪽에 위치하여 있으며, 변경(汴京)은 하수에 가까워서 항상 둑이 무너지는 걱정이 있었고 연도(燕都)는 호족과 가까워 매번 침입을 당하는 염려가 많았다. 지형이 이러하여도 천하를 제압할 수 있었던 것은 어째서이냐? 돈황(燉煌)과 장액(張掖)이 판도에 나누어 들게 되니 흉노가 쇠하기 시작하였고, 복여(福餘)와 태령(泰寧)의 울타리를 철거하니 몽고(蒙古)가 다시 일어났다. 남국을 엿보는 자는 반드시 촉(蜀)나라에 웅거하여야 하고 강좌(江左)를 보존하는 자는 반드시 장유(長淮)를 지켰다. 이들 사대(四代)의 득실을 모두 하나하나 분석하라.[19]

정조는 역사서와 지리지를 통해 중국 역대의 역사와 지리 문제에 대해 사실관계를 충분히 파악할 수 있다고 생각했다. 정조는 먼저 역대 중국 지방제도의 장단점, 강역의 성쇠에 대해 물었다. 그는 또 중국 역대 도읍들이 지리적으로 약점이 있었음에도 불구하고 중원대륙을 장악

---

19. 『홍재전서』, 권50, 策問 3, 墜勢

史志所載 足見歷代因革之迹 而春秋以降 秦置四十郡縣 漢置十三州部 唐有十五道 宋有十八路 元立十一省 明立十三司 其裂土之制 何者爲便 而拓地之廣 何代爲盛歟. 洛陽 受敵於四面 金陵 僻在於一隅 汴京濱河 常有衝決之患 燕都近胡 每多馮陵之慮 地利如此 猶得以控制天下者 何歟. 燉煌張掖 折入版圖 而匈奴始衰 福餘泰寧 旋撤藩籬 而蒙古復熾 窺南國者 必據全蜀 保江左者 必守長淮 四代得失 竝可以逐一條析歟

할 수 있었던 원인에 대해 질문했다. 정조는 중국사에서 지리적 사실관계 그 자체보다는 그 역사를 어떻게 평가할 수 있는지에 대해 궁금해 했던 것이다. 그런데 조선 상고사에 관한 정조의 인식은 정반대다.

> 동방으로 말한다면 한쪽은 대륙과 연접되어 있고 삼면은 바다로 막혀 있다. 조선(朝鮮)이라는 호칭은 멀리 단군(檀君) 시대로부터 있었고 숙신(肅愼)이라는 이름은 주나라 역사에 실려 있다. 한나라 때는 사군(四郡)으로 나누어 주둔하였고 당나라 때는 거기에 구부(九府)를 설치하였다. 그 지역과 유적을 모두 옛것에 근거하여 현재의 위치로 증명할 수 있겠느냐? 삼한(三韓)의 분속(分屬)은 어느 설을 주장하여야 하며, 삼국의 국경은 정확하게 어느 지점에 있느냐? 점선(黏蟬)은 지금 어느 도에 예속되었으며, 개마(蓋馬)는 과연 어느 산이냐? 마한(馬韓) · 예맥(濊貊) · 고구려가 둘이고 옥저(沃沮) · 안시(安市) · 패수(浿水)가 셋이며, 부여(扶餘)가 넷이고 대방(帶邦)이 다섯이고 가야(伽倻)가 여섯이다. 국호와 지명이 어쩌면 이처럼 혼잡하고 구별이 없느냐? 그 소재(所在)를 자세히 들어보아라. 신라는 오악(五嶽)과 구주(九州)를 봉하였고, 고려는 사경(四京)과 십도(十道)를 두었다. 진흥왕(眞興王)이 북방 국경 지대를 순행함은 국토를 개척한 공이 현저하고, 경덕왕(敬德王)이 고을 이름을 고친 것은 만이(蠻夷)의 풍속을 변경하려는 의도였다. 그곳을 지적하고 그 일을 논하라. 발해(渤海)의 옛 강토는 반이나 거란(契丹)으로 들어갔는데 고려 태조의 통일은 여한이 없었겠으며, 외딴 섬인 탐라(耽羅)는 당초에는 성주(星主)가 있었는데 아홉 개의 한(韓)나라 중 네 번째로 친다는 것은 참람한 것이 아니냐?[20]

정조는 조선의 상고사에서 또 한번 혼란스러운 다양한 정보들에 부딪쳤다. 한나라 사군과 당나라 구부의 위치는 어디인가. 삼한의 위치에 관한 설은 어떤 것을 믿어야 하는가. 삼국의 국경은 어디인가. 고대사의

20. 以東方言之 一隅連陸 三面阻海 朝鮮之號 遠自檀君 肅愼之命 載在周乘 漢帝分置四郡 唐宗仍設九府 其地其蹟 皆可援古以證今歟 三韓分屬 當主何說 三國定界 的是何境 黏蟬 今隷何道 蓋馬 果爲何山歟. 馬韓 · 濊貊 · 高句麗有二 沃沮 · 安市 · 浿水有三 扶餘有四 帶方有五 伽倻有六 國號地名 何其混淆無別 而可悉擧其所在歟 羅封五嶽九州 麗置四京十道 眞興之巡北境 功著闢土 景德之改邑名 意出變夷 亦可指其處而論其事歟 渤海舊疆 半入契丹 則麗祖統一能無餘恨 耽羅孤島 初有星主 則九韓居四 得不已僭歟

국호와 지명이 여러 문헌에서 뒤엉켜 있는 현상은 어떻게 이해해야 하는가. 정조가 지리적 관점에서 그 공과를 평가하려 해도 고대사에 관한 신뢰할 수 없는 정보들이 문제였다. 상고사의 지리적 사실 관계를 확정하기 전에는 그 역사의 잘잘못을 평가할 수 없기 때문이다. 정조는 자국 상고사에서 지리적 사실관계를 확정하여 중국의 상고사 인식 수준으로 끌어올리려 한 것 같다.

정조는 이어서 당대(當代)에 빚어진 정책 혼선 사례를 열거했다. 국경을 방비하거나 서울을 방어하는 문제, 강화도를 통어영에 합속하는 문제는 왜 결론을 내지 못하는가. 울릉도와 손죽도는 왜 무인도로 방치하고 있으며, 여연과 무창은 왜 개발하지 않는 것인가. 조정에서 어염과 귀금속을 독점하지 않는데도 이 물자들이 귀해지는 것은 왜인가. 왜 인재는 줄어들고 습속은 보잘것없어지는가. 정조는 이 모든 문제들이 지리가 정치의 근본이라는 사실이 망각된 데서 빚어진 현상이라고 여겼다. 정조는 지도와 지리지를 갖추어서 정책을 바르게 폄으로써 교화를 행할 수 있다고 생각했다.[21]

네 단락으로 이루어진 정조의 질문은 매우 위계화되어 있다는 느낌을 준다. 공간적 범위는 세계구성으로부터 중국으로, 그리고 자국으로, 그리고 자국의 변경지대로 좁아진다. 공간의 범위가 좁아지면서 질문의 초점도 달라진다. 오히려 좀 더 분명해진다고 말하는 것이 사실에 가깝다. 세계 구성에 관한 질문은 지식의 신뢰도에 관한 문제이지만, 중국사에 관한 질문은 전혀 그렇지 않다. 정조는 중국사에서 공간 지식은 사

21. 惟我國家受天休命 全有大東 分八道而州郡星羅 環四圉而鎭堡棊錯 經緯過數千里 休養且累百年 沃野膏壤 桑麻自足 深林大澤 貨財日興 南有箘簵漆絲之饒 北有蔘茸皮革之産 山居千章之材 水居千石之魚 而民物之殷庶 風氣之文明 庶乎其甲于外服矣 奈之何挽近以來 人不知地理之爲政本 關防多疎虞之歎 城池無修飾之效 畿輔兵闥 廟議之進退靡常 江都統禦 衆論之臧否不一 鬱陵損竹 久棄爲空島 閭延茂昌 迯未復故郡 以至於朝無榷利之政 而魚鹽轉貴 道無採礦之使 而金銀漸竭 則人才之遞降 習俗之澆漓 蓋不待言而知 凡此數者 所以便宜矯捄之策 不于子大夫 而于何諮詢歟

실관계가 분명한 것으로 받아들였다. 정조는 중국사에 관한 한 지식의 신뢰도나 사실관계 대신 지리적 조건에 관한 평가를 물었다. 자국 상고사의 경우는 사실관계를 확정할 수 없으며, 그렇기 때문에 평가 자체가 불가능하다고 판단했다. 정조의 논리로 본다면, 지리가 정치의 근본이라는 사실이 망각된 상태이기 때문에 현실에서 정책 혼선이 빚어지는 것은 당연한 일이다.

지리책의 첫 단락에서는 공간의 신뢰도가 시간, 즉 역사와의 관계 속에서 결정된다는 논리를 읽을 수 있다. 세계 구성의 신뢰도를 의문시하는 정조의 질문은 이렇게 읽을 수도 있다. '우공구주 바깥에서 어떤 역사가 전개되었는지를 알 수 있는 근거는 없다. 그 바깥 세계를 신화적으로 그린 도교 계통의 저작들이 있다. 그렇지만 역사가 읽히지 않는 그 공간에 대해 어떤 신뢰할 만한 의미를 부여할 수 있단 말인가.'

정조는 일찍부터 서양의 세계지도를 보았다. 물론 정조에게 서양에 관한 풍부하고 정확한 지리지식이 있었는지를 확인하는 것이 필요하지 않은 것은 아니다. 그러나 단순히 그 사실 여부를 확인하는 것보다 더 중요한 문제가 있다. 이제 이렇게 질문해야 한다. 정조는 서양의 세계지도에 그려진 그 낯선 공간들을 의미 있는 세계로 받아들일 수 있었는가, 만일 그렇다면 그 맥락은 무엇인가. 지리적 시야의 확대 현상이 중요한 것이 아니라, 지리적 시야의 확대가 어떤 맥락 위에서 가능했는지를 드러내는 일이 더 중요하기 때문이다. 정조가 지리책에서 질문한 논점을 존중한다면, 역사가 읽히지 않는 그 공간은 역사가 확인되는 공간과의 연관 속에서 이해될 때, 비로소 의미를 가지게 되었을 것이다.

공간을 시간과의 연관 속에서 파악한다는 것은 시간, 즉 역사를 읽는 새로운 방법이기도 하다. 정조는 당대의 공간을 놓고 그 위에서 자국의 상고사를 이해하고자 했다. 이 점은 한백겸 이래로 역사지리 연구자들이 추구해왔던 것과 유사하다. 그러나 정조는 역사가 확인되는 중요한 공간, 즉 중국사와 자국사 전체의 무대에 대해서 이런 문제의식을 적용하려 했다.

정조의 문제의식은 중국 상고사에 대한 지리고증을 당대의 정책 판단에 대한 평가, 더 나아가 그 시대 역사 전체에 대한 평가와 관련시키려 했다는 점에서도 특별하다. 정조의 논리는 이런 것이었다. '현실의 공간 위에서 역사적 공간과 지명을 읽어내는 것은 역사를 읽는 중요한 방법이다. 그러기 위해서는 지리고증이 필수적이다. 지리고증이 가능한 중국 상고사에 대해서는 얼마든지 그 역사의 잘잘못을 평가할 수 있다. 그러나 지리적 조건의 차이만으로 왕조의 성패를 재단할 수는 없다.' 정조는 이런 평가를 바탕으로 하여 현실에 적용할 수 있는 새로운 정책을 구상하고 싶어 했다.

일반적으로 지적되는 것처럼 지리고증은 풍부한 사료 활용, 엄밀한 사료 비판, 실증적 연구태도를 요구하는 작업이었다. 그러나 그런 실증적·비판적 연구의 결과가 반드시 가치 판단과 무관한 것으로 여겨졌는지는 엄밀하게 검증된 바 없다. 오히려 정조의 생각은 연구자들의 선험적인 판단과 일치하지 않는다. 지리고증은 다른 방식으로 역사를 읽고 평가하기 위한 과정이었던 것이다.

정조는 1797년(정조 21) 『도리총고』라는 책의 서문에서 이렇게 말했다. "하늘에 도(道)가 있으니 경위(經緯)가 그것이요, 땅에 도가 있으니 강리(疆理)가 그것이며, 사람에게 길이 있으니 인의(仁義)가 그것이다." 정조는 이 글의 말미에서 "인의(仁義)의 도는 사서(四書)에서 찾아서 연구해야 한다"는 말을 덧붙였다.[22] 그것은 '강리의 도는 지리서를 통해 연구하지 않을 수 없다'는 말과 같은 뜻이다. 지리 연구의 중요성을 강조하는 이 수사(修辭)는 정조의 공간과 지리 연구가 단순히 정책 대안을 모색하는 차원에만 머물지 않고 있음을 보여준다. 정조에게 합리적인 정책은 땅의 도, 즉 강리(疆理)에 기초하는 것이며, 그 땅의 도는 하늘의

22. 『홍재전서』 권9, 序引 2, 道里摠攷

도, 사람의 도와 다르지 않은 것이다. 정조는 경사체용의 관계를 결코 부정한 적이 없었다. 정조는 도덕·포폄을 본질로 하는 경사체용의 관계를 새로운 방식, 즉 공간적 기초 위에서 논의하고 싶었던 것이다.

지리적 조건과 공간을 배려한다는 점에서 정조의 역사 읽기나 지리 읽기는 중요한 특징을 가지고 있다고 할 수 있다. 그러나 지리고증의 결과를 평가와 연관시키고 있다는 점에서, 그리고 그 평가의 맥락 위에서 지리적 변수의 유용성을 고려한다는 점에서 보면 정조의 생각은 여전히 경사체용적이다. 경사체용에 균열이 생긴 것이 아니라, 경사체용을 실현하는 방식이 달라졌던 것이다. 그 새로운 방식 속에서 공간이 배려되어 있었으며, 지리고증의 필요성이 강조되었던 것이다.[23]

2) 청의 국가 규모에 대한 인식과 조선의 공간

정조의 지세(地勢)에 관한 질문에는 상고사의 무대에 관한 조선의 정리 수준이 중국에 비해 현저히 떨어진다는 생각도 묻어난다. 지리고증의 문제만은 아니었다. 정조는 일찍부터 청의 국가규모나 학술사업의 성과 등을 의식하고 관심을 기울여왔다. 정조는 즉위 초에 『사고전서』 수입을 시도했다가 여의치 않자 『고금도서집성』을 들여온 적이 있었다. 정조는 또 『내각방서록』을 작성하여 체계적인 도서 구입을 시도하기도 하였다. 정조가 『해동여지통재』라는 이름으로 새로운 전국지리지를 편찬하려 했던 것도 같은 이유 때문이었다.

1799년(정조 23) 정조는 『해동여지통재』라는 지리지에 관해 글을 남겼다. 정조가 이 책의 편찬을 시도한 것은 1788년(정조 12)이었다. 『해동여지통재』는 크게 두 단락으로 구성되었다. 서울·화성·개성·광주·강화 등 서울과 배도(陪都)를 앞에 싣고, 팔도를 경기·호서·영남·호남·

---

23. 정조의 질문을 받은 정약용 역시 비슷한 논점으로 답변했다(정약용, 『다산시문집』 권 8, 對策, 地理策).

관동 · 해서 · 관서 · 관북 순으로 그 뒤에 실었다. 서울과 배도에 대해서는 강역 · 거리 · 궁전 관련 정보를, 8도에 대해서는 지명 · 연혁 · 산천 · 관액 · 인물 · 전부 · 제영을 실었다. 서울과 배도에 관한 것은 『삼보황도』를, 8도에 관한 것은 『태평환우기』를 각각 본뜬 것이라 한다.

이 관찬 전국지리지는 내용면에서도 새로운 점이 있었다. 정조는 선행 전국지리지의 대표적인 사례로 『동국여지승람』과 유형원의 『동국여지지』를 언급했다. 『동국여지승람』은 지방문화를 망라한 것이어서 상대적으로 지리정보가 소략할 수밖에 없었다. 정조는 유형원의 『동국여지지』가 지리지식 그 자체에 충실하다고 평가하고, 이 책을 모델로 삼고 싶어 했다.[24]

정조가 청의 국가 규모를 의식하고 있었던 것은 조선 팔도 감영의 북극고도를 '계산해서 정하는' 장면에서도 잘 드러난다. 조선의 북극고도에 관한 자료는 서울이나 백두산 정도만 알려져 있었다. 서명응 등은 전국 각지의 북극고도를 실측해야 한다고 영조 때부터 주장해왔다. 그러나 정조는 천문측량을 직접 시행하지 않았다. 정조는 대신 지도와 자를 가지고 계산하는 방법을 선택했다. 천문상의 1도가 지상 거리 200리에 해당한다는 전제 위에서, 비변사에 소장되어 있던 조선전도와 백리척을 가지고 팔도의 북극고도와 편동(서)도를 계산했던 것이다.

조선전도가 한 치의 오치도 없다고 장담할 수 없는 상황에서 자로 재는 것은 사실상 너무나 안이한 것이었다. 정조가 정확한 천문상의 수치를 얻으려 했다면 이렇게 편의적인 방식을 택하지는 않았을지도 모른다. 확실히 정조는 천문상의 수치를 필요로 했다. 물론 그 수치가 정확했다면 더 좋았을 것이다. 그러나 정조에게 수치의 정확도는 절실한 문제는 아니었다. 정조는 도별로 일출 · 일몰 시간을 정할 수 있는 자료가 필요했을 뿐이다.

---

24. 『홍재전서』 권184, 群書標記 6, 命撰 2, 海東輿地通載

정조는 이 수치를 다음해인 임자력(정조 16) 절기 조항 아래 기록하려 했다. 이것은 청이 베이징의 시간과 각 성별 시간을 구별해서 사용하고 있는 것과 같은 형식이었다. 관상감 제조인 서용보는 중국 이외의 국가에서 역서를 만든 전례가 없다는 이유를 들어 신중론을 폈다. 정조는 서용보의 주장을 받아들였다.[25]

정조가 북극고도를 계산으로 정한 것은 엄밀한 의미에서 한계이며, 퇴영적인 행위였다고 평가해도 좋을 것이다. 그러나 정조가 청의 국가운영 규모를 눈여겨보고 있었다는 사실이 더 중요하다. 정조시대와 19세기 초의 저작들 중에서도 중국의 학술 규모를 의식한 것이 적지 않다. 정약용의 『대동수경』은 『수경』을, 한치윤의 『해동역사』는 『역사』를, 유본예의 『한경지략』은 『신원지략』을 의식한 책이다. 자아는 청의 학술과 문화를 '충분히' 의식한 상태에서 재발견·재인식되고 있었던 것이다.

청대의 학술규모를 의식하던 시선으로 자국의 공간을 본다면 어떤 변화가 가능할까. 정조가 신하들에게 울릉도와 폐사군 등을 개간하지 않는 것이 옳지 못하다고 지적한 대목도 의미심장하다. 국토 전체 속에서 변경지대가 가진 의의를 적극적으로 인정한 것이기 때문이다. 정조가 자국의 공간적 규모와 구성에 관해 이런 문제의식을 가지고 있었다는 사실은 정조시대의 조선전도를 이해하는 데 중요한 실마리가 된다.

정조시대에는 영조대에 만들어진 20리 방안의 팔도 군현지도집이 계승되었다. 그뿐만 아니라, 남북으로 2,800여 리에 달하는 조선전도도 있었다. 20리 방안의 팔도 군현지도집을 남북으로 이어 붙이면 2,600리에 달한다. 그런데 남북이 2,800여 리에 달하는 정조시대의 조선전도는 현재 실물이 확인되고 있지 않다. 따라서 현재 상태로서는 그 조선전도와 20리 방안 군현지도집이 어떤 관계에 있었는지를 단언하기 어렵다. 그

---

25. 문중양, 2001, 「18세기 후반 조선 과학기술의 추이와 성격: 정조대 정부 부문의 천문역산 활동을 중심으로」 『역사와현실』 39; 이 책에 실린 II장의 글 참조.

러나 지리학자들의 연구에 따르면 적어도 두 계열의 지도가 외형상으로 큰 차이가 있었다고 보기는 어렵다. 남북 길이 2,800리의 조선전도는 기존의 20리 방안 군현지도집의 윤곽을 계승했을 가능성이 높다. 이 두 지도 사이의 가장 큰 차이는 사실상 남북 길이에 있다고 해도 과언은 아니다.

남북 길이의 차이는 육지와 제주도 사이의 바다를 어떻게 처리하는가에 따라 발생한다. 바다에 해당하는 여백을 좁게 주면 2,600리가 되고, 여유 있게 반영하면 2,800여 리가 된다. 영조대에 만들어진 20리 방안 군현지도집이나 정상기의 「동국지도」 등은 모두 육지와 제주도 사이의 간격을 중시하지 않았다. 정조가 이런 유형의 조선전도를 놓고 북극고도나 북경으로부터의 편동도를 계산하려 할 때 가장 문제가 되는 것은 제주도다. 남북 2,800여 리의 조선전도가 만들어지지 않을 수 없었던 것은 이런 종류의 사회적 필요 때문이었을 것이다. 도별로 혹은 군현별로 천문상의 수치를 산정하려 할 때 제주도 일대의 오차를 줄이기 위해서는 도면상 육지에서 바다 사이의 거리를 여유 있게 안배하지 않을 수 없기 때문이다.

정조가 도로에 대해서 적극적인 인식을 가질 수 있었던 것도 자국사의 무대이자 현실의 생활공간에 대해서 특별한 의미부여를 하고 있었기 때문이다. 전통적으로 조선의 역대 제왕들은 도로가 열림으로써 얻게 되는 경제적인 이익을 중시하지 않았다. 물론 물자유통의 주요 경로가 육로가 아니라 수로였기 때문이기도 하다. 하지만 그보다 중요한 원인은 따로 있었다. 조선의 위정지들은 도로가 외침에 이용될 경우를 가장 우려했다. 상인들에 의해 지름길이 생기면 그 길을 관리하고 활용하기보다는 나무를 심어 통행을 막는 쪽을 선호했던 것이다. 그런 점에서 정조는 생각이 달랐다. 정조는 신해통공을 단행하고, 수원에 상인을 유치할 만큼 상업의 중요성을 잘 알고 있었다.[26]

3. 정조시대 공간지식의 특징적 양상

1) 압록강·두만강 대안에 대한 기억

정조시대에 편찬된 지도와 지리지, 그리고 정조시대에 시도된 지리고증이나 지역정책 등에는 정조나 정조시대 지식인의 공간에 대한 정서가 배여 있는 사례가 적지 않다. 발화자는 공간에서 시간(역사)으로, 역사에서 현실로 초점을 옮겨가면서 독자에게 그 의미를 읽어내도록 하고 싶었던 것이다. 그러나 이 시대에 성취된 모든 것이 그런 것은 아니다. 때로는 발화자의 의도와 무관한 성과들도 있다. 지도에 적혀 있는 압록강·두만강 대안에 관한 정보도 그런 것들 중 하나다. 영조시대의 성과를 반영한 이 지리정보들 중에는 정조시대를 거치면서 잊혀진 것들도 있었지만, 그 반대의 경우도 있었다.

영조대 퇴책 문제 이후 압록강·두만강 대안에 대한 조선의 관심은 줄지 않았다. 조·청 간의 관계는 매우 안정적인 상태에 도달해 있었으나, 압록강·두만강 양편에 사는 현지 주민들이 문제였다. 그들은 여전히 인삼 채취·무단 개간 등을 두고 갈등을 빚었다. 조선은 주민들이 임의로 그들과 접촉하거나 문제를 일으키는 것을 사전에 차단하려 했다. 영조대에 편찬된 『해동지도』 등에 양강 너머 야인들의 거주지가 자세하게 기록되어 있는 것도 그런 이유 때문이다. 이 지명들은 현지의 만주어식 음가를 한자로 음차한 것이 아니라, 조선의 발음에 따라 조어(造語)한 것들이다. 거리(巨里), 비탈(㯙) 등 한글식 지명들이 포함되어 있는 곳들도 있다.

정철조 등은 정상기형 「동국지도」의 윤곽을 개선하면서 양강 대안의 정보를 싣기 시작했다. 이 지리정보는 명백히 관찬 지리지식이었다. 그

---

26. 『홍재전서』 권9, 序引 2, 道里摠攷

런데 이 정보는 『청구도』와 같은 19세기 관찬 조선전도에서는 전혀 채택되지 않았다. 『대동여지도』도 마찬가지다. 그뿐만이 아니다. 영조 때 만들어진 20리 방안 군현지도집에서도, 그리고 정항령-정원림의 「동국지도」 수정본에서도 양강 대안의 지리정보는 찾을 수 없다. 『청구도』가 남북 길이 2,800리에 달하는 정조시대의 조선전도를 계승했다는 가정 위에서 보면 정조시대의 조선전도 역시 양강 대안에 관한 정보를 수록하지 않았을 가능성이 높다. 적어도 정조시대의 관찬 조선전도는 축적된 양강 대안에 관한 지리지식을 반영하지 않았던 것이다. 거기에는 제주도와 남해안 사이의 실제 간격을 의식한 것과 마찬가지의 의미가 들어 있다. 『청구도』와 연결되는 정조시대의 조선전도에는 중국과 구별되는 자아가 형상화되었던 것이다.

분계강(分界江) 등 정계(定界)와 관련된 지명이 중요하게 기억되지 않았던 점도 정조시대와 그 이후에 나타난 중요한 변화 중 하나다. 정계 이후 확산 일로에 있었던 영토의식은 '백두산에서 발원하여 온성부 인근에서 두만강으로 합류하는 분계강'을 가정하는 방식으로도 표현되었다. 「서북피아양계만리일람지도」나 홍양호의 「백두산도」에는 이런 사고방식이 잘 표현되어 있다.

영 · 정조대 20리 방안군현지도집은 「서북피아양계만리일람지도」처럼 분계강의 유로를 표시하지는 않았지만, 온성부 부근의 강줄기는 분명하게 분계강(分界江)이라고 적었다. 그런데 『청구도』 『대동여지도』 등 19세기 조선전도들은 예외 없이 온성부 부근의 이 물줄기를 분동강(分東江)이라고 적었다. 물론 단순한 실수일 수도 있다. 그러나 이런 실수는 분계강에 관한 기억이 19세기에 현저하게 약화되고 있던 상황과 무관하지 않을 것이다.

조선이 분계강이라고 부른 물줄기는 두만강 위를 흐르다가 해란하(hailan bira)[27] 하류에 합류한 뒤 온성부 부근에서 다시 두만강에 합류한다. 물론 이 물줄기는 백두산에서 발원하지는 않는다. 이 물줄기는 당시 만주어로 부르하투 비라(burhatu bira)라고 불렸다. 부르하투 비라는『대청일통지』『만주원류고』에서는 布爾哈圖河, 그리고 황여전람도(건륭십삼배도)에서는 卜兒哈兎河 등으로 적혀 있다. 이것들은 모두 만주어 음가인 부르하투(burhatu)를 당시의 백화로 음차한 것이다.[28]

그러니 청측 지리서에서 분계강이라는 지명이 나올 리 없다. 숙종 초에 북병사 유비연이 청측 차사원으로부터 받은 요구를 보고하면서 이렇게 말했다. "이른바 문암이란 종성(鍾城)에서 40리의 거리이고, 여기에서 풍계(豊溪)·걸가퇴를 지나 110여 리에 갈림길이 있는데, 북쪽은 영고탑(寧固塔)으로 가는 길이고 서쪽은 심양(瀋陽)으로 가는 길입니다."[29] 그가 말한 '풍계'가 정계 이후 '분계'라는 명칭으로 바뀌어 간 것이고, 그 분계강의 유로에 관한「서북피아양계만리일람지도」의 기억은 19세기로 가면서 점차 흐려지게 된 것이다.

유비연이 말한 또 하나의 지명 '걸가퇴(件乙加退)' 역시 흥미로운 대목이 있다. 풍계라는 지명에는 바람 부는 계곡이라는 한자식 의미가 담겨 있다. 그러나 걸가퇴에서는 어떤 의미도 읽어낼 수 없다. 이것은 걸가퇴가 당시 여진어 혹은 만주어로 부르던 지명이 한자로 음차된 결과임을 말해준다.

건가퇴·건을가퇴·걸가퇴는 모두 조선 측이 현지 지명의 음가를 음차한 것인데, 그 원래의 음가가 바로 부르하투(burhatu)이다. 부르하투는 조선에서 걸가퇴·건가퇴·벌가토(伐加土) 등으로 그 음이 변했다.『청구도』『대동여지도』등 19세기의 조선전도들에는 벌가토(件加堆)라는 지

---

27. 해란하의 해란은 만주어 지명의 원래 음가인 하일란(hailan)에서 유래한 것이다.
28. 분계강과 burhatu에 관한 위치와 음가에 대해서는 이강원, 2007,「조선후기 국경인식에 있어서 두만강 토문강 분계강 개념과 그에 대한 검토」『정신문화연구』제30권 제3호; 이강원, 2010,「대동여지도 백두산·두만강 일대에 표시된 몇 가지 지명의 검토: 국경인식, 어원·위치 및 오기문제를 중심으로」『한국지역지리학회지』; 배우성, 2010,「만주에 관한 지식과 조선후기 사회」『역사학보』208 참조.
29.『숙종실록』권8, 숙종 5년 12월 12일(계유)

명이 선명하게 기록되어 있다. 19세기말 감계협상이 벌어지던 때 조선 사람들이 벌가토(伐加土) 지역을 조청 양국의 무역지점이었다고 생각한 것도 이런 인식 때문이다. 정조시대를 거치면서 분계강과 그 유로에 대한 기억은 약화되었지만, 부르하투라는 어원을 가진 지명들은 19세기 말까지도 계승되었던 것이다.

2) 공간 지식의 유통 구조와 지식의 공유 수준

공간에 관한 정보는 저자의 손을 떠난 후 독자들의 손을 거쳐 유통되었다. 공간 지식 가운데에는 정조대에 처음 유통되기 시작한 지식이 있는가 하면, 17세기 이래 오랜 기간 유통되어오던 것들도 있다. 또 통제된 지식이 있는가 하면 그렇지 않은 지식들도 있었으며, 온전히 국내에서 형성된 지식이 있는가 하면 외국에서 흘러들어온 지식도 있었다.

정조시대에 공간 지식의 총량이 지속적으로 늘어나고 있었다는 점은 의심의 여지가 없다. 선행연구는 일찍부터 이런 다양한 사례를 주목해 왔다. 천하도 · 동아시아지도 · 일본지도 · 유구지도 · 조선전도 · 팔도지도 등으로 구성된 목판본 여지도책은 17세기 이래 가장 광범위하게 유포되었다. 서구식 세계지도는 지방지식인 황윤석이 보았을 만큼 널리 퍼져나갔다. 북경을 다녀온 사신들은 연행록을 남겼고, 그 연행록은 다음 번 여행자들에게 읽혔다. 외국에서 수입되는 새로운 지리정보의 양도 크게 늘었다. 북경에서 들어온 지리지식 중에는 한역서학서(漢譯西學書) 뿐만 아니라 중국 및 만주 지리와 관련된 자료들도 포함되어 있었다. 에도시대에 대중용으로 출판된 목판 일본전도들도 다양한 경로를 거쳐 유입되었다.

시대 전체를 이해한다는 차원에서 보면 지식의 총량이나 밀도를 검증하는 일과는 다른 차원의 과제들이 남아 있다. 앞 절에서 보았던 것처럼 발화자의 의도를 해명하는 것도 그런 것 중 하나다. 그러나 더 많은 공간 관련 지식들은 발화자의 의도와 무관한 상태로 유통되었다. 따라서 정조시대의 공간 지식이 가진 의미를 드러내기 위해서는 다른 질적인 판단 기준도 필요하다.

역사학의 문제로 지식을 설명하려 할 때 지식의 총량이나 밀도, 그 지식의 기원과 계승관계의 해명이 중요하다는 사실을 부인하는 학자는 없을 것이다. 실제로 우리 학계도 이런 차원에서 접근해 왔다. 그러나 사태를 그렇게 설명하는 과정에서 지식의 당대성과 맥락이 사라진다면 심각한 문제다. 지식이 어떻게 계승되는지를 파악하는 것만큼이나 중요한 일이 있다. 그것은 바로 지식이 유통되게 하는 시대적 조건이다. 정조시대 지식의 시대성을 읽으려 한다면, 그 지식의 유통 구조를 이해하는 것이 먼저라는 의미다.

공간 지식의 총량이 늘었다면 늘어난 지식들이 활발하게 유통되었을 가능성도 그만큼 높아진다. 실제로 18세기 조선에서는 그런 광경이 어렵지 않게 목격되었다. 불특정 다수의 독자들은 이중환의 『택리지』를 필사해서 읽었으며, 정상기 유형의 「동국지도」를 보았다. 특별히 정상기 유형의 「동국지도」는 자국 상고사를 고증하는 과정에서 근거자료의 하나로 활용되었다. 이익은 「동국지도」의 정확성에 감탄을 금치 못했으며, 정약용은 이 지도를 지리 판단의 기초로 삼았다.

외국의 지리적 상황을 전해주는 다양한 책이 들어와 지식인들의 공구서로 활용되었다. 18세기 지식인들은 『삼재도회』와 『도서편』 등 명말에 나온 백과전서류, 『요사』 『금사』 등 중국사 서적, 그리고 『성경지』 『대청일통지』 『만주원류고』 등 만주 관련 지리서들을 활용했다. 지리고증의 중요성이 커지면서 공구서의 활용도가 높아진 것도 사실이지만, 공구서가 폭넓게 유입되면서 그것을 활용한 지리고증이 확산된 측면도 있었다. 「서북피아양계만리일람지도」와 같은 지도 유형은 민간으로도 흘러나갔다. 안정복은 조선의 서북지역과 만주 일대를 함께 그린 피아지도를 보며 지리감각을 익혔다. 이덕무는 『화한삼재도회』를 들여와 보았으며, 당대 최고의 일본 전문가가 되었다.

이 사례들은 공간 지식의 확산 현상을 분명하게 보여준다. 그런데 이 지식들은 당대의 지식인 집단 사이에서 자유롭게 공유되었던 것일까. 18세기 서울·경기권역에서 활동하던 지식인 가운데에는 박지원·홍대용·박제가·이덕무·유득공·이서구 등 북학파 지식인, 이익·안정복·정약용 등 남인 실학자 집단, 그리고 홍양호와 같은 전문 관료집단이 있었다. 특별히 박지원을 중심으로 한 학문 공동체 안에서는 신분을 넘어선 지식인들 사이의 교류가 있었던 것으로 평가되고 있다. 세 집단에 각각 속해 있던 이덕무·정약용·홍양호를 통해 이 문제를 생각해보자.

박지원 일파는 자유로운 문학 활동과 북학의 필요성을 주장했다. 이덕무도 그중 한 사람이었다. 그는 중인 출신이라는 점에서뿐만 아니라 일본에 관한 정보를 섭렵한 지식인이었다는 점에서도 특별하다. 그가 본 일본 서적 중에 『화한삼재도회』라는 책이 있었다. 통신사로 일본을 다녀온 사람들도 다양한 견문기를 남겼지만, 일본인의 손에 의해 편찬된 이 백과사전이야말로 당시로서는 일본에 관한 최고 자료였다. 그런데 이 저작은 박지원 일파의 지식인들 사이에서 관심의 대상이 되지 못했다. 물론 이 집단의 관심이 일본이 아니라 청에 집중되었기 때문일 수도 있다. 그러나 그와 친분이 있었던 또 다른 일본전문가 성대중조차도 『화한삼재도회』를 보지는 못했다. 이런 상태에서 이 지식이 다른 지식인 집단에게 확산되기는 더욱 어렵다.

정약용은 일본을 경계하면서도 고학(古學)에 관심을 가졌다. 그런데 그가 일본의 지리적 형세를 논의할 때 사용한 것은 『본조도감강목』의 사본이었다. 그는 이 사본을 규장각의 서고가 아니라 해남 녹우당에서 처음 보았다. 그는 이 지도를 임진왜란 당시 일본군이 흘리고 간 것으로 생각했다. 에도시대에 출판된 다양한 일본지도들이 왜관을 통해 조선에 흘러들어왔지만, 그것들도 지식인 집단 내에서 자유롭게 공유되지는 못했다. 이런 상태에서 정약용이 『화한삼재도회』와 같은 자료를 구사하는 것은 더욱 어려운 일이었다.

정약용은 지리고증 분야에서도 일가를 이루었다. 그는 자국의 상고사, 산맥과 하천의 체계 등 다양한 분야에서 고증을 시도했다. 그 가운데에는 백두산에서 발원하는 물줄기를 고증한 내용도 있다. 그런데 이때 그가 활용한 것은 『대청일통지』와 『동국여지승람』 정도였다.

백두산지도를 남긴 홍양호도 『동국여지승람』과 『대청일통지』를 활용했다. 그의 경우는 아예 『성경지』를 보지 못했던 것 같다. 정조시대 지식인은 지리정보를 주로 『사기』『한서』『요사』『금사』『통전』『수경』『대명일통지』와 같은 전통적인 자료들, 그리고 『성경지』『대청일통지』『만주원류고』 등과 같이 17세기 이후 새로 유입된 문헌 자료들에서 얻었다. 이 중에 만주 관련 지식은 『성경지 』『대청일통지』『만주원류고』 등에 압도적으로 많았는데, 이 자료들이 자유롭게 공유되지는 못했던 것이다.

서울·경기권역 안에서 지식정보가 학파와 세대 밖으로 확산되는 일은 생각보다 쉽지 않았으며, 경우에 따라서는 학파와 세대 안에서조차 공유되지 못하는 일도 생겨나고 있었던 것이다. 이것은 지식의 총량이 늘어났으며, 늘어난 지식이 개별적으로 지식인들에 의해 활용될 수 있었다는 사실과는 별개의 사안이다. 늘어난 지식들이 지식인 공동체 안에서 활발하게 공유되지 않았던 것은 무엇 때문일까.

혹시 그들에게 새로운 지리지식이 중요하지 않았던 것일까. 『사기』『한서』『금사』『통전』 등 전통적인 역사서·지리서들은 자국 상고사의 지명을 추정하거나 사행 길에서 마주치는 고구려 유적을 설명하는 데 크게 부족하지는 않았다. 그러나 이 책들에는 백두산과 만주 일대에 대한 정보가 충분치 않다는 점에서 결정적인 문제가 있었다. 영고탑회귀설은 적어도 18세기 중반까지 맹위를 떨치고 있었으며, 정계비 건립 이후 영토의식도 확산 일로에 있었다. 따라서 선춘령과 고려경의 위치를 추정하기 위해서든, 혹은 유사시에 대비하기 위해서든 만주 일대의 현황과 지리적 실태를 파악하는 일은 더욱 중요했던 것이다.

지리서나 지도가 다른 문헌자료와는 달리 필사나 모사가 어려웠기 때문은 아닐까. 새로운 지리서나 지도 정보를 공유하기 위해서는 필사나 모사가 유일한 방법이다. 그런데 지리서들은 국내에서 간행된 자료가 아니었으며 분량도 많았기 때문에 필사하기 쉽지 않았다. 또 지도를 모사하기 위해서는 화원의 손을 빌려야 하는데 이 또한 쉬운 일은 아니었을 것이다. 그러나 이익·홍양호·정약용 등이 모두 『동국여지승람』을 공구서로 활용하고 있었으며, 이덕무가 일본지도를 모사했던 것을 보면 단순히 필사나 모사 상의 기술적인 문제 때문이라고 말하기는 어렵다.

이 문제는 정조시대 서울 학계의 분위기와 무관하지 않을 것이다. 당대 서울 학계는 신분과 당색을 넘어 학문 공동체가 형성되어 있었다. 특히 박지원을 중심으로 하는 일군의 학자들은 정치·사회·문화적 권력에 대한 비판의식을 공유했으며, 명물도수의 학문이 필요하다는 데 공감하고 있었다. 그들 사이에서는 신분조차도 큰 장벽이 되지 않았다. 김정희가 박제가에게 배웠다는 사실은 그런 현실을 잘 보여준다.

그러나 그 공동체가 서울·경기권역에 기반을 둔 당대의 모든 지식인을 아우르는 것이었는지는 확인이 필요하다. 이덕무·정약용·홍양호 세 사람은 서울 지식인으로서 시대과제를 고민했다는 점에서는 공통점이 있다고 할 수 있다. 그러나 그들 세 사람이 하나의 학문 공동체 안에 속해 있었다고 말하기는 어렵다. 수많은 다른 이덕무·정약용·홍양호도 마찬가지였을 것이다. 경화사족이나 경기학인으로서 이들 사이를 묶어주던 끈은 지식을 공유하기에는 너무나 느슨했던 것이 아닐까.[30]

정조시대가 성취한 지식, 특히 지도와 지리지들 가운데에는 반드시 기억해야 할 관찬자료들이 있다. 『고금도서집성』의 지식과 그것을 활용한 문헌들, 그리고 앞에서 살펴본 「서북계도」와 「해동삼국도」는 그중

30. 상업세력이 존재하고 있었는가도 점검해보아야 한다. 청대의 상업세력은 고증학자들이 구축한 학문공동체를 경제적으로 뒷받침하는 강력한 토대가 되었다. 조선의 관료·중인·재야 지식인들이 만들어놓은 네트워크는 그런 물적 토대를 가지지 않았다는 점에서 다르다. 조선의 지식인들은 서울·경기권역을 공통의 기반으로 했지만, 그 공통의 지역기반이 곧 지식을 공유하는 기반으로 작용했는지는 면밀하게 검토해보아야 한다.

에서도 특별하다.

정조가 서호수를 통해 들여온 『고금도서집성』은 5,000여 책에 달하는 거질이었다. 이 책은 중국의 문헌자료들을 경·사·자·집으로 나누어 수록한 것이 아니라, 내용별로 편목을 짜서 재분류한 것이다. 특정한 주제별로 관련 사료들을 편집하여 만들었기 때문에 한 주제에 대한 전거를 확인하는 데 매우 유용하다. 정조는 이 책을 관찬자료를 편찬하는 데 주로 활용했다. 『무예도보통지』는 정조가 역대의 무예를 총 정리하기 위해 박제가 등에게 편찬하게 한 책이다. 박제가 등은 이 책을 편찬하면서 『고금도서집성』을 참고했다. 정조시대에 편찬된 중국지도 혹은 만주 일대에 관한 지도들 중에는 『고금도서집성』 직방전의 지도를 베껴 그린 것들이 다수 확인된다.

「황여전람도」는 청대 지도학의 결정판이라고 해야 할 성과물이다. 강희제가 서양선교사들을 동원해서 만든 이 지도는 청대의 강역 전체는 물론 조선까지 포괄하고 있다. 이 지도는 옹정제·건륭제 때에도 수정되었으며, 유럽과 일본으로 퍼져나갔다. 유럽에서는 「황여전람도」를 유럽어로 펴낸 지도첩들이 다양한 형태로 제작되었다. 일본에도 「황여전람도」의 사본이나 이 지도를 활용한 사례들이 적지 않게 남아 있다.

조선에 「황여전람도」가 전래되었는지에 대해서는 그동안 아무것도 알려진 바가 없었다. 한국학중앙연구원에 「황여전람도」의 사본이 일부 남아 전하지만, 이 사본이 적어도 18세기 말 이전에 조선에 전래되었다고 보기는 어렵다. 그렇다면 「황여전람도」는 18세기 조선만을 빗겨갔던 것일까. 규장각에 소장된 『서북계도』는 「황여전람도」가 18세기 말에 조선에 전래되었음을 보여주는 자료다. 『고금도서집성』 직방전에 실려 있는 지도는 경위도가 없고 연해주 일대가 포함되지 않았다는 점을 빼면 「황여전람도」와 유사하다. 그러나 정조시대에 편찬된 것으로 추정되는 『서북계도』에는 연해주 일대까지가 포괄되어 있다.

「해동삼국도」는 조선에서 만들어진 고지도 가운데 가장 개선된 윤곽의 일본열도와 유구, 대만을 보여준다는 점에서, 그리고 조선을 중심으로 한 동북아시아 일대를 보여준다는 점에서 특별한 의미가 있다. 일본열도의 윤곽이나 일본에 관한 정보들은 『화한삼재도회』를 활용한 것으로 추정되고 있다.

그런데 정조시대에 특별한 성취가 있었음을 증거해주는 이 자료들은 정작 당대에 얼마나 광범위하게 열람되었으며 유포되었던 것일까. 민간의 지식인 네트워크 사이에서 정보 공유가 충분치 못했던 것을 본다면, 관에서 수입했거나 편찬한 자료들 역시 민간에 광범위하게 유통되기는 어려울 것이다.

『고금도서집성』은 책이 담고 있는 지식의 양과 질로만 본다면 이전에 수입된 다른 어떤 책에 비할 바가 아니었다. 책의 내용은 조선 학계에 막대한 영향을 주었음직하다. 그런데 실제로 이 책의 열람 범위는 극도로 제한되어 있었다. 책이 규장각에 소장되어 있었기 때문에 일차적으로 규장각 각신은 열람이 가능했을 것이다. 그러나 여러 각신 출신들이 남긴 기록에서 『고금도서집성』을 자유롭게 열람했다는 증거를 찾기는 쉽지 않다. 『무예도보통지』 편찬과정에서 이 책을 보았던 박제가를 제외한다면, 서명응, 정약용 등이 확인되는 정도다. 서명응은 서호수의 아버지이며, 정약용은 정조의 총애를 받던 각신 출신이다. 그러나 그런 그들조차 『고금도서집성』 중 극히 일부분을 참고했거나, 『고금도서집성』에 수록된 자료와 같은 내용의 책을 보았을 뿐이다.

『서북계도』나 「해동삼국도」의 경우는 정도가 더 심하다. 보통 지도들은 한번 만들어지면 여러 번 복제된다. 영조대 비변사에서 특별하게 관리된 비변사지도들조차 시간이 지나면 복제될 정도다. 그런데 『서북계도』나 「해동삼국도」의 경우는 당대에도 후대에도 복제되었던 흔적을 찾을 수 없다. 유일본인 것이다. 유일본이라는 사실은 그만큼 열람 범위가 제한되었다는 의미이기도 하다.[31] 정조시대의 출판문화는 출판물의 종류와 그 내용에서뿐만 아니라, 출판물의 유통과 열람의 범위, 지식인

집단에 공유되는 양상이라는 측면에서 재검토될 필요가 있다.

남은 말

정조와 정조시대 지식인들이 이루어낸 공간 지식 상의 성취와 발화자의 의도는 어떻게 해석되어야 할까. 이런 질문에 답하기 위해서는 더 많은 것들에 대한 탐구가 선행되어야 할 것이다. 여기에서는 다만 정조와 강희제, 정약용과 오규 소라이에 관한 에피소드를 통해 필자의 관점을 드러내는 것에서 그치기로 한다.

정조는『동국여지승람』과 질적으로 다른 지리지, 2,800여 리로 전국을 망라한 새로운 조선전도를 필요로 했다. 그는 또 조선 상고사의 지리고증을 중시했으며, 팔도의 일출·일몰시각을 분명히 하는 일을 추진했다. 정조는 공간을 통해 경사체용을 읽으려 했으며, 청의 학술·문화 규모를 의식했다.

정조는 이 공간 정보들이 과거와는 질적으로 다른 것이 되기를 원했으며, 정조의 바람은 정조가 원하는 수준만큼 이루어졌다. 그러나 그 지리정보의 정확성은 서양과학적인 의미의 정확성은 아니었다. 정조의 생각은 팔도의 북극고도를 실측하지 않고 지도와 자로 계산하는 장면에서 잘 드러난다. 정조가 정확한 북극고도 수치를 확보하려 했다면 결코 지도와 자를 써서 계산하는 일은 일어나지 않았을 것이다. 정조는 다만

31. 논점이 다른 문제지만,『여지도서』가 정조시대에 전혀 알려지지 않았다는 사실도 주목해야 한다.『여지도서』는 영조가 진행한 전국지리지 편찬 사업의 성과물이다. 그런데 정조는 각신들에게 내린 책문에서 이렇게 말했다. "유독 우리 동방의 유자들은 名物學에 가장 소홀하여 전해오는 지리서는『여지승람』과『문헌비고』등 한두 종에 지나지 않을 뿐이다. 이 어찌 세상을 경영하는 博聞에 일조가 되겠느냐"(『홍재전서』, 권 50, 策問 3, 墜勢). 정조는『해동여지통제』에 관한 글에서도, 조선의 지리서로『동국여지승람』과 유형원의『동국여지지』를 거론했을 뿐이다. 여지도서는 최종적으로 완성된 책자는 아니었으며, 정조시대에도 19세기에도 완성된 하나의 지리서로 인정되지 않았던 것이다.

청과 유사한 체제를 갖추고 싶었던 것이다.

강희제가 신하들에게 이렇게 말했다. "『율려신서(律呂新書)』에서 말한 수의 계산은 전적으로 경(徑) 1, 위(圍) 3의 법을 적용하고 있는데 나는 이 법을 볼 때 반드시 맞지 않는다고 생각한다. 경이 1척이면 위는 3척 1촌 4푼 1리 남짓이 되어야 하니, 만약 이것을 확대해서 100장(丈)에 이른다면 차이 나는 바가 14장하고도 나머지가 있게 된다. 이와 같은 식으로 계속 올라간다면 그 착오를 이루 말할 수 있겠는가?"[32] 그러나 정조에게 이런 종류의 수학적 정확성은 북극고도 산정에 관한 한 중요한 문제가 아니었던 것이다.

에도시대 고학파를 대표하는 오규 소라이는 도교와 불교에 '오염'된 사서(四書)보다는 고대의 육경(六經)을 중시했다. 그는 인간의 욕망을 긍정했으며, 공과 사를 선악의 문제가 아니라 영역의 차이로 이해했다. 소라이로 인해 주자와 사서(四書)는 에도시대 일본사상계에서 그 권위를 손상당했다.[33] 소라이는 육경의 의미를 체득하기 위해서는 육경이 생산되었던 시대의 언어, 즉 고대 중국어의 발음으로 읽을 필요가 있다고 생각했다. 차이와 번역의 의미를 자각하면서 자신의 언어와 문화를 상대화할 수 있는 길을 열어놓은 것이다. 그러나 정약용에게서, 심지어 19세기 조선의 고증학자들에게서 그런 자각을 읽기는 어렵다. 그들은 중국의 고전을 조선의 발음에 따라 현토하여 읽어온 관행에 대해 심각하게 회의하지 않았다. 그들은 내부자의 시선으로 중국 고전을 읽었던 것이다.

필자는 정조와 정약용에게서 강희제와 오규 소라이를 찾을 수 없다는 사실을 아는 것은 중요하다고 생각한다. 그러나 그것을 근거로, 나아가 서양과학에 대한 태도의 차이를 근거로 곧장 19세기 말 동아시아 삼국의

---

32. 이규경, 『오주연문장전산고』 經史篇, 經傳類－樂－聲音爲樂辨證說
33. 마루야마 마사오·가토 슈이치, 『번역과 일본의 근대』 이산; 마나모토 료엔, 박규태·이용수 옮김, 『도쿠가와 시대의 철학사상』 예문서원.

발전낙차를 떠올릴 필요는 없다. 유럽형 근대를 기준으로 정조와 그 시대를 재단하는 일은 결코 우리의 선결과제가 될 수 없다.

정조와 정약용에게 왜 강희제나 오규 소라이와 같지 않은지를 물을 필요는 없다. 발화자로서의 의도와 그 맥락을 묻는 것이 옳다. 정조가 북극고도 수치를 자로 잰 것이 퇴영적인 것은 사실이지만, 정조가 청의 학술·문화 규모를 의식했다는 것, 그 사실이 다른 다양한 역사적 현상들의 원인이 되고 있다는 것을 드러내는 일이 더욱 중요한 것이다.

지리지·지도·지리고증·상호인식·세계관 등에 관한 우리 학계의 연구는 아직도 고립적·분산적이다. 그러나 이것들은 공간에 관한 지식이라는 점에서 보면 아무런 경계가 없다. 공간 지식의 총량과 밀도, 유통 구조는 변화를 보여줄 수 있는 훌륭한 지표다. 공간은 공간 그 자체로 독립된 존재가 아니라 시간과 맞물린 변수로 여겨졌다. 그런 점에서 공간에 관한 논의는 경사체용의 문제로, 사학사와 사상사, 나아가 정치사와 사회경제사로도 확대되어갈 수 있다. 지리학과 역사학의 경계를 넘어서기 위한 시도, 변화의 지표들을 다변화하고 그것을 역사적으로 읽어내려는 노력이 필요한 시점이다.

참고문헌

논문

김기혁, 2007, 「조선후기 방안식 군현지도의 발달연구: 동국지도 3을 중심으로」 『문화역사지리』 19－1.

문중양, 2001, 「18세기 후반 조선 과학기술의 추이와 성격: 정조대 정부 부문의 천문역산 활동을 중심으로」 『역사와현실』 39.

배우성, 2010, 「만주에 관한 지식과 조선후기 사회」 『역사학보』 208.

이강원, 2007, 「조선후기 국경인식에 있어서 두만강 토문강 분계강 개념과 그에 대한 검토」 『정신문화연구』 제30권 제3호.

장상훈, 2007, 「조선후기 대축척 조선전도의 발달과 동여」 『문화역사지리』 19－1.

저서

강석화, 2000, 『함경도 지역개발과 북방영토의식』 경세원.

박인호, 1996, 『조선후기역사지리학연구』 이회.

박인호, 2003, 『조선시기역사가와역사지리인식』 이회.

배우성, 1998, 『조선후기 국토관과 천하관의 변화』 일지사.

오수창, 2002, 『조선후기 평안도 사회발전연구』 일조각.

이상태, 1999, 『한국고지도발달사』 혜안.

정옥자, 1998 『조선후기조선중화사상연구』 일지사.

조성을, 2004, 『조선후기사학사연구』 한울아카데미.

한영우, 1989, 『조선후기사학사연구』 일지사.

허태용, 2009, 『조선후기 중화론과 역사의식』 아카넷.

제2부

'조선 인식'과 국가운영

IV. 정조의 '국체' 인식

김인걸(서울대학교 국사학과)

1. 조선의 국체(國體)와 '국체' 인식

18세기 조선의 자아인식을 검토하는 데 있어 국왕 정조가 '국체(國體)'를 어떻게 인식하고 있었는가 하는 점은 매우 중요한 문제이지만, 이는 정치·사상사적으로 방대한 주제를 포괄하는 것이어서 접근이 용이하지 않다. 국체(國體)란 흔히 입헌군주정, 민주공화정 등과 같은 근대국가의 정치체제를 지칭하는 용어로 사용된다. 그런데 근대국가의 정치체제와 대비하여 조선의 정치체제를 단지 '왕정(王政)'이나 '전제정(專制政)' 등으로 부르면 그만일 듯싶지만, 그 역사성을 드러내주지 못한다는 점에서 재고가 필요하다. 왕조국가의 외연과 내포가 어떠했는가에 대한 설명이 있어야 역사적 의미를 가질 것이기 때문이다. 실제 조선에서 '국체'란 용어는 대내외적으로 다양한 의미로 쓰여왔다. 더욱이 조선을 포함한 동아시아 국가들이 자국의 국체를 어떻게 인식했는가 하는 점은, 비록 중국 중심의 '중화질서(中華秩序)' 안에서의 일이라고 하더라도, 시대에 따라 변화되어왔기 때문에,[1] 역사적 시야를 갖춘 천착이 필요하다.

조선에서 국체와 관련하여 본격적인 논의는 개항 이후부터 시작했다.

19세기 후반 국체론을 가장 체계적으로 제시한 사람은 박영효였는데, 그는 후쿠자와(福澤諭吉)의 영향을 받아 새로운 국체(국가 고유의 통치체제)로서 입헌공화정을 제안한 바 있다.[2] 그런데 박영효가 파악한 조선의 국체는 그의 선입견이 과도하게 투영된 것이었다. 박영효는 조선에도 '군민공치지풍(君民共治之風)'이 있다고 하였지만,[3] 이는 입헌군주제를 지향하던 그가 군주(君主) 측을 무마하기 위한 의도에서 나온 발언으로 보인다. 일본에서는 이미 도쿠가와 시대 국학자들의 경우 일본을 중화로 자처하며 명(明) · 청(淸)을 화하(華夏)로 부르는 것이 일본의 '국체'를 더럽힌다 하여 비난하였는데, 그 전통은 메이지 시대를 거쳐 '소화유신(昭和維新)' 시기에 들어와 확대 · 강화되었다. 그리고 그 과정에서 시간의 흐름에 따라 국가론, 정치체제론적 차원에서 천황제를 어떻게 볼 것인가를 둘러싸고 첨예한 논쟁이 진행되었다.[4]

위와 같은 근대국가 성립기의 국체론은 각 정치세력이 지향했던 국가의 정치체제를 함의하는 것으로서 새로이 강요된 '만국공법체제'에 대응하는 성격의 것이었다. 그렇지만 그것이 동아시아 내부로부터의 변화와 연결시켜 설명할 수 있는 수준의 것은 아니다. 반면, 지금까지 만국공법체제 이전의 동아시아 국제질서를 다룬 연구들에서는 명 · 청 교체기에 전통적 중화질서가 붕괴되자 각 국가들이 중화임을 자처하고 나름의 자기정체성을 모색해나갔던 사실을 각국의 민족주의의 발현으로 이해해 왔다.[5] 그런데 이들 논의에서도 그 내포가 어떠한 것이었는지에 대한 검토는 충분치 않았다. 이는 역사적 상황이 그 같은 논의를 허용

---

1. 이성규, 「중화질서」『역사용어사전』 서울대학교 역사연구소(근간).
2. 전봉덕, 1978, 「박영효와 그의 상소 연구서설」『동양학』 8.
3. 위의 논문 57쪽.
4. 강상규, 2007, 「제국 일본의 자기정체성 모색과 국체론의 전개」『19세기 동아시아의 패러다임 변환과 제국 일본』 논형, 176, 182쪽 참조. 강상규는 이 글에서 일본의 국체를 '신성한 기원을 지닌 만세일계의 천황제를 모태로 하는 가족국가', '개개인의 집이 국가를 근본으로 해서 존재하는 천황제 가족국가'로 정리하고 있다.
5. 이성규, 1992, 「중화사상과 민족주의」『철학』 37.

치 않았기 때문인 것으로 보인다.

'전근대' 조선에서 국민국가 성립기에나 가능한 국가의 정치체제 문제가 논의되기를 바라는 것은 과도한 일일 것이다. 그러나 그렇다고 해서 조선이 대내외적 조건에서 자신을 어떻게 규정하는가 하는 인식이 없을 수 없고, 실제 여러 상황에서 국체 인식의 문제가 드러나고 있었다. 따라서 국내외적인 상황의 변화와 관련하여 내적으로 체제를 유지(개혁)하고, 외적으로 변화된 국제질서에 대처하여 새롭게 자기정체성을 찾아갔던 '국체 인식'은 별도로 추적할 필요가 있다고 하겠다.

조선의 국체 인식과 관련하여 크게 두 가지 설명 틀이 제시되어 있다. 하나는 '조선중화론'이다. 이는 명이 멸망하고 청이 중원의 패자로 자리한 이후, 현실적으로 대청 사대관계를 받아들일 수밖에 없었음에도 불구하고 조선이 중화문화를 계승한 유일한 국가라는 의미에서 '조선중화론'의 기치를 내세웠다고 하는 설명이다.[6] 대외관계를 크게 의식한 것으로서 문화·사상사적 차원의 접근이라고 하겠다. 다른 하나는 '민국론(民國論)'이다. 이는 탕평군주들의 '민국정치이념'을 따로 상정하고, 이 '민국'이라는 용어에는 '민과 왕[國]'이 함께 나라의 주인이란 새로운 국체의식이 담겨 있었다는 주장인데,[7] 체제내적 구조를 중시한 견해라고 하겠다. 그 밖에 17세기 사회체제 개혁과 관련하여 '재조번방론(再造藩邦論)'적인 방안과 '국가재조론(國家再造論)'적인 방안이 대립하고 있었다는 설명이 있지만,[8] 이는 하나의 국체론으로 제시된 것은 아니다.

연대기 등 여러 자료에서 다수 보이는 '국체'란 용어는 흔히 국가의 체모[體貌; 體面, 體統]란 의미로 쓰였다. 광해군 1년(1609) 사간원이 책봉을 위해 온 중국 측 사신에게 은이나 삼 등의 뇌물을 주는 것을 지적하

6. 정옥자, 1998, 『조선후기 중화사상 연구』 일지사, 152-153쪽 참조.
7. 이태진, 2008, 「18세기 탕평정치와 소민보호정책」 『개정신판 한국사특강』 서울대학교출판부.
8. 김준석, 2003, 「서론」 『조선후기 정치사상사 연구: 국가재조론의 대두와 전개』 지식산업사.

면서 그 같은 행위를 '국가의 체모를 깎는 것[虧損國體]'이라고 비판한 것,[9] 동 왕 6년(1615) 승정원이 요동에서 보낸 차관(差官)을 접견하는 장소를 건의하면서, 요동에서 등서(謄書)한 황제의 조서를 가지고 온 차관이 '왕이 보낸 사람[王人]'이 아니기 때문에 법궁(法宮)에서 대등하게 맞이하면 치욕이 된다고 하며 "체모(體貌)를 휴손(虧損)하는 것은 작은 일이 아니니 이제 정전(正殿)을 허락지 말고 시어소(時御所)에서 접견함으로써 국체(國體)를 중히 하십시오"라고 상소한 것[10] 등이 대표적인 예다. 여기에서 국체는 국가의 체모를 말한다. 광해군 14년(1623) 국왕 자신이 사세에 어긋난 군사출동 대신 주문(奏文)을 가져갈 때 사신에게 예물을 주어 명나라에 우의를 표할 것을 전교하면서, "천하사세(天下事勢)를 잘 살피고 본국체면(本國體面)을 헤아려 묻는 말에 적절히 답하라"고 한 것[11] 역시 마찬가지 예다.

그런데 위와 같은 대외적인 측면만이 아니라 대내적인 문제에서도 국체는 다양한 의미로 쓰였다. 광해군 10년(1619) 당로자 이이첨 등을 탄핵하는 한 지방인의 상소에 대해 이이첨 자신이 "대각을 무시하고 국체를 어그러뜨린다[蔑有臺閣 虧損國體]"라고[12] 하여 상소인을 비난한 내용이 있는데, 여기에서의 국체는 국가의 (정치)운영원리, 또는 국가의 기틀이라는 의미다. 정체(政體)나 사체(事體)가 각각 정치운영의 기본, 일 처리의 기본이란 뜻으로 쓰이는 것과 상응하는 것이라 하겠다. 효종대 궁방전의 확대와 관련한 지적에서, 궁방 면세전의 경우 국가의 정해진 법제[國家定制]가 있는데 법과 기강이 해이해져 "세를 내지 않는 토지[無稅之田]가 장차 나라 안[國中]에 편만해지면 국체(國體)가 날로 손상되고 공법(公法)이 날로 붕괴되어, 그로 인해 세입이 줄고 민원(民怨)이 크게 일어

9. 『광해군일기』 광해군 1년 6월 1일(경술)
10. 『광해군일기』 광해군 6년 5월 27일(무인)
11. 『광해군일기』 광해군 14년 5월 3일(무술)
12. 『광해군일기』 광해군 10년 윤4월 6일(갑자)

나는 것이 다 이 때문이다"라고[13] 했을 때, 여기에서 국체는 대내적인 면에서 국법을 담아내는 그릇이라는 더 넓은 의미라고 하겠다. 가장 흔히 사용된 '국체를 손상시키고 기강을 무너뜨리다[損國體 壞紀綱]'는 표현 역시 마찬가지 내용을 함의한 것이다.

이상의 사실을 염두에 두고 조선시대 국체의 개념을 정리해보면, 국체는 대내적으로 정치 운영이나 국가 체제 문제와 관련되고, 대외적으로는 당시 중화질서(사대교린질서) 속에서 조선이 점하는 지위의 문제와 관련된 것이라고 할 수 있다. 그리고 여기에는 조선의 자기 정체성, 즉 역사 문화 계승의식까지 관련되어 있어서 결코 근대국가의 정치체제론과 단순 대비할 수 있는 것이 아니었다. 뒤에 자세히 설명하겠지만, 탕평군주의 국체 인식으로 제시된 '민국론'은 정치체제론으로서는 성립하기 어려운 것이라고 판단되므로, 여기에서는 다중적 의미를 내포하고 있다는 점에서 최근 주목하게 된 조선후기 '조선중화론'을 중점적으로 검토한다.

조선의 '국체' 인식을 이해함에 있어 그간 '조선중화의식'과 관련하여 상당한 성과가 있어왔고, 그만큼 많은 논란이 제기되어 있다. 일국사의 범위를 넘어 비교사적 연구가 진전되면서 내용이 풍부해지고 있는 점이 주목된다. 크게 구별해본다면 이들 연구 가운데는 이 '조선중화주의'를 기존의 소중화의식(小中華意識)을 뛰어넘는 문화자존의식, 또는 민족 주체성의 표현으로 이해하는 견해가 있는가 하면, 그것을 소중화인식의 연장선에 있는 것으로서 여전히 전통적 화이관(華夷觀)에서 크게 탈피하지 못한 것이라고 보는 견해가 있고, 더 나아가 자국 내에서나 통용되던 재야 지식인의 '몽상'으로 귀결되었다는 인색한 평가도 있다. 이 같은 평가는 주로 중화질서 안에서 조선의 지위와 관련된 설명들인데, 아직까지는 그것을 뒷받침하는 조선 국가의 체제 문제와 연결시켜 본격적

13. 『효종실록』 효종 10년 윤3월 19일(기묘)

인 논의를 전개하지는 못하고 있는 상태다.

18세기에는 조선의 자기인식이 심화되는 가운데 '역사'의 체계화가 진전되고 국가의례가 정비되는 등 국체 인식에 커다란 변화가 있었다. 그런데 동 시기에 형성된 '조선중화의식'과 그 상징물로 설명되는 대보단(大報壇)은 대명(對明) 사대주의의 유물로 간주되어 그간 큰 관심의 대상이 될 수 없었다. 전근대 사회를 자주와 사대의 이분법적 논리로 재단하여 유교(주자학) 명분론에 입각하여 건국된 조선의 사대주의를 부정적으로 보든가, 그렇지 않더라도 조선사회를 일국사적 차원에서 자주독립국가로 보고 타국과 맺고 있던 사대교린관계는 형식적인 것으로 보았기 때문이라고 하겠다.

따라서 이하에서는 조선의 객관적 위치, 즉 대외관계상 지위를 다룬 성과를 2절에서 다루고, 주관적 인식, 즉 '조선중화론'과 관련된 연구 성과를 3절에서 소개한 다음, 이를 바탕으로 4절에서는 18세기 후반 새로운 길을 모색하던 정조의 국체 인식을 검토한다. 이로써 조선의 자아인식, 소선사회가 도달한 역사적 위치를 가늠해보기로 한다.

2. '중화질서'에서 조선의 지위

'중화질서'란 조공제도를 매개로 전근대 중국과 그 주변 국가(민족) 간에 형성된 정치적·문화적 관계를 지칭하는 것으로서, 지역적·종족적·문화적 개념이 중층적으로 복합된 개념인 '중화'와 '이적'으로 천하를 구분하는 화이사상을 축으로 형성된 질서이기 때문에 화이질서(華夷秩序)라고도 한다.[14] 그런데 중국과 그 주변국 사이의 관계는 쌍방적 관계이고 시세에 따라 변화해온 것이기 때문에 그 이념형과 역사적 형태를 긴밀하게 연관지어 검토할 필요가 있다.[15]

---

14. 이성규, 「중화질서」『역사용어사전』 서울대학교 역사연구소(근간).

조선은 출범 당시 원(元)을 대신하여 중원에 새로 들어선 명(明) 중심의 중화질서에 자발적으로 편입하였다. 조선과 명 사이에 이루어진 조공책봉 관계는 전근대 대중국 관계의 전형적 형태로 간주된다.[16] 이후 조선왕조와 조선의 지식인들은 주자학적 세계관에 입각한 화이관, 중화주의적 사고 안에서 조선의 지위를 사고하고 언급하게 된다. 그러나 고려시대 이래 전승되어온 전통과 관련하여, 또 주자학의 자기화 과정에서 조선 특유의 국체가 형성되어 나갔다. 이어 16세기 말 17세기 전반 일본, 청과 미증유의 전쟁을 겪으면서 중화질서의 위력을 확인하고 새롭게 재편된 동아시아 질서에 적응하기 위해 자기정체성을 거듭 확인하지 않으면 안 되었다. 임란 시 국가 존망의 위기에서 조선에게 '재조지은(再造之恩)'을 베풀어준 명나라에 은혜를 갚기도 전에, 과거 조선이 이적시해왔던 청나라가 중원의 패자로 바뀌었기 때문이다.

형식상으로만 보면 중화질서 상 조선의 지위는 제후국으로서, 명·청 제국의 책봉을 받는 '동이(東夷)'로서 변함이 없는 것으로 보인다. 조선이 유교문명의 예교질서를 구현하고 있다고 자타가 공인하는 소중화(小中華)를 자부한 것은 이후에도 역시 마찬가지다. 그러나 해당국의 지위는 주변국과의 관계에 따라 상대적으로 위치 지어지는 것이고, 자국 내의 제반 여건에 따라 변해왔다는 점을 고려할 때 한층 더 종합적인 검토가 필요하다고 하겠다.

조선 초기 조선의 지위와 관련해서는 일찍이 이마니시(今西龍)가 고려시대와 대비하여 조선의 사대주의와 그것을 뒷받침한 주자학을 주목, 조선이 자율성이 없었음을 강조한 이래, 대명 자존의식의 유무가 관심의 초점이 되어왔다.[17] 관련하여 유교이념의 실천과 관련된 사전(祀典)

---

15. 전근대 사회 '중화제국' 중심의 세계질서를 표현하는 데 있어 상호 관계를 중시하여 조공제도(관계)나 책봉체제보다는 조공책봉관계라는 표현이 낫고 특정 시기는 다국가 질서로 명명할 수도 있다는 의견이 제시되기도 한다. 김순자, 2007, 『한국 중세 한중관계사』 혜안, 14－15쪽 참조.
16. 전해종, 1970, 『한중관계사 연구』 일조각, 50－51쪽 참조.

개편, 특히 원구(圓丘) 및 단군 치제의 문제가 주목되었다.

조선초기 국가 사전 문제를 처음 본격적으로 검토한 것은 김태영인데, 전통적인 사전의 변천에 대한 검토를 통해 건국 주체들의 국가의식, 역사의식을 파악하려 하였다.[18] 그는 보편신으로서의 하늘[天], 자연신으로서의 산천·성황, 그리고 역사신으로서의 개국시조를 중심 대상으로 검토하였는데, 제천의식에서는 독자적 국가의식을 몰각하고 제후국으로서 격하·축소된 조선의 국가의식에 주목하였다. 그런데 고려시대에 비해 국위가 실추된 것으로 설명하면서도, 단군 치제는 민족적·공리적 역사의식의 소산으로 평가하고 있어 그 상호관련성에 대한 정합적 이해가 필요하다는 문제를 낳았다.

한우근은 위 연구가 특정 목적의식 하에 이루어진 점을 지적하고, 이를 통해서는 왕조 초기 사전이나 이와 관련된 종교·신앙의 문제를 종합적으로 파악할 수 없다고 하여 유교적 사전 정리 과정이라는 측면에서 신앙·종교 전반을 검토하였다.[19] 그러나 그 역시 단군과 기자의 문제를 주목하지 않을 수 없었다. 검토에서 하나의 중요한 기준이 된 것은 태종대 변계량의 상서(上書)였는데,[20] 동 상서 분석에서 주목한 내용은, 조선이 중국의 천자가 분봉한 나라가 아닌 자주의 나라임을 자부하면서도 명 황제의 회자(回諮) 내용을 증언하여 '본속(本俗)에 따를 것'을

17. 山內弘一, 1979, 「이조초기의 대명자존의식」 『조선학보』 92.

18. 김태영, 1973, 「조선초기 사전의 성립에 대하여: 국가의식의 변천을 중심으로」 『역사학보』 58.

19. 한우근, 1976, 「조선왕조초기에 있어서의 유교이념의 실천과 신앙·종교」 『한국사론』 3.

20. 『태종실록』 권31, 태종 16년 6월(신유), 변계량 상서. 변계량 상서의 내용의 관련 사실을 요약하면 다음과 같다. 1. 우리나라는 天에서 하강한 檀君을 시조로 하는바 중국의 天子가 分封한 나라가 아니며, 단군의 天降 연대도 唐堯 戊辰年으로 삼천여 년이나 되는 위에 祀天의 예도 천여년이나 전승되어온 때문에 理에 합당하여 이를 폐할 수 없다. 2. 천자는 天地를 祭하고 제후는 山川을 祭한다는 것은 禮의 大體를 말하는 것이요, 제후로서 제천한 자가 역사상에 있었던 것(魯, 杞宋)은 禮에도 曲折(異例)이 있다. 3. 明에서도 우리나라에서 제천하는 사실을 반드시 알고 있을 것이요, 또 明帝가 儀禮는 그들의 本俗에 따르고 法은 舊章을 지킬 것을 허한 바, 外邦도 처음에 天命을 받아 祭天의 禮가 아주 오랜 전통이므로 변개할 수가 없는 것이다.

허했다고 한 점이다. 이는 당시에 있어서 명과의 사대관계와 자주의식의 문제는 별개로 인식하고 있었음을 보여주는 것으로 판단하였다. 그리고 세종 9년(1427) 이후 원단사천(圓壇祀天)의 예(禮)는 중지하였지만, 다른 한편 국조 단군에 대한 의식은 여말선초에 더욱 선명해진다고 하였다. 이는 기자숭신의 문화의식에서 단군숭신의 정치의식·국가의식으로 정립되어 단군묘가 창건된다고 한다.

야마우치(山內弘一)는 전전(戰前)의 타율성론에 따른 조선외교의 사대성·예속성 주장을 의식하고 대명 자율성의 문제를 검토하였다.[21] 여기서 그는 조선 건국을 천명에 따른 역성혁명으로 주장하며 천자 고유의 의식인 제천교사(祭天郊祀)를 강행하고, 도교의 오복태일(五福太一) 신앙을 보급하여 천하분야설을 조선반도에 적용한 것을 주목하였다. 그러나 그는 조선의 대명 외교에서의 자율성이라는 것도 중화질서 안에서 주자학적 명분론의 사유에 입각하여 작용하는 것으로서 근대 민족주의적 사유와는 거리가 있는 것이라는 점도 동시에 지적하였다.

여말선초의 한중관계를 종합적으로 검토한 이는 김순자다.[22] 그는 여말선초 고려·조선의 지배층은 형세론적 화이론에 입각하여 능동적이고 탄력적인 대중국관계를 전개했음을 밝히고 있다. 또한 원이 지배하는 동아시아 질서 하에서 고려는 독립왕조로서 국체를 유지하였으며, 조선은 사대외교로써 대외적인 안정을 추구한 위에 내정개혁을 이룸과 동시에 자주적 국방정책을 추진한 점을 들어 대명 자주성을 강조한다.

위화도 회군에 의한 이성계의 권력 장악 과정에서 이성계의 회군 명분의 핵심 가운데 하나는 '이소역대불가(以小逆大不可)'라는 것이었는데, 이는 명 중심의 중화질서를 인정한 것이고 명 측이 전통적인 방식대로 조선을 동이(東夷)로 파악하고 조선이 그 점을 받아들인 것은 당연한 것

---

21. 山內弘一, 앞의 글.
22. 김순자, 앞의 책.

이었다. 그렇지만 조공책봉관계는 조선과 명의 현실적 이해관계의 반영이라는 점도 주목해야 할 것이다. 명 측에서 보면 고려(조선)는 지리적·역사적 조건과도 관련하여 중국과 우호적인 관계를 유지하는 한 그 독자적 영역을 훼손할 이유가 없었다.[23] 한편 일본과 여진과의 관계도 문제가 되는데, 조선은 '북로남왜(北虜南倭)'라 하여 그들을 이적시했지만 교린관계로 유연하게 포용하였다.[24]

위와 같은 형세론적 화이관에 기초한 유연한 대외관계와 자국중심주의는 16세기 주자학 이해의 심화 과정에서 명분론적 화이관으로 경사하고, 임진·병자란을 거치면서 명분론의 심화 속에 '중화질서'는 국체 운영의 질곡으로 작용하기도 하였다.[25] 임란 이후, 특히 명청 교체기 이후 일본과의 관계는 견제와 대립 관계로 전환하였다. 이 과정에서 조선은 조선중화주의로 일본은 일본식 화이사상으로 대처하였는데, 모두 자민족중심주의로, 그것은 의의와 한계를 동시에 지닌 것으로 평가된다.[26] 그러나 조선후기의 조선중화주의는 국내 사정을 반영한 것으로서, 엄혹한 국제질시 속에서 살아남는 방법이자 내적으로는 국체를 유지하기 위한 방법이기도 하였다.

이상 살핀 바와 같이 중화질서 안에서 조선의 지위는 주로 대외관계 차원에서 대명 자율성 여부의 측면에서 검토되거나 '제후례(諸侯禮)'의 특수성 등과 같은 예제(禮制)의 문제와 관련하여 다루어왔다. 아직 조선의 체제 내적인 문제까지 포함하는 국체의 실상과 긴밀하게 연결되어 다루어지지는 못했다고 하겠다.

---

23. 『태조실록』 태조원년 11월 27일(갑진); 『대명회전』 권96, 「황명조훈」 참조.
24. 하우봉, 2006, 『조선시대 한국인의 일본인식』 혜안, 18-20쪽.
25. 이성규, 1993, 「명청 사서의 조선 '곡필'과 조선의 '변무'」 『오송 이공범교수 정년기념 동양사논총』. 이 글에서 저자는 청의 중화를 부정한 조선이 조선왕조의 명분을 위협하는 몇 글자가 중국 사서에 기록된 것을 발견할 때마다 그 시정을 위하여 벌인 집요한 외교 과정은 중화질서의 덫에 갇힌 조선의 모습을 잘 드러내고 있다고 하였다.
26. 손승철, 1994, 「조선후기 탈중화적 교린체제의 독립성과 허구성」 『국사관논총』 57; 손승철, 1997, 「조선중화주의와 일본형 화이의식의 대립」 『일본연구』 11.

3. '조선중화론'의 국체 인식

16세기 말, 17세기 전반 일본과 청의 침입으로 야기된 대규모의 전쟁은 중화질서 상 조선의 지위에 대해 더 현실적으로 파악하고 근본적으로 재검토하지 않으면 안 될 기회를 제공하였다. 1592년 일본의 침입을 자력으로 막아낼 수 없었던 국왕 선조와 조정 신료들은 '부모의 나라' 명에 원군을 요청하는 외교를 집요하게 추진하였다.[27] '청병외교(請兵外交)'의 결과 명군의 도움으로 방국을 재조하는 데 성공하였지만 그 대가는 엄청났고, 향후 명나라가 조선을 회생시키는 데 결정적인 역할을 했다고 하는 '재조지은(再造之恩)'의 굴레는 조선의 운신의 폭을 크게 제약하였다.[28] 임진왜란은 제후국 조선이 황조(皇朝) 명의 실체를 확인할 수 있는 계기였고 국내적으로는 지배층의 동향, 무엇보다 민심의 향배를 절감케 해주었다.

조선의 자기정체성을 시험하는 데 임진란보다 더 큰 충격을 준 것은 두 차례에 걸친 호란이었다. 특히 두 번째 청의 침입에서 국왕 인조가 남한산성의 서쪽 문을 나와 그간 오랑캐로 여겨온 청 태종에게 무릎을 꿇고 지금껏 지켜온 의리(명분)를 스스로 부정하지 않을 수 없었던 사실은 치유하기 힘든 상처를 남겼다. 병자호란 직전까지만 하더라도 척화신 김상헌의 발언은 당연한 것으로 간주되었다. 그는 오랑캐 사신이 '참서(僭書)'를 가지고 왔는데 볼 필요도 없고 이미 절화(絶和)의 뜻을 밝혔으니, "지금 다시 화의를 추구한다면 국체(國體)가 전도될 것입니다. 장차 어떻게 얼굴을 들 수 있겠습니까"라고 하여 답서를 보내는 것에 강력히 반대하였다.[29] 그러나 결국 무력에 의해 굴복할 수밖에 없었고, 더

---

27. 허남린, 2008, 「임진왜란과 외교와 군사력 증강의 유교정치」『임진란과 국가위기의 문화정치학』 2008년 5월 23일 규장각국제워크숍 발제문.
28. 한명기, 1999, 『임진왜란과 한중관계』 역사비평사, 88쪽.
29. 『인조실록』 인조 14년(병자; 1636) 5월 21일(갑자)

구나 중원이 저들의 손에 들어가서는 중화질서 자체에 대해 근본적으로 회의하지 않을 수 없었다. 이제 조선은 자기정체성을 재점검해야만 하였다.

'조선중화론'은 17세기 대명의리론(對明義理論)과 그 실현 형태라 할 북벌론(北伐論)의 연장선상에 있는 것으로, 중화국가로서의 명이 멸망한 동아시아에서 유교문화를 담지하고 있는 정통성이 조선에 있으므로 '조선이 곧 중화다'라는 인식이 대두한 점을 주목, 이를 조선중화주의로 명명하였다. 조선은 한족의 정통국가인 명나라의 후계자로서 중화 문화를 수호하겠다는 의지를 천명하였는데, 그 중심에는 중국 제갈량과 동격의 경천자(驚天者)로서 송시열이 있었다.[30] 한편 송시열 등의 사업을 국가적 차원에서 받아들이는 형식을 취해 대명의리론에 입각한 국가적 사업이 전개되기도 하였다.

대명의리론은 임란 때 원군을 파견하여 '재조지은'을 베푼 명에 대하여 의리를 지켜야 한다는 논리로서, 오랑캐국가인 청을 응징해야 한다는 북벌대의론이나 소중화의식이 강화된 문화자존의식과 상호 표리를 이루었던 것이다.[31] 그런데 북벌을 기획한 효종이 죽고 중원에서 반청운동이 소멸되어 북벌의 가능성이 소진되면서 대명의리론은 조선 내부의 정황에 따라 부침하였다.[32] 그것은 일면으로는 조선중화주의와 내수자강론(內修自强論)으로 나타나거나, 다른 한편으로는 재야 지식인 사이에 존화론(尊華論)의 형태로 잠류하여 19세기까지 존속, 위정척사사상의 기반으로 이어지게 된다.

조선중화론이란 차원의 문제제기는 문화자존의식으로서 '조선중화'의식에 처음 착목한 연구에서 이루어졌다.[33] 우암 송시열로부터 기원하

---

30. 「효종대왕 묘정에 송시열을 배향하는 교서」『정조실록』 정조 2년 5월 2일(신유)
31. 유봉학, 1995, 『연암일파 북학사상 연구』 일지사, 56쪽.
32. 노대환, 2003, 「숙종·영조대 대명의리론의 정치·사회적 기능」『한국문화』 32.
33. 최완수, 1981, 「겸재진경산수화고」『간송문화』 21; 1998, 「조선왕조의 문화절정기, 진경시대」『우리문화의 황금기진경시대』 1, 돌베개.

는 조선중화론은 주자학적 명분론, 즉 화이관에 기초한 것으로서 대명의리론, 복수설치를 위한 대청 북벌론, 문화자존의식(소중화의식) 등이 결합된 것이다. 이는 중원에 청이 들어섬으로써 중국에서는 중화 문화의 전통이 단절되었다고 본다. 조선중화론은 중화 문화의 원형을 간직하고 주자성리학의 적통을 발전적으로 계승하고 있는 조선만이 중화 문화를 계승할 자격을 갖추었으므로 조선이 중화가 될 수밖에 없다는 논리였다.

조선중화론을 가장 적극적으로 평가하여 발전시킨 것은 정옥자였다. 정옥자는 숙종의 대보단 창설, 영조의 대보단 중수, 정조의『존주휘편(尊周彙編)』편찬이란 일련의 사업이 갖는 의의를 밝히고, 이어 그것이 19세기 존화사상으로 계승되어 척사운동의 사상적 기초가 되는 점까지 추구하였다.[34] 여기에서는 조선중화주의가 조선의 문화자존의식의 구현 형태이며 대보단은 그 대표적 상징물이라는 점, 그것이 송시열과 그 직제자인 권상하, 한원진, 황경원 등에 의해 주도되고 있었다는 점, 18세기 후반 북학론이 대두됨에 따라 구시대의 유물로 짐이 될 수밖에 없었던 황단례(皇壇禮)를 '발전적으로' 청산하기 위하여 과거를 총 정리한 것이『존주휘편』이었다는 것, 그리고 그 목적은 군신 간의 의리를 밝히기 위한 것이었다는 점 등이 지적되었다.

처음 대보단은 조선의 '모명사상(慕明思想; 慕華思想)'의 발현이란 측면에서 검토되었던 것인데,[35] 정옥자는 과거 사대주의로 치부되어온 존주론(尊周論)과 그 결과물인 대보단을 당시 당로자의 처지에서 더 적극적으로 해석하여 역사적 의의를 부여한 것이었다. 이후 우경섭은 조선중화론의 사상적 배경에 한층 더 천착하였는데,[36] 그는 대보단이 송시열의 문화적 화이론에 기초한 조선중화주의를 숙종이 국가적 차원에서 수

34. 정옥자, 앞의 책.
35. 中村榮孝, 1972,「조선의 모화사상과 대보단」『천리대학보』78.
36. 우경섭, 2006,「송시열의 화이론과 조선중화주의의 성립」『진단학보』101.

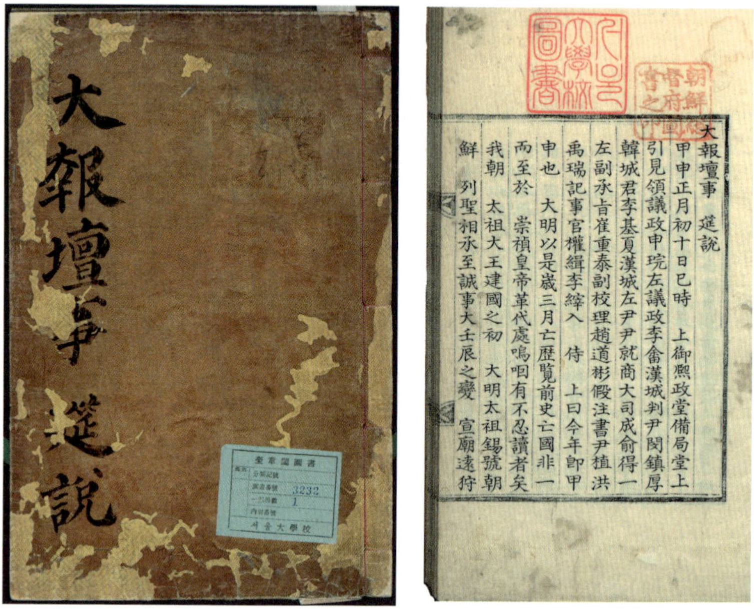

그림 1 『대보단사연설(大報壇事筵說)』(규장각 소장). 숙종 30년(1704) 경연 석상에서 대보단 설치와 관련하여 군신(君臣)이 논의한 내용을 담은 책자다. 당시 조정에서는 명나라 패망 1주갑을 맞아 임진란에 조선을 도운 명나라의 은의에 보답한다는 뜻으로 창덕궁 후원에 대보단을 세웠다. 숙종의 뒤를 이은 영조와 정조 역시 이곳에 각별한 정성을 보였는데, 이에 대한 해석을 둘러싸고 다양한 논점이 제출되어 있다.

용한 것임을 실증하였다. 그런데 위와 같은 문화자존의식으로서의 조선중화주의가 국가적 차원, 중앙권력의 차원에서는 어떠한 변모를 겪고 있었는가에 관해서는 충분히 검토되지 못하고 있는 것으로 보인다. 그리고 그 '중화주의'가 여전히 문화자존의식을 넘어 민족적(종족적) 자존의식, 민족주의로 과도하게 해석될 수 있는 여지를 남기고 있는 것도 문제라고 하겠다.

조선중화주의를 일본식 화이주의와 같이 파악하면서도 그 실 내용은 소중화의식에서 벗어난 것이 아니었다는 점을 강조하는 구와노(桑野榮治)의 연구도 있다.[37] 그는 대보단은 문화적 우월성을 근간으로 하는 조선 소중화인식의 가시적 실천의 장이자 청의 황제가 아닌 조선국왕이야말로 명의 후계자인 것을 과시하는 시설이라고 하고, 멸망했다고 하는 구 종주국 명이 조선의 대보단에 진정 존재하고 있다고 본다. 그리고 대보단이 조선의 청에 대한 자주성·자율성 표방을 의미하는 것이기는 하지만 이는 조선소중화인식과 표리관계에 있다고 본다. 즉 조선의 자주성은 소중화인식의 연장선상에 있는 것이고, 그 자율성이라는 것도 진정한 자주성과는 거리가 있다는 평가다. 이 점, 일본에서의 화이주의는 천황제를 기반으로 한 것임에 반하여 한국에서의 그것은 명 황제를 제사하는 황단을 기반으로 하는 것을 대비시키고 있는 데서도 확인할 수 있다. 1897년 고종이 환구단에 사천례(祀天禮)를 지내고 대한제국 황제로 즉위하면서도, 그 전년에 재편성된 국가제사체계에서 대보단제사가 대사(大祀)로서 그대로 존속하고 있었다는 점을 같이 지적한 것과도 관련된다. 황제를 칭한 고종이 명 황제를 치제하는 것이 갖는 의미를 곰곰이 따져보자는 것이다.

조선후기에 정권 담당층의 주도 하에 조선중화론이 국가 시책으로까지 받아들여지고 당시 사상계에 주류를 이루고 있었다고 보고는 있지만, 이미 동 시기에 이에 대한 비판적인 견해가 병존하고 있었다는 점이 일찍이 지적된 바 있다.[38] 송시열 주도 하에 북벌대의론이 제창되고 있을 때 소론 측에서는 그 북벌의 허구성을 지적하며 청의 중원지배를 받아들이는 현실론이 있었다. 이를 이어 북벌대의보다는 내수를 강조하는 주장에서 중국 문화에 대한 조선 문화의 독자성과 우월성을 자부하기도 하였고, 이들은 극단적인 형태이기는 하나 동국(東國), 즉 조선의 역사를 천자적 위상에 놓고 보아야 한다는 생각도 제기하였다. 남인 측

---

37. 桑野榮治, 2002, 「조선소중화인식의 형성과 전개: 대보단제사의 정비과정을 중심으로」 『국가이념과 대외인식: 17－19세기』 아연출판부.
38. 유봉학, 1988, 「18,9세기 대명의리론과 대청의식의 추이」 『한신논문집』 5(『연암일파 북학사상 연구』 일지사, 1995, 1장 2절).

에서 역시 조선의 역사적 전통을 요순시대까지 끌어올리면서 그 유구성을 강조하고 북벌과 명에 대한 보은에 회의하는 경향이 있었는데, 어느 경우나 상국(上國)으로서 명이 소멸한 상태에서 조선이 유일한 중화라고 하는 조선중화론의 강화현상으로 설명된다.

한편 대명의리론에 기초한 조선중화론의 수정은 당인들 내부에서만 있었던 것이 아니고 국왕 측에서도 제기하였다는 점을 주목할 필요가 있다. 즉, 조선중화론의 상징이라 할 대보단 건설은 탕평군주 숙종에 의해 주도되는바, 이는 그 실질적 내용이라 할 왕권 강화현상과 연결지어 파악할 필요가 있다는 것이다.[39] 이 같은 문제제기는 노대환,[40] 김호[41] 등에 의해 한층 더 천착되었다. 특히 김호는 영조 25년(1750) 영조의 주도 하에 진행된 대보단 중수와 명 태조 추향이 당초 송시열의 존화(양이)사상에 입각한 신종·의종 병향(竝享)의 의미를 퇴색시키고 명 황조에 대한 조선 왕실의 적통을 강조하는 데 활용되고 있음을 검토하였다.

영조가 신하들의 신중론을 무릅쓰고 대보단을 중수함에 있어, "대보단의 일을 비록 그들(청)이 묻더라도 나는 당연히 (명으로부터) 황은을 입었기 때문에 이같이 한다고 답할 것이다. 비록 이로써 화를 자초한다고 하더라도 나는 두려워하지 않을 것이다"라고 한 것이라든지, 말을 받아 승지 이규채가, "성교(聖教)가 이와 같으니 감탄스럽기 그지없습니다. (대명)의리는 언젠가는 펼 수 있는 날이 있을 것입니다. 비록 직언한다 하더라도 무엇이 거리낄게 있겠습니까"라고 답할 수 있었던 것은[42] 청측의 완화된 대조선 정책 하에서 가능한 것이기도 하다. 그러나 그 이면에는 대보단 중수에 앞서, "내가 황단에서 신하의 예를 행하는 것은 여러 신하로 하여금 군신지의(君臣之義)를 알도록 하기 위함이다"

39. 이태진, 1994, 「조선후기 대명의리론의 변천」『아시아문화』 10, 한림대 아시아문화연구소.
40. 노대환, 앞 논문.
41. 김호, 2003, 「영조의 대보단 증수와 명 삼황의 향사」『한국문화』 32.
42. 『승정원일기』 영조 33년 2월 1일(계해)

라고 하는[43] 영조의 말에서도 알 수 있듯이 대보단은 군신 간의 의리가 관철되는 곳이라는 의미가 더 컸다는 사실도 고려해야 한다. 실제 영조의 국체 인식과 주류 관인 지식인들의 조선중화인식 사이에는 일정한 거리가 있었다. 영조는, "우리나라는 중국과 다르다. 비록 수나라나 당나라의 힘으로도 땅을 빼앗거나 나라를 바꾸지 못하였으며, 조선 안에서 스스로 서로 교대해 오늘에 이르고 있다"라는 점을 분명히 하였고, 300년 종사(宗社)가 자신 한 몸에 달려 있기 때문에 세도를 만회하기 위해 특단의 대책을 세우지 않을 수 없다고 하였다.[44] 그러나 이에 대한 당인들의 반응은 곱지 않았다.

끝으로 호란 후 중화계승의식이라는 차원에서 북방 고대사인식이 강화되고 있음을 추적한 연구가[45] 주목된다. 조선후기 역사인식의 주요 특징으로 지적되어온 고구려, 발해 인식의 강화와 그에 따른 북방 영토의식의 성장을 '중화의식'이 딛고 있는 구체적인 현실과 관련하여 검토한 것이다. 검토 결과 북방 고대사 인식이 조선 건국 과정에서 잠시 단절되었다가 임진·병자란의 경험과 이후 전개된 중화(회복)의식을 통해 재구성된다는 설명이다. 여기에서 우리는, 필자가 의식적으로 추구한 것은 아니지만, 이 시기 형성된 고구려사 등 북방 고대사 인식이 자국사의 틀 안에서 적극 모색되고, 이것이 조선의 자기정체성 확립에 하나의 기반이 되고 있었다는 사실을 확인할 수 있다. 기존에 단군과 기자를 중심으로 조선의 정체성의 연원을 추구한 연구에서 한 단계 나아간 것이라 하겠다.

이 시기 사상사의 전개 과정에서 기자인식에서도 일정한 변화가 있었다.[46] 과거 주나라 무왕(武王)에게서 수봉(受封)한 기자가 강조되던 것에

---

43. 『영조실록』 영조 11년 3월 1일(신미)
44. 『영조실록』 영조 9년 12월 19일(병인) "上曰 …… 我國異於中國 雖以漢唐之威 不能奪地易國 朝鮮之內 自相革代 以至于今日矣 三百年宗社之托 在予一身 豈可循常 而能挽回世道乎"
45. 허태용, 2009, 『조선후기 중화론과 역사인식』 아카넷.
46. 박광용, 1980, 「기자조선에 대한 인식의 변천: 고려부터 한말까지의 사서를 중심으로」

서, 기자 수봉설을 비판하고 상대적으로 중국으로부터 독립성을 주장하는 견해가 대두되고 단군이 국조로서 각인된 것이다. 문제는 이 같은 새로운 역사인식이 중화계승의식, 조선중화주의와 어떻게 정합적으로 설명될 수 있겠는가 하는 점이다. 조선중화주의 역시 기본적으로 화이론적 세계관에서 벗어난 것이 못 된다는 점을 지적하지 않을 수 없다. 이제 여전히 자타가 인정하는 소중화인식이 만연하는 가운데서도, 18세기 후반에 들어오면 기존의 화이론적 세계관에서 벗어나 청 문화나 조선의 문화, 나아가 일본 유구의 문화까지도 동일 선상에서 볼 수 있어야 한다는 문제제기가 있게 된다. 그리고 다른 극단에 대명의리론에 입각한 화이론을 끝까지 밀고나가 조선이 왕천하(王天下)가 될 수 있다는 '몽상'까지 제기되고 있었으니,[47] 조선중화론이 관념화하는 가운데 그 속에서 북학론이 제기되는 것이라 하겠다.

이상의 논의들이 중화질서 안에서의 조선의 지위라고 하는 대외적인 측면에서 국체 문제를 다룬 연구들이다. 그 가운데는 대내적인 측면, 즉 국가 체제의 문제와 관련하여 시사점을 줄 수 있는 문제가 제기되어 있다. 하나는 봉건제론과 군현제론에 대한 논의이고,[48] 다른 하나는 '민국정치론'이다.[49] 그런데 이 같은 논의가 하나의 체제론으로 성립하기 위해서는 전자의 경우 조선의 사회개혁 방향과 관련한 '개혁안'의 차원에서 나아가 구체적 현실과의 관련성이 더 추구되어야 할 것이다. 그리고 후자의 경우에는 사료의 해석에 있어서 엄밀성이 더 필요한 것으로 여

『한국사론』 6.

47. 山內弘一, 2002, 「朝鮮으로서 天下에 王이 되게 하다: 학습원대학장 『箕子八條志』로 본 재야 노론지식인의 꿈」 『동양학보』 84.

48. 박광용, 1998, 「18－19세기 조선사회의 봉건제와 군현제 논의」 『한국문화』 22; 김선경, 2005, 「조선후기 정치체제론의 전개: 봉건제·군현제론을 중심으로」 『조선후기 체제변동과 속대전』 혜안.

49. 이태진, 2002, 「조선시대 '민본'의식의 변천과 18세기 '민국'이념의 대두」 『국가이념과 대외인식 17－19세기』 아연출판부; 김백철, 2007, 「조선후기 영조대 백성관의 변화와 '民國'」 『한국사연구』 138.

겨진다. 이와 관련하여 이하에서는 다소 장황하지만 '민국정치론'이 갖는 문제를 부언하기로 한다.

언급했듯이 민국정치론은 '민과 왕(＝국)이 함께 나라의 주인이란 새로운 국체의식'을 담았다고 하는 '민국(民國)'이라는 용어에 주목하는데, '민국'을 국체 자체로 본다거나 '민국지일체(民國之一體)'라는 표현을 백성과 국왕(국가)이 일체라고 보는 것은 무리한 해석으로 보인다.[50] 탕평군주들이 '민국'을 강조하고 '민국'에 대해 남다른 관심을 가졌음이 지적되어왔다. 그런데 '민국' 문제는 심화되고 있던 정치적 갈등 속에 조정에서 상호 비방만 하고 백성의 근심과 나라의 살림[民憂國計]은 까맣게 잊어버리는 지경에 이를 위험성을 각성시키기 위해서 제기된 것이다.[51]

영조가 경덕궁 안에 별전을 축조한다는 소문을 듣고 부교리 이종성이 문제삼으면서, "전하는 병란(영조 4년 무신란)이 일어난 초기에는 경계하는 마음으로 기욕을 참으면서 정신 쓰고 조처하는 것이 오로지 백성과 나라를 위하는 일[民國之事]뿐이었다"[52]라고 한 바 있는데, 이는 '민국의

---

50. '民國之一體'란 표현은 정조 18년 정조의 하교에 보인다. 그런데 이 구절만 따로 떼어 본다면 '민과 국(왕?)이 일체다'라고 해석될 수도 있겠지만, 이 구절은 刑政 가운데 '民國'에 관계된 가장 큰 죄목이 逆案과 贓案 두 가지란 점을 지적하면서, 율을 제정한 법의에서 본다면 民에 대한 죄나 國에 대한 죄가 마찬가지로 가장 무거운 것임을 어렵지 않게 알 수 있으니 결코 권도가 용납될 수 없다는 말이었다(『정조실록』 정조 18년 6월 16일(신미) 敎曰 刑政之最關於民國者 逆與贓兩案而已 觀於制律之法意 民國之一體 不難解也 於此而尙或容議於銷刻伸詘乎).

51. 『숙종실록』 숙종 11년 10월 4일(신묘) 부수찬 김구 상소 "朝廷之上 豈無秉心公平之人 而擧世悠悠 風靡水潤 譏刺竝興 疑阻轉深 世道險隘 氣象狹促 風波震撼之際 無復全人 至若民憂國計 置之相忘之域 此其爲害 必至於亡人國而後已 豈不痛哉 此皆風俗澆薄 朝廷不尊之致 而亦由於殿下所以處之者 不能以鎭服人心故耳 殿下誠能先止一心 建極于上 以爲表率之方 而又爲之多方包容 務盡和平 凡係言論紛挐者 一付諸公議 隨其是非 臨事平決 而無少繫着 略其苛細 存其大體 則庶幾風俗旣厚 浮論自息"

52. 『영조실록』 영조 5년 5월 11일(을묘) 부교리 이종성 상소 "近因風傳 伏聞慶德宮內 方有營繕別殿之事 …… 無論重建新創 間架多少 殿閣之役 固非其時 而若臣之所惜 不在乎糜財役衆 而惜殿下圖治之志怠耳 臣竊覸殿下 於變亂之初 懲創感發 動心忍性 精神之所注擧措之所施 無一不在於民國之事 苟其不切於目下中興之策 雖係典章儀文藻飾太平之具 皆不暇念 及非惟典章儀文之不暇 及卽宣政熙政 日御聽政之所 窓櫺欄檻 設有傷毁而當易者 臣保其牽架補綴 以過時日 必不至於興工修治 如今日別殿之爲也"

일'이 당쟁이나 변란 등 정치적 사안에 버금가는, 아니 그보다 더 중요한 국정 운영의 주요 대상이라는 점을 보여준 것이다. 국왕 영조가 영성군 박문수를 불러 만나는 자리에서, "신임(신축 임인년, 신임사화) 이후 국사(國事)를 일체 포기하고 군신 상하가 시상(時象) 외에는 아무것도 관심을 두지 않았으니 '민국지폐(民國之弊)'가 모두 여기에서 비롯되었다"라고[53] 지적한 것도 같은 맥락에서 나온 말이다. 이 같은 전통은 순조 8년(1808) 대사간 이심도가 '국계민우(國計民憂)'를 도외시하고 시(時)·벽(僻) 대립에만 골몰하는 조상(朝象)을 문제삼았던 것에서도[54] 이어진다.

영조에게서 '민국이라는 중임[民國之重]'을 이어받은 정조 또한 '민국지사(民國之事)'에 각별한 관심을 갖고, 일을 처리함에 있어 그가 사족들의 이해를 대변한다고 보는 조정 대신들과 일부 문제에서 대립하기도 하였다. 그러나 그렇다고 해서 조정에서 (국왕과) 함께 나라를 도모하는 경대부들의 처지를 부정한 것은 아니었다.[55] 이전과 마찬가지로 '민국지사'는 여러 정치적 현안과 일정하게 구별되는 일반 국정 운영과 관련된 것이었으며, 이는 이 후에도 마찬가지였다. 후사왕(後嗣王) 순조 초반 벽파정권이 가져온 난맥상이 수습되고 난 뒤, 순조 6년 4월 차대에서 영의정 이병모가, "근래 조정에 불행하게도 일(정조 사후 신유옥사부터 벽파가 제거되는 순조6년 병인환국까지의 벽파 집권기의 정치적 혼란)이 있어 민사(民事)에는 생각이 미칠 겨를이 없었는데, 지금 일이 이미 수습이 되었으니 차후에는 '민국지사'에 전념하는 것이 가장 우선적인 과제입니다"라고[56] 지적한 것은 '민국(民國)'이 정치체제를 반영하는 용어가 아니

53. 『영조실록』 영조 9년 12월 19일(병인) 上行召對 靈城君朴文秀請對同入. 文秀曰 "臣固知聖心之奮發 要在早晩 而伏覩日前大誥, 蓋卽阼以後, 未有如此大奮發者 臣亦有平昔所蘊 若承聖問 則謹當盡言不諱" 上曰 "予當敷告心腹矣 辛壬以後 國事一任抛棄 君臣上下 時象外無他事 民國之弊 皆由於此矣"
54. 『순조실록』 순조 8년 9월 27일(경인)
55. 『정조실록』 정조 21년 6월 6일(을해). 우의정 이병모 上箚; "朝家之所與爲國者 卿大夫也 忠信而勸之 軒冕而榮之 非爲其人 夫然後朝廷可尊"

라 정치운용의 대상이란 점을 극명하게 보여준 것이다. 이보다 앞서 화성유생 우하영이 농서『천일록(千一錄)』을 바친 일을 평하기를 '민국지사'를 조목별로 진달한 것이라 한 점[57] 역시 마찬가지다.

민국이란 용례 자체만 뽑아본다면 거기에서 여러 가지 상상력을 발휘할 수 있는 여지가 없지 않겠다. 그러나 일반적으로 '민국'은 '민국지사', 더 구체적으로는 '민사국계(民事國計)'라는 의미로 쓰였으니, 그야말로 백성의 삶과 국가의 살림살이 정도의 의미였다고 하겠다. 그리고 이는 뒤에 설명할 바와 같이 관용어가 되어 지방단위에서는 '민국'에 대응하여 '민읍(民邑)'이라는 용어가 사용되기도 하였다.[58] 그러니 민국지사는 국왕이 정치적 안정을 기반으로 추진해야 할 국정운영의 구체적 대상인 것으로서, 민국정치란 용어를 굳이 쓴다면 '정치적 안정을 기반으로 민사와 국계에 대해 깊은 관심을 보였던 정치 형태를 의미하는 것이다'라는 정도에서 그쳐야 할 것이다. 민국이란 용어는 민과 국(=왕)이 같이 정치의 주체가 된다는 정치이념을 나타내는 정치체제론으로까지 밀어올릴 대상은 아닌 것이다.

정치체제론으로서의 가능성 때문에 '민국정치론' 검토에 상당한 지면을 할애했지만, 이상 살핀 바와 같이 '조선중화론'은 주로 대외적인 면에서 조선의 지위와 관련하여 검토되어왔다. 그러나 그 가운데서도 조선이 지향한 '체제'와의 관련성이 전혀 배제되었던 것은 아니다. 박광용의 경우, '정조는 성리학에 입각한 조선의 문화만이 당시 유일하게 중화문화의 정통을 이어받았다는 조선중화주의를 지키고 있었다'라고[59] 하여 정조를 조선중회주의자로 보면서도, 영조와는 달리 정조는 명청의

---

56. 『순조실록』 순조 6년 4월 20일(정유)
57. 『순조실록』 순조 4년 2월 9일(기사) "華城儒生禹夏 永疏進冊子 曰『千一錄』條陳民國之事 批曰爾以草野疎遠之蹤 言此良箴 其心可尙 披覽之餘 當令廟堂採之也"
58. 『玉山文牒』 慶山縣, 철종 2(1851) "大抵前年秋冬以來 民邑等稱以七年移貿之餘 事力蕩竭 不可不變通云 而始則通文焉 次則鄕會焉 又其次則邑訴焉 又其終則議送焉"
59. 박광용, 1998, 앞의 논문.

국가 규모를 본받을 필요가 없다고 보고 남송체제를 존중하였다고 부연하였다. 그런데 여기에는 이념과 실제상 차이를 고려할 필요가 있는 것으로 보인다. 현재 많은 논자는 이 시대에 오면 조선중화주의가 청산되고 있는 것으로 본다. 한편 위와 달리, 정조를 북학론자로 보는 경우와 객관세계에 문을 연 것으로 보는 경우로 의견이 나뉘기도 하는데, 객관세계에 문을 연 것으로 본 것은 배우성이다.

배우성은 「해동삼국도」를 평가하면서 정조시대 조선은 더는 문화적 중화관에 입각한 조선중화주의를 고집하지 않았으며 동아시아 속에서 개방적이고도 적극적인 태도로 자신의 위상을 다시 설정해나갔다고 보았다.[60] 그는 중국, 일본 등에 대한 객관적 지리정보가 조선이 조선중화주의를 넘어서 동아시아 속에서 자신의 좌표를 재설정하는 데 중요한 근거가 됨을 중시하였다. 그리고 조선중화 인식이 정조대에 들어서 『존주휘편』을 편찬하면서 발전적으로 극복되는 것으로 파악한다. 이러한 상황의 변화는 조선에서 문화적 중화세계의 의미를 퇴색시키고 객관세계를 세계에 대한 유일한 대안으로 인식하도록 만드는데, 그 계기가 된 것은 18세기 중엽 이후 청의 실체를 확인하게 된 것이다.[61] 이러한 인식이 조선의 체제인식과는 어떻게 연결될 수 있을 것인지가 역시 문제라고 하겠다.

4. 정조의 '국체' 인식

영조 51년 12월 7일, 대리청정의 명을 받고 세손 정조는 바로 다음과 같은 소를 올려 명을 거두어줄 것을 청하였다. 이에 앞서 영조는 장문(狀聞) 가운데 품청할 것이 있으면 2, 3장을 동궁에 들이고 동궁이 대응

---

60. 배우성, 1999, 「정조시대 동아시아 인식과 〈해동삼국도〉」 『정조시대의 사상과 문화』 돌베개.
61. 배우성, 1998, 『조선후기 국토관과 천하관의 변화』 일지사, 415-416쪽.

하는 것을 보아 승지가 자신한테 상주할 것을 지시한 바 있었다.[62] 다음은 정조가 올린 상소 내용의 일부다.

> 지금 내리신 명은 국가의 기틀[國體]과 관련된 것입니다. 오늘같이 백성의 근심[民憂]이 도도히 넘쳐나고 세도(世道)가 날로 어려워지는 때를 당하여 상께서 힘을 다하시는 것을 본받아 힘을 덜어드리는 방도를 생각지 않는 것은 아닙니다. 그렇지만 식견이 모자라고 재주가 둔하여 열에 한 가지라도 기대를 당할 수 없으니, 아무리 헤아려보아도 초초하고 급박스럽기만 합니다. 이에 감히 문자를 간략히 올려 높고 엄하신 뜻을 우러러 거스리려 하니, 엎드려 원하옵건대 자비로우신 성상께서는 소자의 간절한 뜻을 살피시어 품청(대리청정)하라는 명을 거두어주십시오.[63]

위 상소에서 정조는 대리청정을 '국체'와 관련된 것이니 아직 감당할 수 없음을 언급하였다. 여기에서 정조가 말하는 국체는 국가운영방식 전체와 관련된 것으로서, 일반 국가의 체통이나 체모보다는 한 차원 나아간, 넓은 의미에서 보면 '국가의 기틀'이라고 할 만한 것이다.

영조의 뒤를 이어 '백성과 나라살림이라고 하는 중대사와 그 운영의 번거로움[民國之重 機務之繁]'을[64] 책임지게 된 정조 역시 대내적으로는 선대의 업적을 계승하면서도 왕조의 기틀을 어떻게 새롭게 다질 것인가의 문제, 대외적으로는 중화질서 상 조선의 지위를 어떻게 재설정할 것인가와 관련하여 힘겨운 씨름을 해야 하였다. 대리청정을 성사시킨 뒤 영조는, '나라에는 백대의 안녕이 있고 내 백성에게는 만세의 경사가 있을 것[邦國有百代之安 吾民有萬世之慶]'이라 안도하였고, "경사스러운 구름이 장차 당전(堂前)에 깃들고 만민이 나라 안[國中]에서 모두 기뻐할 것이다"라고 치하하였다.[65]

---

62. 『일성록』 영조 51년 12월 7일(경술)
63. 위와 같음.
64. 『일성록』 영조 51년 12월 8일(신해)
65. 『일성록』 영조 51년 12월 10일(계축)

지금까지 정조시대 우리의 주제와 관련하여 주목되는 연구는 크게 두 측면에서 진행되어왔다고 할 수 있다. 하나는 조선왕조의 정치체제, 정치 운영과 관련하여 탕평정치의 구조와 성격을 구명하는 데 초점을 맞춘 연구이고,[66] 다른 하나는 17세기 '북벌론'과는 정반대의 의미를 가질 수 있는 북학론이 제기되는 과정과 그 의미를 추구한 연구다.[67] 탕평정치론과 관련해서는 정조의 정치사상에 관한 연구가, 그리고 북학론과 관련해서는 앞서 언급되었던 조선중화주의에 대한 정조의 태도에 대한 연구가 같이 검토의 대상이 될 수 있을 것이다.

정조시대 탕평정치 구조와 관련해서는 현재 두 가지 시각이 제시되어 있다. 하나는 붕당정치 체제를 극복하고 새로운 정치체제를 지향하고 있었다고 보는 견해이고, 다른 하나는 탕평정치 역시 기존의 성리학적 정치론의 연장선상에 있었던 것으로서 당인들의 의리를 국왕이 조제한다는 의미에서 국왕권이 상대적으로 강조되는 것이기는 하지만 군신공치의 틀을 벗어난 것은 아니었다고 보는 견해다. 전자와 관련해서는 '유교적 계몽 절대군주'(민국정치사상)론 및 '유교적 절대왕정'(공리적 정치사상)론이 제기되어 있으며,[68] 후자의 견해는 상대적으로 소극적인 것이지만 최근 새롭게 주목되고 있다.[69]

한편 북학론과 관련해서는 정조를 북학론자로 보는 견해와 기존의 주자학적 원칙론에서 벗어난 것은 아니라는 견해로 둘이 대립되어 있다. 이 같은 견해 차이는 정조와 조선중화주의와의 관계에서도 마찬가지다. 즉, 정조가 중화주의를 뛰어넘었다고 보는 견해가 있는가 하면, 여전히 정조는 조선중화주의(소중화주의)의 연장선상에 있었다고 보는 견해가

66. 박광용, 1998, 『영조와 정조의 나라』 푸른역사.
67. 유봉학, 1995, 『연암일파 북학사상 연구』 일지사.
68. 이태진, 1994, 『왕조의 유산』 지식산업사; 김성윤, 2007, 「탕평기 군주의 정치사상」 『한국유학사상사대계』 한국국학진흥원.
69. 최성환, 2009, 『정조대 탕평정치와 군신의리 연구』 서울대학교대학원 국사학과 박사학위논문.

대립되어 있다. 조선중화주의와 관련하여서는 박광용, 배우성의 설명이 있고, 그 외에 정조 어정『대학유의(大學類義)』「어이적(馭夷狄)」편에서는 기존『대학연의보』와는 달리 원나라를 몰아내고 명이 건국된 사실에 많은 지면을 할애하여 극찬하고 있는 내용을 모두 생략하고 있음을 들어 정조가 중국 중심의 화이론에서 탈피했다는 점을 강조한 연구,[70] 단군조선 이래의 선도(仙道)·제천의 전통을 국가 자주성의 상징으로 높이 평가하고, 그 연장선상에서 정조가 유교적 제천의식인 원구제의 기능을 회복하려 했다고 하여 그가 '민족국가'로서의 자각을 바탕으로 조선을 주변국으로 여기던 중화주의에서 이탈하고 있음을 검토한 연구[71] 등이 있다.

그런데 위와 같은 연구들은 중화질서 안에서 조선의 대내외적인 지위를 종합적으로 파악한다는 문제의식에서 출발한 것이 아니었기 때문에, 거기에서 상호 정합성을 찾기에는 어려운 점이 있다. 여기에서 정조의 국체 인식을 종합적으로 검토할 수 있게 해주는 기록으로 정조 3년 효종 능을 참배하는 길에 광나루, 남한산성에서 있었던 다음 군신 간의 대화 내용을 주목하게 된다.

> (광나루에 이르러 용주(龍舟)에 오르며) 임금이 시신(侍臣)을 돌아보고 이르기를, "산에 가득히 찬 것은 백성이고 들에 두루 찬 것은 익은 곡식이다. 농사가 다행히 풍년을 얻은 것은 참으로 하늘이 돌보았기 때문이다. 내가 덕이 없는 것을 생각할 때 (하늘의 덕이 아니라면) 어찌 조금이라도 이렇게 될 수 있겠는가? 해를 이어 풍년이 들기를 절실히 빌 뿐이다. 백성으로 말하면 담장처럼 늘어서서 억만(億萬)으로 셀만하다. 늙은이를 부축하고 어린아이를 데리고서 메우고 막아 두루 찼는데, 내가 오늘 이 곳에 와서 이 백성을 대하니, 오직 마음은 한 사람이라도 제자리를 얻지 못하는 자가 없게 할 방도를

70. 윤정분, 2001, 2002,「『대학연의보』의 조선 전래와 그 수용: 정조의『어정 대학유의』를 중심으로」(상),(하)『중국사연구』14,17.

71. 정경희, 2005,「한국 제천 전통에서 바라본 정조대 천제기능의 회복」『조선시대사학보』34.

생각하는 것이다마는, 믿는 것은 또한 경들이 협력하고 보좌하는 공(功)뿐이다"라고 말하자,

김상철 등이 아뢰길, "전하께서 한 사람이라도 (제 자리를) 얻지 못하는 자가 없게 하실 생각으로 마음에서 염려하시매, 참으로 능히 이 마음을 미루어 실정(實政)을 행하여 어선(御船)에서 생각하신 것을 궁중에 계실 때에 조금도 소홀해지지 않게 하신다면 민국(民國)의 행복이겠습니다" 하니,

임금이 말하기를, "임금은 배와 같고 백성은 물과 같다. 내가 이제 배를 타고 백성에게 왔으니, 더욱 절실히 조심한다. 대저 사람의 마음이 감발되는 것은 대부분 사물에 접해서이니, 옛사람이 이른바 '촉류이장자(觸類而長者)'라고 하는 것이다. 예전에 우리 성조(聖祖; 肅宗)께서 주수도(舟水圖)를 만들고 사신(詞臣)에게 명하여 그 명(銘)을 짓고 그 일에 대하여 서(序)하게 하신 적이 있다" 하였다.[72]

(남한산성에 이르러) 임금이 말하기를, "우리나라의 무비(武備)는 요즈음 더욱 허술해져서 백성은 북 치는 소리를 듣지 못하고 군병은 좌작진퇴(坐作進退)의 절차를 알지 못하는데 하루 이틀 세월만 보내니, 병자란 때의 일을 생각한다면 군신 상하가 어찌 이처럼 게으를 수 있겠는가? 날은 저물고 길은 머니, 성조께서 이 때문에 조정에서 탄식하셨고 선정(先正; 송시열)이 이 때문에 상소에 여러 번 아뢴 것이다. 우리나라는 작은 접역(鰈域)으로서 예의를 대강 아는 지방이므로 세상에서 중화(中華)라는 일컬음이 있었으나, 이제 인심은 점점 안일에 길들게 되고 대의(大義)는 점점 더욱 자취를 감추어, 북으로 가는 예물을 예사로 여기고 부끄럽게 여기지 않으니, 생각이 여기에 미치면 어찌 한심하지 않겠는가? 한관(漢官)의 위의(威儀)를 다시 볼 수 없고 중국

72. 이만수가 지은 정조의 「행장」에서는 정조가 언급한 주수도 관련 사실을, "임금은 이 배와 같고 백성은 저 물과 같은 것이다. 내가 지금 배를 타고 백성을 대하니 더욱 두려운 생각이 든다. 옛날에 성조께서 舟水圖를 그리시고 詞臣을 불러 銘을 지으라고 하신 것도 그러한 뜻에서였을 것이다"라고 적고 있다. 그런데 숙종이 제작하도록 하였다는 '주수도'는 숙종 원년 화공에게 그리도록 하여 자신이 제를 써서 곁에 두고 보다가 허적과 허목을 따로 불러 보여주면서, 군신 간의 관계에서 임금은 창파에 떠있는 하나의 갈대와 같은 것이라고 부연한 바 있다. 그림에 보듯 배는 임금이고 물은 신하인데, 배가 노 없이 중간에 풍파를 만나면 배는 반드시 뒤집힐 것이니 이를 미루어 군덕의 의미를 알 수 있을 것이라는 의미다. 즉 물이 고요해야 배가 안정될 것이니 대신들이 이 그림의 뜻을 받들어 보필의 책임을 다하라는 뜻을 담은 것이었다. 『숙종실록』 숙종 1년 11월 16일(경자) 기사와 「숙종대왕행장」 참조.

안(신주神州)의 더러운 (오랑캐를) 다시 제거할 수 없는데, 오직 이 북쪽 후원의 작은 단(대보단)에 나라를 지키는 정성을 조금 붙여서 대명(大明)의 일월이 한 구역의 나라를 비출 수 있게 하였으니, 후세에 할 말이 있을 수 있을 것이다. 더구나 이 해를 당하여 효묘(孝廟)께서 성취하시지 못한 사업을 우러러 생각하니, 못 견디게 강개함을 느끼고 격앙된다. 돌이켜보면 이제 민력(民力)이 조잔하고 경비(經費)가 아주 없는 때 어찌 반드시 먼 길의 행행을 해야 하랴마는, 이 기해년을 당하여 영릉에 가지 않는다면 이것이 어찌 천리와 인정에 비추어 있을 수 있는 것이겠는가?"라고 하자,

김상철 등이 아뢰길, "오늘 전하께서 임어하신 이곳은 병자년에 난리를 겪은 곳입니다. (중략) 이제 우리 전하께서 큰 기업(基業)을 이어받고 계술(繼述)할 계책을 강구하시거니와, 계술하는 방법은 형정(刑政)을 수명(修明)하고 인재를 수습하며, 군병을 기르고 재용(財用)을 다스리는 몇 가지 일에서 벗어나지 않습니다. 군사를 일으켜 가서 토벌하는 것은 경솔히 의논할 수 없겠으나, 『춘추(春秋)』의 존양(尊攘)하는 의리는 천하 만세에 없어지지 않을 수 있을 것입니다" 하였다.[73]

이상의 대화에서 우리는 다음과 같은 사실을 확인할 수 있다.

1. 숙종이 '주수도'를 그리게 하고 제를 써서 배를 임금, 물을 신하로 비유하여 신료들의 보도(補導)를 부탁하였는데, 정조는 물을 백성에 비유함으로써 자신은 민에 더 의존하고 신료들에 흔들리지 않겠다는 점을 분명히 하였다. 그러나 그렇다고 해서 왕정을 펼침에 신료들의 보좌[君臣共治]를 부정한 것은 아니었다.

2. 임진란·병자란 이래의 조선의 역사적 경험이 조종(朝宗)의 사업과 연결되어 고스란히 정조의 사업으로 이어지고 있다.

3. 기존 소중화를 자처하는 데 근간이 된 조선의 대명의리가 희미해져가는 가운데 현실과 명분이 괴리되어 나가고, 명분은 대보단을 통해

73. 『정조실록』 정조 3년 8월 3일(갑인). 「남한산성에 행행하여 백성과 군대의 상태를 살피다」

서밖에 추구할 수 없다.

4. 선대의 사업을 계술하는 방법은 내정(內政)에서는 형정(刑政)을 밝게 하는 일, 인재 수습, 군병 양성 및 재정 확충의 길 외의 것이 아니고, 대외관계에서는 춘추대의를 준수한다는 점을 인정한다.

앞서 정조는 삼년상이 끝난 뒤 선포한 대고(大誥)에서 민산(民産), 인재(人材), 융정(戎政), 재용(財用) 등 크게 네 항목으로 된 국정운영의 대강을 제시한 바 있는데,[74] 위 효종 능과 남한산성 행행시의 대화 내용에서는 그러한 내치의 기본 방향을 포함하여 국가운영 전반과 관련된 정조의 인식을 아울러 읽을 수 있다.

정조는 즉위 초기부터 동국의 역사[東史]를 읽고 아국 군대의 강성함을 도모하려 하였다.[75] 정조가 생각하던 조선은 조종(祖宗)의 법제를 지켜온 조선이었다. 정조는, "이미 우리 동국에서 태어났으면 마땅히 우리 동국의 본색을 지켜야 한다[此輩旣生於我東 當守我東本色]『일득록』「훈어」, 정조 13년, 1789)"라고 하였는데, 이는 앞서 언급했듯이 영조가, "우리나라는 중국과 달라서 비록 한(漢)·당(唐)의 위세를 가지고도 땅을 빼앗거나 나라를 바꿀 수 없었으며, 조선 안에서 스스로 서로 대(代)를 바꾸어 오늘에 이르렀다. 300년 종사(宗社)의 맡김이 내 한몸에 달렸다"[76]라고 한 인식에 상응하는 것이다.

정조는 영조에게서 물려받은 민국지사를 위해 영조시대의 완론탕평을 의리탕평으로 바꾸고 현사(賢士)를 중용하고 외척을 배척하는(右賢左戚) 정치를 펼침으로써 변용을 꾀했다. 그러나 이 같은 시도는 측근 관료의 발호(貴近之弊)를 낳았고, 결국 보수적 길을 택하였다.[77] 이를 잘 보

74. 『정조실록』 정조 2년 6월 4일(임진)
75. 『일성록』 정조 2년 5월 7일(병인)
76. 주 44와 같음.
77. 유봉학, 2001, 『정조대왕의 꿈: 개혁과 갈등의 시대』 신구문화사, 106-109쪽.

여주는 것이 다음의 안동김문에 내려오는 「영춘옥음기(迎春玉音記)」의 내용이다.

> 사부(士夫; 群臣)들이 모두 대드니 이래가지고는 국(國)이 국(國)이라 할 수 없다. 옛날에는 정신(廷臣)과 임금 사이에 척리(戚里; 外戚)가 있어서 상하에 간격이 있게 되어 국체(國體) · 세도(世道)가 존중될 수 있었다. 오늘날은 만인이 모두 직접 임금을 접하려 하니 그 폐단이 실로 척리가 있었을 때보다 심하다. 근래 그 점을 더욱 깨달았다. 그렇지만 이미 관행이 되었으니 갑자기 변경할 수는 없고 나는 (이 방식을) 부득불 내 한 대에만 행할 것이다. 그렇지만 후사왕(後嗣王)은 결코 나의 법(法)을 사용치 말고 다만 척리(戚里)만을 사용하여 국조본색(國朝本色)을 되돌려야 한다. 그래야만 나라가 나라꼴이 될 것이다[國可以爲國矣].[78]

위 기사는 가능한 척리를 배제하고 우문정치를 펴고자 한 자신의 '우현좌척'의 정치노선이 한계를 빚자 자신의 후사왕은 정국 운용에 외척을 개입시켜 '국조 이래의 본색'을 회복할 것을 기대하는 것이었다. 이는 정조가 생각하는 국체가 정치적인 측면에서는 군주와 척리, 그리고 조정의 대소신료들이 엮어내는 조종조 이래의 국가체제, 정치체제의 의미가 강했음을 보여준다. 즉, 뒤에 순조로 즉위하는 세자가 15세가 되는 갑자년에 왕위를 물려주고 자신은 상왕으로 물러나겠다는 이른바 '갑자년 구상'이 추구하는 국체는 군주(君主) – 척리(戚里) – 정신(廷臣)이 모두 각자의 분수를 지키며 제 역할을 하는 '국조본색'의 정치체제인 것이다. 이 같은 점은 정조행장에도 반영되어 있다.[79] 정조 21년(1797) 직제학 이

78. 김조순(1765 – 1832), 『풍고집』 「영춘옥음기」

79. 『정조실록』 「정조행장」(이만수 찬) 19년 봄 기사. 內苑에서 꽃구경하고 고기도 낚고 하다가 尊德亭에 이르러 왈 "옛부터 내원놀이에는 戚里가 아니고는 참여하지 못했다. 인조 임금은 훈신을 대우했으며, 효종 임금은 훈귀의 폐단을 없애고 사림을 초대하여 마음과 뜻이 통하여 漁水 天香 관계를 유지하였다. 그런데 또 조정에 분열이 생겨 숙종조로부터 선왕대까지는 부득이 戚里와 밀착, 禁中 출입이 外朝에 비할 바 아니었다. 그것은 시기와 형편이 그렇게 만든 것. 나는 春邸에 있을 때부터 右賢左戚해야겠다는

만수가 정리한 글에서 정조가, "지금 세도(世道)와 조체(朝體)를 보면 도리어 훈구나 외척의 세상만도 못하니, 이것이 내가 한밤중에 자주 탄식하는 까닭이다. 비록 그러하나 나의 본래 성품을 지금 중도에 바꿀 수가 없으니 신하들이 나의 고심을 안다면 아마 전날을 징계하고 뒷날을 삼가는 도모가 있을 것이다"[80]라고 한 말 역시 마찬가지다.

위 기록들에서 국체(國體)가 조체(朝體)와 같이 사용되고 있음은 국체의 핵심이 조체라는 점을 보여준다. 그러나 엄밀히 따지면 국체는 인사문제를 포함한 상위의 국정운영과 관련되고 조체는 실무 행정적 측면이 더 강한 용어로 보인다.[81] 최근 정리된 『정조어찰집』에는 국체라는 용어 외에 조체(朝體), 묘당체모(廟堂體貌)[廟體], 대체(臺體), 사체(事體) 등의 용례가 다수 보인다. 이로써 유추한다면 국체는 국가 체제와 체제 운영 방식을 포괄하는 용어라고 할 수 있을 것이다.

여기에서 이러한 국체를 운영함에 있어 그 주체를 어떻게 파악하는가 하는 점이 문제가 아닐 수 없다. 이만수가 정조 21년(1797) 기록한 바에 따르면 정조는, "우리 조정[我朝]이 사대부(士大夫)로 나라를 세운 것은 세도(世道)를 유지하며 사람의 뜻을 막아 지키려는 것이고, 교목세신(喬木世臣)이 나라와 함께 기쁨과 근심을 같이하는 것 또한 집안사람으로 치면 부자(父子)의 의리와 같은 것이니, 수백 년 이래로 농사짓는 백성이 야위고 괴로워하여 병장기를 들고 봉기하는 변란이 한 번도 없었던 것은 사대부의 힘이다"[82]라고 하였다고 한다. 사대부들의 동의를 얻기

점을 깊이 느끼고 있었기 때문에 즉위 초기 맨 먼저 內閣(규장각)을 세웠고 가까이 두고 허물없이 대했다. 그런데 근자 貴近의 폐단이 극에 이르렀다. 이후 戚里가 안 나오리라고 어떻게 보장하겠는가"라고 하였다.

80. 『홍재전서』 권177, 『일득록』 17 「훈어」 정조 21년(1797)

81. 「무오년(1798) 1월 19일 저녁에 받은 편지」 『정조어찰첩』 성균관대학교출판부, 2009, 151쪽 참조.

82. 『홍재전서』 권177, 『일득록』 17 「훈어」. "我朝以士大夫立國 所以維持世道防範人志 喬木世臣之與國休戚 又不啻家人父子之義 累百年來 未嘗有鋤耰棘矜 提兵叫譟之變者 士大夫之力也 (檢校直提學 臣李晩秀 丁巳錄)"

그림 2 김홍도의 「규장각도(奎章閣圖)」(국립중앙박물관 소장). 김홍도가 정조의 명으로 그린 것이다. 규장각은 정조의 정치구상을 체현한 공간이다. 규장각이 들어선 창덕궁 후원 일대는 과거에는 외척 등 국왕의 측근 이외에는 접근이 불가능하였으나 정조는 이 공간을 규장각 각신들에게 공개하여 군신 간의 관계에 새로운 방향을 모색하기도 하였다.

위한 발언이라 하겠는데, 이로써 본다면 민의 봉기를 막고 체제를 유지할 수 있었던 조선의 국체는 국왕[祖宗朝]이 주체가 되고 사대부와 교목세신이 보좌하는 군신공치(君臣共治)의 체제가 되는 것이다.

실제 정조는 대내적인 측면에서 국가를 운영함에 있어 자신을 보좌하는 대신(大臣, 의리주인)에게 명의(名義)에 관련된 것과 민생(民生) 관련 주요 문제 등 이 두 가지를 축으로 처리해 나갈 것을 주문하였다.[83] 정조

83. 「기미년(1799) 10월 12일에 받은 편지」, 앞의 『정조어찰집』 400－401쪽.

는 즉위 이래 영조가 확립한 대의리(大義理)를 준수하면서 『명의록』을 편찬하여 이에 입각한 의리탕평을 추진하는 한편, '민국지사'를 운용함에 있어 '민정(民情)'을 강조한 바 있는데, 이러한 정책 기조는 그의 치세기간 지속된 것으로 파악된다. 이는 앞서 언급하였듯이 선왕 영조가 신임의리 등 대의리를 확정하여 정쟁의 빌미를 차단하고 군신 상하가 '민국'의 일에 전념할 것을 요구하였던 조치와[84] 마찬가지라 하겠다. 여기서 문제는 민(民)의 위치인데, 정치적 안정과 '민국지사'에 대한 관심의 제고로 민의 지위가 전대보다 상대적으로 나아진 것은 사실이지만, 아직까지 국왕이 그들을 정치의 주체로 인식한다거나 정치적 동반자로 상정할 수 있는 단계는 아니었다.

앞서 언급했듯이 정조는 즉위 2년 자신의 국정 운영방침의 대강을 제시한 대고 반포 이후 그해 겨울 빙역(氷役)과 관련하여 '민정을 헤아리고 국체를 참작할 때 마땅히 손상익하하는 정치를 염두에 둘 것(揆以民情 參以國體 當念損上益下之政)'을 지시하면서 기왕의 역역방식에 변화를 꾀하여 백성[民力]은 고용하고 배나 말은 세를 내어 쓰라고 지시한 바 있다.[85] 즉 백성의 형편과 국가 체모를 고려하여 정부 재정이 다소 부족한 듯해도 백성들에게는 큰 피해가 없도록 하라는 것이다. 이렇게 '민국지사'는 국정 운영의 대상으로서, 더 구체적으로는 민사와 국계, 즉 백성의 삶과 국가의 살림살이를 뜻하는 용어로 사용되는 것이 일반이었다.

민국(民國)을 언급할 때 민(民)과 국(國)을 구분해서 설명하는 용법은 전부터 사용되어온 것이지만 이 점을 더 명확히 보여준 것은 정조대 이조판서 등을 지낸 김재찬이다. 그는 정조의 후사왕인 순조 조정에서, 도장관인 감사(監司)의 경우 '민과 국 사이[民國之間]'에서 민사(民事)에 비중

---

84. 주 53 참조.

85. 『정조실록』 정조 2년 12월 21일(정축) "敎曰 今則伐氷之處 與京江大異 距京爲近百里之地 使京江之民 往役不可也 以外邑之民 出用尤不可也 揆以民情 參以國體 當念損上益下之政 就應伐氷丁之數 自戶惠廳及兵曹 量宜出價 伐氷運氷之時 民力則雇用 船馬則貰用 凡係役民勞民之事 一切勿侵"

을 더 둘 수밖에 없는데, 그것은 국계(國計)를 걱정하지 않아서가 아니고 자신의 직책이 백성을 가까이하는 것이기 때문이라고 하였다. 담당하는 것이 민사이고 목격하는 것이 민우(民憂)이기 때문에 국계와 민사 양쪽 모두 만족시킬 수 없을 경우 손익을 따지라면 민사[下]에 편중될 수밖에 없다고 한 것이다.[86] 그리고 이 같은 '민국지사'의 용법은 앞서 언급했듯이 지방단위로 확장될 경우 백성의 삶과 고을살림이라는 뜻의 '민읍지사(民邑之事)'라는 용어를 낳게 되었으니,[87] '손상익하(損上益下)'는 정조 즉위 이래의 국정 운영의 기본 방향이었던 것이다. 헌종 4년(1838) 정언(正言) 직책을 사양하는 상소에서 이원조가 '조종조(祖宗朝) 손상익하지정(損上益下之政)'을 본받을 것을 주문하면서, "재곡이 국(國)에 있지 않으면 민(民)에 있게 되는데, 지금은 상하가 모두 궤갈되고 민과 국이 모두 곤궁한[上下俱匱 民國俱困] 이유가 무엇인가"를 묻고 있다.[88] 역시 '민국'이 하나의 정치체제나 정치이념을 나타내는 용어가 아니라 백성의 삶과 나라의 살림살이라는 국정 운영의 대상임을 보여주는 것이다. 이원조는 환곡의 폐단에 대해 개진하고자 한 상소에서 백성과 국가가 모두 받아들일 수 있는 '민·국 양편(民·國 兩便)'의 방안을 제기하기도 하였고,[89] '나라는 민에 의지하고 민은 재부에 의지하는 것[國依於民 民依於財]'인데 백성이 곤궁하고 재화가 탕갈되면 나라를 유지할 수 없다고도 하였다.[90]

한편, 정조대 대외인식상의 국체 문제의 정리는 『존주휘편』 편찬과 아울러 만년에 이루어지고 있었다. 정조 23년(1799) 2월 청나라 건륭제의 사망에 따른 복제 문제가 제기되자 조정에서는 청이 조선과는 의리

86. 김재찬(1746－1827), 『海石日錄』 권15, 경오(庚午 순조 10년), 10월 14일. "斟酌乎 國計民事之間 而終不得不歸重于民事 盖道臣非不念 國計之悶 殆無異於民事 而職旣按道 地是近民 故所身擔者民事也 所目擊者民憂也 民國之間 果無以兩得其宜 則損益之論 自不免一有所偏矣"
87. 김재찬, 위의 책, 순조 14년 2월 30일(갑술). 주 58 참조.
88. 이원조(1792－1872), 『凝窩先生文集』 권5, 「辭正言疏」 戊戌(헌종 4, 1838)
89. 이원조, 위의 책, 「辭大司諫兼陳還弊疏」 庚戌以遞不果上(철종 1, 1850)
90. 이원조, 위의 책, 「辭大司諫疏」

상 아무 관계가 없음을 들어 '복 없음[無服]'으로 결정하였다. 그러나 무복으로 결정하였다고 해서 복을 입지 않은 것은 아니었다. 복제 문제가 논란이 되었을 때 정조는 영조 을묘(乙卯; 영조 11년 1735, 청 세종 사망) 때의 것을 그대로 쓰면서 치욕을 새기는 것이 낫지 그들을 위해 굳이 복제를 바꿀 필요가 없다고 지적하였다. 복제 변통 주장은 청나라가 우리에게 아무 은혜나 의리가 없고, 게다가 과거 처음 청나라 옹정제 상에 복을 입은 것이 60년이나 지났는데 한없이 위축되어 이미 사장된 법을 고수할 필요가 없으며 변통이 필요하다는 것이었다. 이에 대해 정조는 「사대예설(事大禮說)」을 지어 당시 논란이 되었던 여러 주장을 7가지로 나누어 나름의 논변을 정리한 바 있는데,[91] 그 내용은 다음과 같다.

1. 의리는 둘이 될 수 없다. 억지로 지금에 없는 제도를 취하여 굳이 저들만을 위한 도구로 삼는다면, 신하된 일만 해도 이미 수치스러운 것인데 참최를 두 곳에 입는 것이니 모욕을 스스로 취하는 셈이다.

2. 이미 시행해오던 '포모(布帽)'제도를 버리고 시행치 않던 예를 행할 경우 처음 보는 사람들이 "명나라에도 하지 않던 예를 갑자기 저들에게 행하느냐"고 한다면 장차 어떻게 해명할 것인가.

3. '인통함원 박부득이(忍痛含怨 迫不得意)'라는 여덟 글자는 어쩔 수 없는 것이니, 우선 삼대의 예대로 할 뿐이다. 복을 개정하는 일은 단지 일시의 이목을 놀라게 할 뿐이지만 상제의 정당함을 잃게 되면 만세의 비난을 면키 어려울 것이다.

4. 복을 설정한 것은 은혜와 의리 때문인데, 저들이 우리나라에 무슨 은혜와 의리가 있기에 그들을 위해 복을 입는가.

5. 불이참의 혐의가 있다면 단을 감치고 마대를 착용하지 말자.

6. 연경에 있는 사신들이 오모와 배포로 성복했다고 하는데 이것을

91. 『홍재전서』 권53, 「事大禮說」 己未(정조 23, 1799)

모방해도 될 것이다.
7. 칙사 올 때 4일 만에 성복하는 것은 예가 아니라고 하여 7일 만에 성복하겠다고 하고 저들이 돌아간 뒤 권정례에 의거하여 천담복으로 하면 별일 없을 것이다

등과 같은 견해가 그것이다.

정조는 위 7가지 견해를 일일이 평가한 뒤, 첫째, 둘째 설은 나름대로의 견해가 있지만 편견에 치우침이 있고, 셋째의 경우는 고지식한 틀에 얽매인 것 같고, 넷째 설은 지나치게 경박한 견해이며, 나머지 세 가지는 더욱 비천하고 잘못된 것이라고 총평한 바 있다. 특히 마지막 견해에 대해서 통박하면서, 아울러 승평이 오래되었다고 해서 안정이 보장될 것이라는 기대를 할 것이 아니라 국가를 도모하기 위해서는 만전을 기해야 할 것이니, '만일에 하나 저들에게 누설되어 우리가 질문을 받는다면 장차 무슨 말로 답할 것인가'라고 하여 이에 대비할 것을 주문하였다. 그리고 정조는 위와 같은 평가 위에서 변통을 꾀해서 또 다른 사단을 만드느니 차라리 구래의 것을 그대로 따르면서 '의심나는 것은 의심나는 대로 전하고 믿을 수 있는 것은 믿을 수 있는 대로 전'하고자 하였다. 의혹이 심해지는 것보다 허물이 적은 것이 낫다는 것이다. 그러니 무복으로 결정한 것을 조선의 자주성과 직결시켜 논할 필요는 없을 것으로 보인다. 다만, 정조의 뜻은 수치를 참고, 임시변통적인 것이긴 하나 기존 관계를 유지하면서 조선이 처한 현실을 직시하고 미래의 전망을 가지자는 것이다. 위 「사대예설」을 쓴 같은 해에 정조는 대청외교를 위한 실무 지침서로 『사대고례(事大考禮)』 편찬을 지시하였다.

정조는 청의 강희제를 높이 평가하고[92] 청과의 현실적인 사대의례를 직접 챙기면서도, 다른 한편으로는 대명의리의 상징인 황단에 제사하는

92. 정조, 『일득록』 15, "康熙는 본디 聖君이니 夷狄과 똑같이 여겨서는 안 된다."

데 각별한 주의를 기울였다. "우리 동방이 동방일 수 있는 것은 두어 자의 단(황단)이 있기 때문이다. 아마 천하 만대에 길이 할 말이 있을 것이거니와, 9주(州)가 어두워져 사해에 오랑캐의 냄새가 가득하니 양양하신 황제의 혼령이 우리 동방에 오지 않으면 어디로 가시겠는가?"라며 직접 강신제를 지내는데 눈물이 옷깃을 적시는 줄도 몰랐다고 하였다.[93] 정조는 이 같은 춘추의 의리를 지키는 것이 '지금의 속견(俗見)'으로 논하면 물정에 어두운 것으로 볼 수 있을지 모르나, 중국이 오랑캐에게 넘어간 지 거의 200년이 되었는데도 해동의 인사들이 선왕을 본받고 오랑캐를 부끄러워하게 된 것은 명교(名教)가 그렇게 한 것이라 하였다. 만약 병자호란 이후 우리 동방의 군신 상하가 존주양이의 뜻을 강명하지 않았다면 후에 명나라가 어떤 나라인지를 누가 알겠으며, 또 지금의 동인들이 오랑캐 복장을 하지 않으리란 보장이 있겠는가 하는 것이었다.[94] 그는 거듭 이 같은 말이 공허하다고 말하지만 실은 세상의 도를 바르게 하고 나라의 맥을 배양하는 급선무임을 강조하였다.

위와 같은 정조의 우려는 당시 북학론의 제기로 인해 황단례가 형해화되어 나가는 것이 아닌가 하는 위기의식을 반영한 것이기도 하다. 정조는 남쪽의 왜국과 교린하고 북쪽의 중국에 사대하는 일을 소홀히 하지 않는 것은 자신이 할 도리를 다해야 하기 때문이지만, "섬나라 사신이 온다는 말을 들으면 곧 명나라가 구원해준 은혜를 기억하고, 청나라에 공물을 올리는 사신이 떠날 때가 되면 명나라가 돌보아준 은택을 매번 생각하게 되어 오호불망의 생각과 비풍하천의 감회 또한 마음에 절실하지 않은 적이 없었다"고 토로하였다.[95] 그리고 대명의리, 존주양이와 관련된 제 논의를 망라하여 『존주휘편』에 정리하도록 하였다.

이후, 앞서 언급하였듯이 정조 23년(1799) 청에 대한 『사대고례』 편찬

93. 정조, 『일득록』 17, 정조 20년(1796)
94. 위와 같음.
95. 위와 같음.

을 명한 것은 현실적인 국제관계를 인정한 것이다. 정조는 중국 사신을 맞는 절차 문제에 접근하고자 『동문휘고』를 검색하다가 문제점을 발견하고, 『동문휘고』와 『통문관지』를 회통하되 보충할 것은 보충하고 깎아낼 것은 깎아내서 하나의 책으로 편찬하도록 담당관서인 사역원에 하교하였는데, 완성된 것은 순조 21년(1821)이었다. 편찬 주체는 사역원정(司譯院正) 이시승(李時升)으로 되어 있으나 실제 편찬은 정약용이 담당하고 편찬 실무는 다산의 제자 이청이 맡았다.

여기에서 주목되는 것 가운데 하나가 『사대고례』「범례」 가운데 다음 한 조목인데, "사정이 대국(大國)에 중점이 가는 경우는 중국의 연호(年號)를 쓰고 아국(我國)에 중점이 가는 경우는 아방(我邦)의 연차(年次)를 쓴다"는 점이다. '교린'은 제외하여, 일본에 대해서는 '왜정고(倭情考)'에서 다루었다. 이는 청을 하나의 현실로 인정한 것이고, 소중화인식이나 조선중화인식을 넘은 것(춘추의 일통적 대원칙과 다른 원칙)으로 평가된다. "『사대고례』는 청 황제 체제에 대한 정신적 질곡에서 벗어나 청과의 문화적 소통이 활발하게 진전된 시대에 대면해서 대청관계를 제대로 발전시키자는 취지로 편찬한 문헌이라고 논평할 수 있다"거나, "조공(책봉)체제의 틀이 지속되고 있지만, 실상에서는 중국 중심에 매몰되지 않고 '나'의 경계를 발견하고 균형을 취하고자 한 것으로 보인다"는[96] 평이 그것이다.

정조는 당시 경화사족적 기반을 가진 북학론자들이 화이관의 수정을 통하여 청나라에 존재하는 선진적인 중화 문화를 수용하는 데서 한 걸음 나아가 청 자체를 중화로 인식하는 방향으로 급전하고 있는 분위기에 그대로 편승할 수는 없었을 것이다. 조종조(祖宗朝)에서 계승된 중화주의는 계속 잡고 있을 수도 놓을 수도 없는 것이고, 당인(黨人) 지식인들 사이에서 주창되던 '조선중화론' 역시 그것을 현실에 적용하는 데는

---

96. 임형택, 2008, 「『사대고례』와 정약용의 대청관계 인식」 『다산학』 12, 43-44쪽.

어려움이 있었을 것이다. 결과는 조선의 국체가 어떠한 모습을 갖추어 가는가에 달려 있었다고 하겠다.

5. 상대적 문화자존의식과 전통의 계승

명청 교체기 조선은 현실을 인정하고 새로운 청 중심의 동아시아 질서에 안주할 것인가, 아니면 무너진 자존심을 회복하고 대명의리를 지켜 기존 중화질서를 복구할 것인가를 놓고 선택을 하지 않으면 안 되었다.[97] 여기에서 조선이 택한 길은 의리 명분론의 강화였다. 현실을 인정하지 않으면 안 되되, 지난 200여 년 조선왕조를 지탱해오고 인재를 길러냈던 사상적 기반을 하루아침에 부정할 수는 없는 일이었다. 크게 두 차례의 전란을 치르고 국가 재건의 방향을 둘러싸고 당인들 간에 일정한 차이가 있었지만, 집권세력은 그동안 축적해온 문화 기반을 토대로 하여 주자학적 의리론, 명분론에 기초한 자구책을 모색하는 가운데 조선의 문화자존의식을 고취하고자 하였다. 조선중화론은 그 탐색의 노구이자 결과이기도 하였다.

이 탐색 과정에서 사상적 경직성이 나타나 많은 지적 자원이 상실되고 문화의 낙후 현상이 발생하기도 하였으나, 반면 조선의 자아인식이 한층 더 투철해지고 자신의 역사에 대한 재정리가 가능해지는 등 정체성을 확보할 수 있게 되었다. 그러나 기존 화이론의 연장선상에서 현실의 제국 청을 타자로 하여 성립 가능했던 조선중화주의는 그 관념적 한계로 인하여 그대로 지속될 수 없었다. 선각적 지식인들이 기존 화이론을 극복하여 북학론을 제기하였고, 국가운영 주체의 하나인 정조 역시 기존 정치운영 양식(대보단 운영도 그 일환이라고 한다면)을 총정리하고 한

97. 고영진, 1992, 「17세기 전반 의리명분론의 강화와 사회경제정책의 대립」『역사와 현실』 8, 21쪽.

층 더 현실적인 국체 운영의 기초를 만들어 나가고자 하였다. 그 말년에 청과의 외교에 지침이 될 수 있는 『사대고례』 편찬을 명하였던 것은 신료를 중심으로 전개되어왔던 기존의 중화인식에 대한 질곡에서 벗어나고 있음을 보여주는 하나의 예였다.

정조의 국체 인식은 대외적인 것으로서의 국체와 아울러 대내적인 면에서 국가 기구 운영과 관련되어 사고되고 있었다. 전자와 관련해서는 기존 대명의리를 버리지 않되 의식(儀式)으로서 정리하고, 청과의 관계에서는 현실적인 조공책봉관계를 유지하되 기존 중화주의적 질서에서는 자유로워진다는 것이고, 후자와 관련해서는 무엇보다도 그것이 '민(民)'을 가장 우선하는 것으로 상정되고 있다는 점이다. 정조는 '민국지대계(民國之大計)'를 꾸림에 있어 즉위 2년 자신의 국정 운영방침의 대강을 제시한 대고(大誥)를 중심으로 하고 거기에서 항상 '손상익하(損上益下)'라는 원칙을 지키려 하였다. 이것이 국체를 지키는 일이기도 한 것이다. 이 같은 그의 국체인식은 병자년 하성(下城) 이후 효종 이하 숙종, 영조에 이르는 조종(祖宗)의 사업을 이어 한 단계 더 나아가려는 노력속에서 체득된 것으로서, 북벌론을 추진하는 것이 사실상 불가능하게 된 이후 조선중화론의 한 짝이던 내수자강론(內修自强論)의 연장선상에 있는 것이기도 하였다.

참고문헌

논문

김선경, 2005, 「조선후기 정치체제론의 전개: 봉건제 · 군현제론을 중심으로」『조선후기 체제변동과 속대전』 혜안.

손승철, 1997, 「조선중화주의와 일본형 화이의식의 대립」『일본연구』 11.

우경섭, 2006, 「송시열의 화이론과 조선중화주의의 성립」『진단학보』 101.

이성규, 1992, 「중화사상과 민족주의」『철학』 37.

이태진, 2008, 「18세기 탕평정치와 소민보호정책」『개정신판 한국사특강』 서울대학교출판부.

임형택, 2008, 「『사대고례』와 정약용의 대청관계 인식」『다산학』 12.

저서

강상규, 2007, 『19세기 동아시아의 패러다임 변환과 제국 일본』 논형.

김순자, 2007, 『한국 중세 한중관계사』 혜안.

박광용, 1998, 『영조와 정조의 나라』 푸른역사.

유봉학, 1995, 『연암일파 북학사상 연구』 일지사.

정옥자, 1998, 『조선후기 중화사상 연구』 일지사.

한명기, 1999, 『임진왜란과 한중관계』 역사비평사.

허태용, 2006, 『조선후기 중화론과 역사인식』 아카넷.

V. 정조의 군주론과 왕정

한상권(덕성여자대학교 사학과)

1. 군주론

1) 군주성학론

조선시대 지배이념인 성리학에서는 개인이 도덕적 수양을 통해 천리(天理)를 구현할 수 있다고 보았다[克己復禮]. 이는 도덕적 수양을 거친 사(私)는 이미 단순한 개인이 아니라 천하 공도의 구현자로서 공(公)을 체현할 수 있는 존재임을 의미한다. 도덕적 수양을 이룬 개인은 국가권력이 도덕적 가치를 발현하도록 이끌 소명을 부여받은 공적인 존재였다. 재야에서 도덕적 수양을 이루었다고 하는 유자(儒者)가 조정을 장악하여 왕실과 국왕을 훈도할 수 있게 되는 사림정치가 정당성을 확보할 수 있었던 것은 이 때문이었다. 여기서 도덕적 수양을 이루었다는 것은 사대부들의 여론에 기반을 둔 것으로, 이 여론의 형성과정이 바로 공론(公論)의 현장이었다.[1] 16세기 들어 본격적으로 발달한 사림들의 공론정치는 이러한 논리에 이념적 기반을 둔 것이었다.

---

1. 金裕哲, 「公과 私」, 서울대학교 역사연구소, 역사용어사전 집담회.

공론이란 공의(公議)를 거쳐 형성된 여론이다. 공론의 정당성은, 한두 사람의 의견은 독선에 빠질 위험이 있기 때문에 낭패를 초래할 가능성이 많은 반면, 공론은 공평하고 정당하여 사정(私情)이나 치우침이 없어 낭패할 위험성이 적다는 데 근거를 두고 있다. 사림들은 자신들이 형성하는 공론이 최고 주권자로 관념되는 군주 일인의 견해보다 더 공(公)이라고 주장하였다. 공론이 곧 국시(國是)라는 주장이다. 이처럼 공론은 왕실과 국왕의 정치적 권위를 뛰어넘는 것이므로, 공론이 형성될 수 있도록 여론을 보장해주고 확립된 공론을 정당한 절차에 따라 집행하는 것이 성군(聖君)의 조건이었다.

공론에 바탕을 둔 정치가 붕당정치였다. 붕당정치는 "붕당은 조정 신하 사이의 서로 다툼에 그칠 뿐이지만 그것을 미워해 없애고자 한다면 나라마저 망하게 되는 일이 종종 있다"는 주자의 붕당론에 근거를 두고 있다. 조선의 경우 16세기 들어 사림세력이 역사 전면에 부상하면서 붕당정치가 현실정치로 자리 잡았다. 붕당정치라는 새로운 정치 형태의 출현은 사림이라는 정치세력이 성장하고, 여론을 결집할 수 있는 기구로 서원이 등장하여 공론 형성이 활성화되었기 때문에 가능한 일이었다.

사림들은 치자에게 고도의 도덕윤리를 강조함으로써 최고 통치자인 국왕을 자신들의 영향력 하에 두고자 하였다. 16세기 이후 성학(聖學)이 강조된 것은 이 때문이었다. 성학은 원래 성인이 되기 위한 학문, 즉 요·순·주공의 요법을 체득해서 왕도와 인정을 실현하기 위한 학문이라는 의미였다. 1575년(선조 8) 이이는 제왕학 교과서인 『성학집요(聖學輯要)』를 저술하면서 도통론을 거론하였다. 이이는 주자의 도통론을 수용하여, 복희에서 주자에 이르는 도통론을 정립하고 주자에서 끊어진 유학의 도통을 국왕인 선조가 계승하기를 희망했는데, 이는 그가 『성학집요』를 저술한 목적이기도 했다.[2]

---

2. 김문식, 2007, 『정조의 제왕학』 태학사, 26쪽.

국왕의 정통성이 성리학적 이념의 체득과 솔선수범에 의해 보장된다는 이이의 군주성학론(君主聖學論)은 국왕의 권위를 천명이나 혈통이 아닌 유교적 합리성에서 구하였다는 점에서 군부론(君父論)보다 발전한 정치이념이었다. 군신관계를 부자관계로 의제(擬制)한 군부론은 '신하가 임금을 섬기는 것[事君]'이 '자식이 어버이를 섬기는 것[事親]'과 동일하다는 견해다. 따라서 신하는 국왕을 아버지처럼 경애할 뿐 일호라도 무례한 마음을 가져서는 안 된다.[3] 이처럼 군권의 절대성을 강조하는 군부론은 신하들이 붕당을 이루는 것을 군부의 권위에 도전하는 불경죄로 간주하였다. 15세기까지만 해도 신하들은 임금 앞에서 붕당 짓는 것을 국왕을 기망(欺罔)하는 죄를 범하는 것으로 생각하였다.[4] 국왕에게 신하는 절대적으로 복종해야 한다는 군부론은 국왕의 독단적이며 자의적인 권력행사를 정당화해주는 전제군주정의 논리였다.

반면 16세기 중엽에 등장한 군주성학론은 양반사대부를 정치의 실질적 주체로 보고, 정치과정상의 핵심적 행위자이자 공론의 수렴자로서 붕당의 역할을 중시하는 입장이다.[5] 군주성학론의 등장으로 신권의 비대화와 왕권의 상대적 약화 현상이 나타났다. 주자학이 이론적으로 심화되고 체제 교학으로 정착되면서 군주에게도 주자학적 규범을 강요하기에 이르자, 이 규범의 해석자이자 담지자인 사대부의 위상이 높아져서 신권이 상대적으로 강해진 것이다. 이에 군주에게 부여되는 절대적

---

3. 『태종실록』 권33, 태종 17년 1월 11일(무술)
4. 삼공신과 우의정 박은 등이 올린 상소가 이를 잘 보여준다. "신하된 자가 무례하고 불충하다면, 죄가 이보다 큰 것은 없습니다. 이숙번이 성상의 은혜를 치우쳐 입었으니, 마땅히 충성을 다하고 예절을 다하여서 만에 하나라도 갚아야 합니다. 성상이 일찍이 '붕당을 만들지 말라' 하였는데, 이숙번이 이를 듣고 마음으로 분개하고 원망함을 품었습니다. 신하가 임금을 배반하여 난을 일으키려는 마음이 있는 것이 아니겠습니까? 그가 무례하고 불충함이 심하니, 엎드려 바라건대, 그 정상을 국문하여 그 죄를 밝게 결단하여서 뒤에 오는 무례하고 불충한 자들의 감계로 삼으소서."(『태종실록』 31권, 태종 16년 6월 4일(갑자))
5. 김준석, 1990, 「17세기 정통주자학파의 정치사회론: 송시열의 세도정치론과 부제세도 이정책」 『동방학지』 67, 연세대학교 국학연구소.

권위와 지위는 근본적으로 군주가 성인과 같은 높은 도덕성을 갖추고 천인일리(天人一理)의 이(理)를 지상에 실현해야 한다는 의무와 당위성을 조건으로 해서만 인정되었다. 주자학적 의리론이 왕권의 절대성을 제약하게 된 것이다.[6]

2) 군사론

17세기 후반 이후 국왕들은 주자의 의리론에 공감하면서도 왕실이 의리를 주도하고자 하였다. 의리주인은 신하가 아니라 국왕이 되어야 한다는 것이다. 이러한 경향은 숙종대 시작되어 영조와 정조대 이르러 본격화되었다. 1744년(영조 20) 즈음 영조는 학문적 자신감으로 군사(君師)로서의 면모를 보이며 성리학 이해에서도 변화를 보였다.[7] 군사란『상서(尙書)』에서 유래한 용어로 "천명을 받은 군주가 하늘을 대신하여 백성을 다스리고 가르치는 것"을 의미했다. 주자는 대학장구서(大學章句序)에서 "총명하고 예지(叡智)하여 하늘에서 받은 인의예지의 본성을 능히 다한 자가 나오면 하늘이 반드시 그에게 명하시어 억조 만백성의 군주와 스승으로 삼아 그로 하여금 백성을 다스리고 가르쳐서 본성을 회복하게 한다" 하였다.

하늘에서 타고난 자신의 본성을 온전히 보전하여 실천하고, 이를 미루어 타인의 본성까지도 온전히 회복시키는 교육을 실시하고 이를 현실정치에 구현하는 인물이 군사였다. 군도(君道)와 사도(師道)가 일치되었던 삼대의 이상적인 군주가 군사인 것이다. 국왕이 군사를 자임한다는 것은 군도와 사도의 분립을 세도의 타락으로 보고, 기존에 산림이 주재하던 사도를 군도에 포섭시키겠다는 것, 다시 말해 군도 밖에 독자적으로 존재하는 사도를 인정하지 않겠다는 의지의 표현이었다.[8]

---

6. 김정신, 2008,「조선전기 훈구·사림의 정치사상 비교」연세대학교 박사학위논문.
7. 정경희, 1999,「영조 후반기(1749－1776) 경연과 영조의 의리론 강화」『역사학보』 162, 역사학회.

영조는 유교경전에서 당위적인 지향점으로 제시되었던 이상적인 군주 상(像)을 자임하였다. 18세기에 이르러 공론이 균형을 상실하고 당쟁이 격화되는 현상이 나타나자, 영조는 "탕평하는 것은 공이요 당에 물드는 것은 사"라고 하여,[9] 당론의 공공성을 인정하지 않았다. 영조는 군사로서의 역할을 자신에 그치지 않고 차기 왕위계승자인 왕세손(정조)에게 충실히 전수했다.[10] 그 결과 정조 또한 군사를 자임하게 되었다.[11] 정조 역시 정치와 학문을 이끌고 나갈 삼대의 이상적 군주 상을 자임한 것이다.

> 삼대 이전에는 총명과 예지를 소유한 성인들이 임금이 되고 스승이 되었는데, 삼대 이후로는 사도가 땅에 떨어져 임금과 스승의 책임을 제대로 다한 자가 있다는 말을 듣지 못하였다. 그러나 인을 행함에 있어서는 스승에게도 사양하지 않는다고 성인께서 가르쳐주셨으니, 오늘날의 세상에서 내가 어떻게 사도를 자임하지 않을 수 있겠는가.[12]

정조는 "가르치는 정사에 실로 부끄러움이 있으나 어렵고 중대한 일에 뛰어드는 것이 필요한 지금 재주 없음을 허물로 삼아 군사의 책임을 회피하지 않겠다"[13]고 하여, 군사로서의 각오와 의지를 피력하였다.

정조가 군사를 자임하기 위해서는 삼대 이후로 임금에게서 분리된 스승의 지위, 즉 학문적 지도자로서의 권위를 확보해야만 했다. 이를 위해 정조는 복희－신농－요제－순제－우왕－탕왕－문왕－무왕－공자－맹

---

8. 윤정, 2007, 「18세기 국왕의 '文治' 사상 연구: 祖宗 事蹟의 재인식과 '繼志術事'의 실현」 서울대 박사학위논문.
9. 『영조실록』 권3, 영조 1년 1월 21일(경신)
10. 『영조실록』 권99, 영조 38년 3월 30일(계해)
11. 정조가 군사를 자임한 시기는 초계문신제를 도입하여 사대부 교육에 직접 나서기 시작한 1781년(정조 5) 이후부터였다.(『정조실록』 권14, 정조 6년 12월 28일(경인))
12. 『정조실록』 49권, 정조 22년 7월 20일(임오). 이하 조선왕조실록 번역문은 국사편찬위원회의 조선왕조실록 홈페이지(http://sillok.history.go.kr) 번역문을 참조하였다.
13. 『홍재전서』 권177, 「일득록」 17 훈어 4, 원임직제학신이병모정사(1797)록.

자-정자-주자로 이어지는 도통을 자신이 계승했다고 주장하였다.[14] 공자의 학문 곧 도통을 잇고 세상의 도리[世道]를 실현하는 인물로 간주되는 산림 중심의 도통론을 부정하고 국왕이 중심이 되는 군주도통론을 선언한 것이다. 그리고 실제로 도학정치를 이끌고 나갈 수 있는 학문적 능력을 갖추어 나갔다.

정조는 군사로서의 책무를 다하기 위하여 고위 문신, 규장각 초계문신, 성균관 유생, 지방유생 등을 직접 가르쳤다. 그리고 150여종, 4000권에 이르는 방대한 문헌을 편찬하여 스스로를 조선 역사상 제일의 학문군주로 자리매김하였다.[15] 정조의 군사론이 성리학에 대한 치열한 학문적 탐구와 그 성과에 대한 자부심을 바탕으로 제기된 것이었음을 알 수 있다. 정조는 사후에 신하들에게서 "다스림과 가르침에 관하여는 임금이자 스승으로서 옛 성인들의 정통을 이으셨다"라는 평가를 받음으로써,[16] 군사로서의 학문적 권위를 인정받았다. 이러한 평가는 묘지문에 잘 나타나 있다.

> 송대에 와서 정자·주자가 세상에 나와서 복희로부터 문왕·무왕·공자·맹자로 이어지는 선왕의 도를 다시 밝혀냈으나, 정자·주자 시대가 멀어지자 사설(邪說)들이 또 일어나고 중구난방으로 너도나도 떠드는 통에 표준이고 법식이고 도무지 없었다. 이때 하늘이 문운(文運)을 열어 그 도가 드디어 우리나라로 오게 되었는데, 정조 대왕께서 왕위에 오르고 천명을 지키면서 임금으로서 스승까지 겸하였기에 덕이 높고 행실이 빈틈이 없었으며 학문이 높고 업적이 많았다.[17]

정조가 성현의 도통을 계승하였을 뿐만 아니라, 삼대의 이상적 군주

---

14. 『홍재전서』 권53, 弘于一人齋全書欌銘幷序○庚申(1800)
15. 김문식, 앞의 책, 161-162쪽, 243-277쪽.
16. 『정조실록』 권54, 부록, 시책문.
17. 『정조실록』 권54, 부록, 지문.

상인 군사로서도 흠결이 없다는 평가다.

군사를 자임한 정조 역시 영조와 마찬가지로 '붕당이 공론을 왜곡한다'며 붕당정치를 비판하였다. 정조는 바른말을 할 책임을 지닌 삼사조차 당파의 버릇과 사적으로 아부하는 폐단이 날로 심해지고 있어서 자기편을 편들고 다른 편을 공격하는 소굴로 변질되었다고 질타하였다.[18] 이처럼 공론이 공공성을 잃고 사익을 추구하는 당론으로 변질되었다고 간주하였으므로, 공론의 정치 · 용현(用賢)의 정치를 표방하는 붕당정치론에 대해 비판적일 수밖에 없었다.

> 나라를 다스리는 일은 백성을 사랑하는 데서 벗어나지 않는데 한번 당론이 갈린 뒤로 조정에서는 오직 언의(言議)의 가부만 일로 간주하고 백성의 근심과 나라의 계책은 우선 한쪽에 놓아두고 있으니, 이 어찌 나라를 위해 깊이 생각하는 도리이겠는가. 사대부가 조정에 서서 임금을 섬기면서 백성과 만물을 사랑하는 데 뜻을 두었다면 이와 같아서는 안 될 것이다.[19]

붕당정치론을 비판한 정조는 공(公)의 극점에 자신을 위치 지었다. "오직 임금만이 극을 만든다. 위에서는 극을 세우고 밑에서는 그 극을 돕는 것이다"는 황극군주론(皇極君主論)을 주창한 것이다.[20] 군사를 자임한 정조는 사사로움을 극복하고 천리를 보존함으로써[遏人欲 而存天理] 국왕의 권위를 높이려 하였다. 도덕적 수양을 통해 '사'를 제거함으로써 '공'의 정치적 권위를 확보하고자 한 것이다.

정조가 군사를 자임한 까닭은 백성들을 덕으로 인도하고 예로 가지런하게 하여 삼대의 이상사회를 실현하기 위한 것이었다.[21] "'공(公)'이라

---

18. 『정조실록』 권32, 정조 15년 1월 26일(신축)
19. 『홍재전서』 권168, 「일득록」 8, 정사 3, 원임직각신서용보임자(1792)록. 이하 『홍재전서』 번역은 한국고전번역원에서 제공하는 번역문을 참조하였다.
20. 『정조실록』 권54, 정조 24년 6월 16일(정묘)
21. 『홍재전서』 권177, 「일득록」 17, 훈어 4, 원임직제학신리병모정사(1797)록.

는 한 글자가 가장 인(仁)에 가깝다"[22]고 주장한 정조는 공의 극점에 있는 군사가 정치를 하면 인정(仁政)이 당대에 행해지고 은택은 후대에까지 미칠 것이라고 생각하였다. 그리고 "요·순 때의 백성들이라고 어찌 모두 성인이겠으며 걸·주 때의 백성들이라고 어찌 모두 소인이었겠는가? 다만 위에 있는 사람이 어떻게 그들을 이끄느냐에 달려 있을 뿐이다"라고 하여,[23] 요순시대의 탕탕평평의 경지에 이른 정치는 어디까지나 요순이 직접 주재하여 얻는 것이라는 점을 강조하였다.

정조는 군주가 마음을 비우고 성학에만 전념하면서 정무는 재상에게 넘기는 정치[無爲而治]를 바람직하지 않다고 보았다. 정조는 왕정 실현을 위해 적극적으로 활동하는 능동적인 군주가 되고자 하였다.[24] 수기, 즉 도덕적 수양뿐만 아니라 치인, 즉 정치적 실천도 중시하였다. 이는 백성들을 삼대의 이상사회에 적합한 인간형으로 만드는 교도(教導)의 책임이 군사인 자신에게 있다는 자각에서 나온 것이었다. 정조의 군주교도론(君主教導論)은 사대부 신료 집단이 내세우는 정치이론인 세도재상론(世道宰相論)과 배치된다.

2. 왕정

1) 백성과의 소통

1800년 6월 28일(음력) 창경궁 영춘헌에서 승하한 정조는 그로부터 약 열흘 뒤인 7월 6일 의정부와 관각(館閣) 제신에게서 정종(正宗)이라는 묘호(廟號)를 받았다. 묘호 정(正)은 광대를 다하고 정미를 다하고 최고로

---

22. 『홍재전서』 권176, 「일득록」 16, 훈어 3.
23. 『정조실록』 권7, 정조 3년 2월 22일(정축)
24. 박현모, 2000, 「정조의 탕평 정치 연구 "성왕론"의 이념과 한계」 『한국정치학회보』 34-1, 한국정치학회.

고명하고 중용의 이치를 통달한 도학의 바름[道學之正], 천지 사이에다 내놓아도 어그러질 것이 없고 백세후에 성인이 다시 보아도 의혹될 것이 없는 의리의 바름[義理之正], 마음을 바르게 하여 조정을 바르게 하고, 조정을 바르게 하여 백관을 바르게 하고, 백관을 바르게 하여 만민을 바르게 한 나라 다스리는 법도와 교훈의 바름[治法征謨之正]을 의미하는 것이었다.[25] 자기를 바르게 함으로써 모든 상대가 발라지도록 하였으며[正己而物正], 정도로써 세상을 복종시켰기 때문에 묘호를 정(正)이라고 한 것이었다[以正服之曰正].[26] 도학의 바름과 의리의 바름은 학문적으로 성학(聖學)을 체득하였음을 말하는 것이고, 법도와 교훈의 바름은 정치적으로 왕정(王政)을 실현하였음을 말하는 것이다. 정조는 성학을 체득하여 자신을 바로잡고 타인을 바로잡았으며, 이를 현실정치에 구현함으로써 세상을 구하는 왕도정치를 실현하였다는 평가를 사후에 받은 것이다.

정조의 왕정을 구현하려는 모습은 거둥에서 잘 드러난다. 국왕의 행차는 군주의 이미지를 시각화하는 작업이었다. 정조는 거둥, 즉 행행(行幸)의 의미를 다음과 같이 설명하였다.

> 행행이라는 것은 백성이 거가(車駕)의 행림(行臨)을 행복하게 여긴다는 것이다. 거가가 가는 곳에는 반드시 백성에게 미치는 은택이 있으므로 백성들이 다 이것을 행복하게 여기는 것이다.[27]

정조는 거둥을 통해 백성들에게 각종 은전을 베풀어줌으로써 최고 통치자로서의 위엄을 한껏 드높일 수 있었다.[28] 거둥은 국왕의 권위를 공

---

25. 『정조실록』 권54, 부록 속편, 천릉지문.
26. 『정조실록』 권54, 정조 24년 7월 6일(병술)
27. 『정조실록』 권8, 정조 3년 8월 3일(갑인)
28. 정조는 1779년 寧陵에 거둥하면서 소민들의 읍폐 · 민막 해결을 위해 부세를 감해주었다. 그 구체적인 내용을 보면, ① 광주 · 이천 · 여주 세 고을 소민의 가을 조세[秋賦]를 특별히 감해주고, ② 續田 폐해를 비변사에게 아뢰도록 하였으며, ③ 移轉米를 거두어 광주에 보관해 두라 하고, ④ 保恤庫 債錢 4000냥을 탕감하고 문권을 불사르도록 하고,

식적으로 그리고 가시적으로 보여줄 수 있는 합법적인 기회였던 것이다. 엄숙하고 장엄한 거둥은 백성들에게 외경심을 불러일으키는 훌륭한 구경거리였다. 거대하고 질서정연한 거둥은 국왕의 위대함과 강대함을 드러내기에 충분하였다. 존엄하고 장엄한 국왕의 행렬을 관람하러 나온 백성은 점차 많아져 18세기 후반 정조대에 이르면 형언할 수 없을 정도로 많아졌다. 국왕에 대한 백성들의 열광 또한 실로 경탄할 만하고 매우 감동적이었다.[29]

국왕의 거둥 양상은 숙종대부터 변화하고 있었다. 숙종 연간 거둥 횟수는 효종대보다 적지만 거둥 양상은 훨씬 다양해지고 있었다. 종묘 거둥과 능행이 전체 거둥에서 차지하는 비중이 효종이나 현종보다 커진 것이다. 영조대에는 거둥 횟수가 비약적으로 증가하였을 뿐 아니라 거둥 내용 또한 숙종대보다도 더욱 다채로워졌다. 18세기 중엽 영조대부터 국왕이 거둥을 통해 백성들과 직접 만나는 새로운 모습이 나타나기 시작하였다. 국왕의 행차 공간이 종종 백성과 소통하는 장소로 변하곤 하였다. 국왕의 거둥이 사회적 갈등을 치유하는 수단이 되기 시작한 것이다.

국왕의 행차를 구경하기 위해 구름같이 모인 백성들의 모습은 민심의 향배를 확인할 수 있는 잣대로 간주되었다. 영조는 구경나온 백성들과의 소통을 적극적으로 시도하였다. 관광하는 민인들이 전체 어가행렬을 보는 것을 막지 않았을 뿐 아니라 국왕의 모습을 직접 볼 수 있도록 배려하기도 했다. 백성의 마음을 위로하기 위해 상언(上言)할 수 있는 기회를 점차 늘려나가는 것은 그들에게 국왕을 강하게 각인시키는 효과가 있었다. 영조는 크고 작은 거둥 시에 직접 민인을 불러보아 그들의 걱정거리를 해결해주었다. 왕릉 행차나 도성 안 거둥 시에 곳곳에서 어가

---

⑤ 여주, 이천, 광주 세 읍의 糶糴은 軍餉과 邑還을 막론하고 모두 耗穀을 감해주었다 (한상권, 2009, 「1779년 정조의 寧陵 거둥」『국학연구』 14, 한국국학진흥원).

29. 『정조실록』 권8, 정조 3년 8월 3일(갑인)

그림 1 화성행행도병풍(華城行幸圖屛風) 중 「노량주교도섭도(鷺梁舟橋渡涉圖)」(국립고궁박물관 소장). 1795년 윤2월 16일, 화성 현륭원에 갔던 정조가 노량진에서 배다리(舟橋)를 건너 환궁하는 행렬이다. 그림 좌측 상단에, 흰옷을 입은 백성들이 많이 나와 자유롭게 어가 행렬을 관광하고 있는 모습을 그려넣었다.

를 멈추고 백성들을 불러보는 모습은 영조대 거둥에서 늘 볼 수 있는 현상이었다.[30]

왕의 행차를 보러 나온 백성들을 거둥의 일부로 적극적으로 끌어들이려는 노력은 정조대에 이르러 한층 강화되었다. 정조 역시 거둥 시 길을 끼고 구경하는 백성들을 막지 말도록 하였으며,[31] 백성들의 자발적

30. 김지영, 2005, 「조선후기 국왕 행차에 대한 연구」 서울대 박사학위논문, 227－229쪽.

인 참여를 유도하기 위해 상언을 받도록 명하였다.[32] 정조는, 백성들의 목소리를 듣기 위해 선왕 때부터 시작된 궁궐 밖으로의 행차를 통해, 시전상인, 공인(貢人), 부로(父老), 유생(儒生), 서울에 사는 백성[坊民], 도성 주변에 사는 향민(鄕民) 등을 만났다. 그리고 더 멀리 도성 밖으로 나가 경기 일원의 왕릉을 참배하면서 지방민도 직접 만났다.

정조는 1777년(정조 1) 2월 경기도에 있는 영릉(永陵)과 홍릉(弘陵) 방문을 시작으로 사망하기 3개월 전인 1800년 3월까지 모두 66회 능행을 하였다. 정조의 능행 횟수는 연평균 3회에 달하는데, 영조의 능행이 통상 연 1회, 많아야 2월과 8월에 한 번씩 2회에 불과했던 것과 비교하면 정조의 능행이 훨씬 잦았음을 알 수 있다.[33]

최고 통치자인 국왕과 백성들과의 잦은 만남은 억울한 사회 문제를 풀어주는 소원제도(訴寃制度)의 발달을 가능케 하였다.[34] 국왕의 백성들과의 접촉이 빈번해지는 정조대에 이르러 백성들이 국왕에게 직접 호소하는 수단인 상언(上言)·격쟁(擊錚)이 새로운 국면을 맞이하게 되었다. 정조가 상언과 격쟁이 백성들의 목소리를 들을 수 있는 효과적인 수단이라는 판단 아래 긍정적인 자세로 임하였기 때문이다. 앞서의 국왕들이 상언·격쟁에 대해 통제정책을 취한 것과는 달리, 정조는 이를 적극 활용함으로써 백성들과 소통할 수 있는 길을 열어놓았다.

정조가 상언·격쟁의 활성화를 위해 취한 조치는 두 가지였다. 하나는 위외격쟁(衛外擊錚)의 허용이었다. 격쟁의 종류는 궐내격쟁(闕內擊錚), 위내격쟁(衛內擊錚), 위외격쟁(衛外擊錚) 등 세 가지가 있다. 백성들이 궁궐에 난입(攔入)하여 하는 궐내격쟁은 신문고가 유명무실해지는 16세기 중엽부터 성행하였다. 백성들이 왕이 거주하는 궁궐 안에까지 난입하여

31. 『정조실록』 8권, 정조 3년 8월 3일(갑인)
32. 『일성록』 정조 3년 8월 5일(병진)
33. 김문식, 앞의 책, 284쪽.
34. 이하 서술은 한상권, 1996, 『朝鮮後期 社會와 訴寃制度』 일조각, 48-83쪽.

격쟁하는 사례가 빈발하자 정부는 차비문(差備門) 밖에 쇠를 매달아 놓고 이를 두드리도록 하였다. 18세기 들어 국왕이 궁궐 밖으로 행차하는 일이 빈번해지자 격쟁도 궁궐에 난입하는 형태에서 거둥 시 어가 앞에서 하는 형태로 바뀌게 되었다. 거둥 시 하는 격쟁은 위내격쟁과 위외격쟁 두 가지가 있었다. 군졸이 왕을 시위하는 의장(儀仗) 안인 위내(衛內)에까지 난입하여 하는 격쟁이 위내격쟁이며, 의장 밖에서 하는 격쟁이 위외격쟁이다. 백성들이 시위 군졸의 저지를 뚫고 위내에까지 뛰어들어가 격쟁하는 것은 사실상 불가능하였으므로 거둥 시에 하는 격쟁의 대부분은 위외격쟁이었다. 정조는 즉위 직후인 1777년(정조 원년) 2월, "선왕 대에는 다만 궐내격쟁만 금지하였는데 이후 교외에서 격쟁하는 것을 아울러 금지하며, 심지어는 격쟁하는 이들을 잡아 가두어 형벌을 가하기까지 하니 이는 괴이한 일"이라며, 위외격쟁을 허용하라고 지시하였다.[35] 정조가 민의가 상달될 수 있도록 위외격쟁을 허용함에 따라 18세기 후반에 이르러 상언·격쟁이 활성화되었다.

정조는 상언·격쟁할 수 있는 내용에 대해서도 획기적인 조치를 취하였다. 1557년(명종 12)에 상언·격쟁할 수 있는 내용을 '형벌이 자신에게 미치는 일[刑戮及身]', '부자 관계를 밝히는 일[父子分揀]', '적·첩을 가리는 일[嫡妾分揀]', '양인과 노비를 가리는 일[良賤分揀]' 등의 네 가지 사안으로 제한한다는 조치가 내려졌다. 이 네 가지를 사건사(四件事)라고 일컫는다. 16세기 중엽에 이르러 상언·격쟁할 수 있는 사안을 사건사로 한정짓고, 사건사가 아닌 문제로 호소하는 백성들은 함부로 호소한다 하여 외람률(猥濫律)로 처벌하였다. 그러나 이에 아랑곳하지 않고 백성들을 괴롭히는 사회경제적인 문제, 즉 민은(民隱)에 관련된 사안을 가지고 상언·격쟁을 하는 일이 빈발하였다.

백성들이 사건사가 아닌 문제로도 호소하는 경향이 날로 강화되자,

35. 『일성록』 정조 원년 2월 20일(병진)

정조는 사회경제적인 문제도 청원할 수 있도록 허용하였다. 1785년(정조 9) 내린 "격쟁은 비록 사건사가 아니라 할지라도 백성들의 폐단과 관계되는 일이면 외람률로 다스릴 것을 아뢰지 말라"는 전교[36]가 바로 그것이다. 이는 민폐 전반에 관해 격쟁할 수 있도록 하는 제도적 장치를 마련해준 조치로, 이후 중요한 변화가 나타났다. 백성들이 민은을 호소할 수 있게 됨에 따라 상언·격쟁이 개인적인 억울함이나 강상(綱常)의 윤리 문제를 호소하는 청원 수단에서 벗어나 사회·경제적인 비리를 고발하는 저항 수단으로 바뀌게 된 것이다. 이처럼 위외격쟁이 허용되고 민은을 호소할 수 있게 됨에 따라, 상언·격쟁의 양적 팽창과 더불어 질적 변화가 나타나고 있었다. 정조대에 이르러 백성들의 실정[下情]을 국왕에게 전달할 수 있는[上達] 민소(民訴)가 전성기를 맞이하게 된 것이다.

최고 권력자인 국왕이 백성들과 직접 소통하는 상언·격쟁은 조선 고유의 소원제도였다. 중국에서 황제는 하늘로부터 지배의 정통성을 부여받은 최고의 지도자였다. 황제가 자금성 밖에 외출하는 것은 왕조 및 황제 자신을 위한 것이며 백성들의 생활을 실지로 파악하고 그들의 의향을 묻는 것이 주목적은 아니었다. 중국에서는 황제의 행렬이 지나가면 백성들은 문을 굳게 닫고서 방 안에 있어야 하며 황제를 직접 볼 수가 없었다.[37]

---

36. 『대전회통』 권5, 형전 소원조.
37. 1780년(정조 4) 進賀兼謝恩正使로 임명된 종형 박명원을 수행하여 중국을 방문한 박지원은 『열하일기』에 다음과 같이 기록하였다. "東野가 있다가 '선생[박지원—필자 주]은 이번 걸음에 황제를 직접 배알하시게 되나요?' 하고 묻기에 '사신이야 때로는 그런 기회가 있겠지마는 나야 일개 명목 없이 따라온 사람인바에 參班할 기회가 그리 쉽사리 없겠나 보외다' 하니, 동야가 '지난해 광제가 능행 거둥을 할 때에 귀국의 종관들이 황제의 수레 곁에서 바라보는 것을 보고 우리들은 도리어 부러워했답니다' 한다. 내가 다시 '여러분들은 어째서 쳐다보지도 못하는가요?' 하고 물었더니, 배갈부가 '어찌 감히 그런 당돌한 짓을 할 수 있나요? 문을 닫고 숨죽이며 들어앉았을 뿐이지요' 하였다." 이 말을 듣고 박지원이 "천자가 거둥을 한다면 필시 어린아이, 늙은이 할것없이 엎어지고 자빠지고 한데에서 밤을 지내면서라도 다투어 거둥 행렬을 구경하기에 야단일 것 같은데!"라고 하자, 배갈부는 "천만에요. 어림도 없답니다"라고 대답했다(『열하일기』 盛京雜識 商樓筆談). 어가가 지날 때 길 옆에 구경나온 백성들이 산과 들에 널려

일본의 사정은 훨씬 열악하였다.[38] 일본의 도쿠가와 시대는 행렬의 시대라고 부를 정도로 쇼군을 알현하려는 영주들의 행렬이 성행한 시대였다. 통상 150－300인, 많을 때는 2,500인을 넘는 대 행렬이 에도와 전국 200개 이상 되는 지방의 여러 번(藩)을 매년 왕복하였다. 막부의 정무에 참여하는 중신(重臣) 로주(老中)를 비롯하여 정무의 요직에 있는 인사가 가마로 통행하는 사이 농민, 상인, 승려, 하급무사 등이 소장을 제출하는 가마상소[駕籠訴]는 에도시대 후기가 되면 제법 볼 수 있게 되었다. 그러나 당시 일본에서는 상소를 직접 수리하고 심리하는 최종 기관은 어디까지나 사사(寺社)·정(町)·감정(勘定)의 삼봉행(三奉行; 봉행소)이지 쇼군 직속으로 정무를 담당하던 최고 책임자인 로주나 그 다음 지위에 있는 와카도시요리(若年寄)가 그 일을 맡고 있지 않았다. 따라서 예를 들어 봉행소의 판결에 불복하여도 다른 기관이나 관리에게 상소하는 것은 허락되지 않았으며, 가마상소 또한 쇼군에 대한 직소(直訴)와 마찬가지로 막부법을 어기는 비합법적인 상소에 불과하였다. 가마상소를 한 경우에는 상소자가 노주의 집에 일단 감금되었다가 가벼운 형벌(곤장 정도)을 받고, '관계 관청에 탄원하도록' 명령을 받은 다음 문 밖으로 내쫓겼다. 그럴 경우 소장도 모두 반려되어 결국 로주나 와카도시요리에서는 수리되지 않았던 것이다.

쇼군 요시무네(吉宗)가 직소를 대체하는 합법적인 하의상달을 위한 수단으로 1721년 에도의 평정소(評定所) 문 앞에 설치한 메야스바코(目安箱)를 설치하였다. 그런데 거기에 상소할 수 있는 내용이 정치와 관련하여 유익하다고 인정되는 의견과 관리의 부정, 비리 등으로 엄격히 제한되었으며 이를 어겼을 경우에는 형사 처벌을 받았다. 상자의 열쇠는 쇼군만 가지고 있었는데, 실제 그것을 열어 제대로 본 사람은 쇼군 요시

있고, 최고 통치자가 백성들과의 소통을 위해 어가를 멈추고 백성들을 직접 만나보거나 상언 격쟁을 허용하는 모습은 중국에서는 꿈도 꿀 수 없는 일이라는 것이다.

38. 이하 서술은 原武史, 1996, 『直訴と王權』 朝日新聞社, 100－101쪽을 참고하였다.

무네와 이에나리(家齊)뿐이었다는 말까지 있을 정도로 역대 쇼군들이 메야스바코를 과연 활용했는지는 매우 의문이다.

일본의 막번체제에서 쇼군이 지니는 정치적 권위는 조선의 국왕보다도 훨씬 절대적이었다. 사상적으로 볼 때 그 가장 큰 이유는 무가(武家) 정권으로서 발족한 도쿠가와(德川) 막부에서는 조선(혹은 중국)과는 달리 유교가 체제이데올로기로서 정착되지 않았기 때문이었다. 폭력에 의해 성립한 일본의 도쿠가와 막부는 이론적 정통성을 추구할 필요가 없었다. 일본 막번체제에서 조선처럼 소원제도가 활성화될 수 없었던 것은 이러한 점 때문이었다.

2) 대동사회의 구현[39]

(1) 지역 간 소통

정조가 백성들과의 소통을 위해 적극적으로 노력했던 까닭은 사회통합력을 높여 크게 하나 되는 사회, 즉 유교적 이상사회인 대동사회를 건설하기 위한 것이었다. 대동(大同)이란 말은 『예기(禮記)』 예운편(禮運篇)에 처음 보이는데, 대동사회란 대도(大道)를 행해 천하에 공의(公義)를 구현한 사회를 말한다.[40] 천하가 개인의 천하가 아니라 모든 사람의 천하가 되는 공천하(公天下)가 곧 대동사회인 것이다. 군사를 자임한 정조는, 천하를 사물(私物)이 아닌 공기(公器)로 만들기 위하여, 자신을 특정 계층이나 특정 지역의 이익을 대변하는 상대적·사적 존재가 아니라 모든 인민의 이익을 골고루 보호하는 절대적·공적 존재로 위치 지었다. 정조가 평생 마음에 간직하며 잠시도 잊지 아니하여 도배를 새로 할 때마다 벽에 새로 써놓았다는 좌우명 '성인은 선입견이 없다. 백성을 마음

---

39. 이 부분은 한상권, 2007, 「정조의 군주관」『조선시대사학보』 41를 참고하였다.
40. 중국 고대 대동사상은 계급사회에 대립된 사상으로서 다음 네 가지의 기본 내용을 포괄하고 있다. 즉 착취의 반대, 재산의 공유, 모든 사람의 노동, 천하를 公器로 삼는 것이 바로 그것이다(진정염·임기담 저, 이성규 역, 1990, 『중국대동사상연구』 지식산업사).

으로 삼는다[聖人無常心 以百姓爲心].' 열 글자는[41] 정조가 공천하를 추구하였음을 잘 보여준다.

정조는 균평(均平)한 사회를 실현함으로써 공천하 즉 대동사회를 구현하고자 하였다. 정조는 지역 간 균평을 위해 '일시경외(一視京外)'를, 계층 간 균평을 위해 '손상익하(損上益下)'를 표방하였다.

일시경외는 지방의 인재 소통을 통해 지역 간 갈등을 해소하고자 한 이념이었다. 18세기에 이르러 정치권력과 경제적 부가 서울로 집중되면서 서울과 지방 사이의 정치 · 경제 · 문화적인 격차가 날로 심화되었다. 서울과 지방이 분화되는 경향분기(京鄕分岐)가 18세기의 주요한 특징인 것이다. 경향분기는 여러 면에서 나타났다. 정치적인 측면에서, 산림과 왕실 외척의 결합으로 나타난 특권적 정치집단인 경화벌열(京華閥閱)이 형성되면서 권력이 서울로 집중되었다. 경제적인 측면에서, 서울 상업이 발달하면서 서울의 도시화가 진행되었다. 그리고 이러한 변화에 기초하여 정치적 권력과 경제적 부를 장악한 경화사족(京華士族)이 등장하였다. 경향분기로 인해 지방의 배제와 소외가 모든 분야에서 나타났다. 정치적 소외가 가장 심했다.[42] 인재 등용이 문벌과 지역에 국한되어감에 따라, 지방에 산다고 하면 비록 인재의 고장이라 일컫는 영 · 호남 출신이라 할지라도 사헌부, 사간원, 홍문관 등 삼사의 청요직(淸要職)에 오르는 데 많은 지장을 받았다. 실정이 이러하니 황해도, 평안도, 함경도 등 북쪽 지방은 말할 나위조차 없었다.

정조는 지역 간 소통을 위해, 벼슬이 서울에 거주하는 세력가인 경화거족(京華巨族)에게 집중되는 현실을 비판하고, 인재를 등용하는데 출신 성분과 지역을 가리지 않는 입현무방(立賢無方)의 원칙을 표방하였다.

---

41. 『홍재전서』 권167, 일득록 7, 정사 2, 검교직각신윤행임경술(1790)록. 이는 『노자 49』에 있는 구절로 노자의 대동사상을 보여주는 내용이다(진정염 · 임기담 저, 이성규 역, 위의 책.

42. 이경구, 2009, 『17세기 조선 지식인 지도』 푸른역사, 206-210쪽.

> 인재가 서울이나 지방이 어찌 차이가 있겠는가. 그런데 근래 인물을 심사하여 마땅한 벼슬자리를 배정할 때[銓注] 해당자가 모두 서울에서만 나오고 먼 지방에 이르러서는 백에 하나도 거론되지 않으니, 이 어찌 인재를 등용함에 있어서 친소(親疎)나 귀천(貴賤)에 구애받지 아니한다는 뜻이겠는가?[43]

우리나라가 중엽 이전에는 훌륭한 인재가 먼 시골이나 소원한 지역에서 많이 배출되었으나 중엽 이후로는 도성에 있는 세력가 외의 다른 지역에서 나왔다는 말이 전혀 들리지 않는다. 도성에서 나고 자란 자라고 해서 반드시 다 어진 자가 아닐 것이고, 먼 시골에서 나고 자란 자라고 해서 반드시 모두 불초한 자는 아닐 것이다. 이는 훌륭한 인재를 등용하는 데 출신 성분에 구애받지 않는다는 입현무방의 원칙을 지키지 않아서 나타나는 현상이니, 사람의 됨됨이나 재능을 가려 뽑는 일을 맡은 신하들은 이 점을 명심하여 경향 간의 인재 소통에 힘쓰라는 지시였다.[44]

정조는 입현무방의 원칙에 따라 지방 인재를 발굴하는 데 많은 노력을 기울였다. 지방 유생을 대상으로 하는 빈흥과(賓興科) 실시가 정조의 인재 선발에 대한 관심이 전국에 고루 미쳤음을 잘 보여준다. 정조는 1792년(정조 16) 영남 유생을 대상으로 빈흥과를 실시하고 그 결과를 정리하여『교남빈흥록』으로 간행하였다. 이때부터 지방 유생의 선발 범위도 전국으로 넓혀 나갔다. 그리고 각 지역별로 유생을 선발하는 과정을 정리하고 우수 답안지를 수록한 빈흥록을 간행, 배포하였다.『교남빈흥록』이후에도 강원도 유생을 대상으로 한『관동빈흥록』(1793), 제주 유생의『탐라빈흥록』(1794), 영흥·함흥 유생의『풍패빈흥록』(1795), 함경 유생의『관북빈흥록』(1797), 평안 유생의『관서빈흥록』(1798) 등을 편찬하였다.[45]

43.『홍재전서』권168,「일득록」8, 정사 3, 검교직각신서영보임자(1792)록.
44.『홍재전서』권173,「일득록」13, 인물 3, 원임직제학신서용보병진(1796)록.

그 가운데서도 서북도민에 대한 배려는 특히 주목할 만하다. 17세기에는 평안도를 포함한 서북의 지배층을 문화적·신분적으로 동류로 받아들일 수 없다는 인식이 팽배하였다. 그러나 정조는 평안도를 활성화하고 그 지역의 무사층을 적극 등용하려 하였다. 이는 단순히 중앙 정치세력을 재편하려는 데 그치는 것이 아니라, 문반 사족 관인 중심의 정치 질서 전반을 개혁하려는 노력의 소산이었다. 그 과정에서 평안도 신흥세력은 자신 지역의 역량을 바탕으로 중앙정부에 진출하는 사회세력으로 성장하였다.[46] 정조는 지역사회의 개성을 재인식하고 북돋아줌으로써 사회 전체의 통합력을 높이는 방향으로 정책을 이끌고 나갔다.

(2) 계층 간 소통

정조가 강조한 손상익하는 균빈부(均貧富)를 통해 공천하 즉 대동사회를 구현하고자 한 것이다. 정조의 손상익하 정책에는 소민보호 이념이 압축되어 있었다. 정조는 "원자가 나라의 근본이듯이 소민도 나라의 근본"이라고 하였다. 그리고 "백성이 편안해야만 나라가 편안해지는 법이니, 이것이 바로 소민에게 정성을 다하는 것이 나라의 영원한 운명을 비는 근본이 되는 까닭"이라고 하였다.[47] 손상익하 정신에 투철하였던 정조의 모습이 묘지문에 잘 나타나 있다.

> 오직 백성들 생각에 밤이나 낮이나 쉴 사이 없이 아무리 작은 일도 살피지 않은 것이 없고 일단 폐단이 있으면 모두 손을 대서 위에서 덜어다가 아래에다 보태주고[損上益下] 어루만져주고 편안하게 해주었다. 그리하여 사람들에게 스며든 이택(利澤)이 짙고 진하게 젖어들어 오래가면 갈수록 효과가 나타났는데 그러고서도 백성들 보기를 마치 부상이라도 당한 자를 보듯 하여 그 중 한 사람이라도 자기 성취하고 싶은 바를 다 못할까 염려했다.[48]

45. 김문식, 앞의 책, 263쪽.
46. 오수창, 2002, 『조선후기 평안도 사회발전 연구』 일조각.
47. 『홍재전서』 권28, 윤음 3, 세수권농윤음 신해(1791)

정조가 추구한 손상익하는 경제적으로 균평(均平)한 사회를 추구함으로써 사회적 안정과 균형을 이루고자 하는 이념이었다. 인정(仁政)과 정전제(井田制)를 중심으로 한 왕도정치를 강조하는 유가 사상은 균평한 사회를 실현하려면 반드시 토지개혁을 실행해야 한다고 주장하였다. 정전제가 천하를 다스리는 근본이라는 것이다. 맹자는 인정(仁政)의 시행 여부는 군주가 백성의 경제생활을 어떻게 제도적으로 보장하느냐에 달려 있다고 주장하였다.

자신의 시대를 마치 크게 병든 사람이 원기가 이미 허약하여 혈맥이 막혀버리고 혹이 불거지게 된 것과 같은 총체적 위기로 파악한 정조 역시 나라를 보존하기 위한 근본적인 방략으로 제일 먼저 백성들의 경제생활 즉 민산(民産)을 꼽았다.[49] 정조는 1778년(정조 2) 반포한 대고(大誥)에서 "민산을 이루는 길은 반드시 토지의 경계(經界)에서 시작된다" 하여, 토지개혁의 필요성을 피력하였다. 그리고 토지개혁의 중요성에 대해 말하였다.

> 백성들이 먹고사는 길은 오직 부지런히 농사짓는 데 달려 있으니, 사람들이 각기 제 전토를 소유하고 있지 못하다면 비록 힘을 다하려고 한들 어떻게 될 수 있겠는가?[50]

백성들이 굶주리는 것은 경작할 토지가 없기 때문이다. 백성들이 자기 토지를 갖고 있지 못한 현실에서 농업에 힘쓰기를 바랄 수는 없으므로, 민산을 이루기 위해서는 농민이 자기 토지를 갖는 경자유전(耕者有田)의 원칙이 실현될 수 있도록 토지개혁을 실행해야 한다는 생각이었다.

빈부의 불균을 절감한 정조가 이상적으로 생각한 토지제도는 맹자가

---

48. 『정조실록』 권54, 부록, 지문.
49. 이하 정조의 토지개혁사상은 한상권, 2007, 「정조의 경제론」『한국유학사상대계VII－경제사상편』 한국국학진흥원을 참고하였다.
50. 『정조실록』 권5, 정조 2년 6월 4일(임진)

왕도정치 실현의 전제로 제시한 정전제(井田制)였다. 토지의 균평한 분배를 통하여 공평하고 합리적인 사회를 건설할 수 있다는 생각 때문이었다.

그러나 정전제 시행은 결코 쉬운 일이 아니었다. 정전제의 난점은 여러 가지로 지적되었지만, 그 가운데서도 가장 기본이 되는 것은 다음 두 가지였다. 하나는 정전제도를 옛 제도 그대로 시행하려면 평지나 산지를 막론하고 전국의 농지를 구획정리를 해야 하는데, 이러한 거창한 사업은 오랜 세월이 소요될 것이라는 점이었다. 다른 하나는 정전제를 시행하려면 대토지소유자들의 토지를 어떤 형태로든 수용해야 하는데, 세력가들이 땅덩이를 모두 차지하고 있는 현실에서 실현 불가능하다는 점이었다.[51] 세력가들이 토지의 대부분을 겸병한 현실에서 토지개혁을 단행할 수 없었기 때문에, 정조는 잠 못 이룬 채 평상을 서성거리곤 했다.[52]

왕정 실현을 위해 토지개혁에 고심하던 정조가 주목한 것은 『맹자집주』에 소개된 장재(張載, 호는 횡거, 1020－1077)의 정전론이었다. 장재는 정전제가 시행되면 좋아하는 자가 많을 것이므로 최고 통치자가 정책에 대해 확고한 의지를 갖고 몇 년을 기한으로 삼고 꾸준히 행한다면 수년 내에 정전제를 실행할 수 있다고 주장하였다. 또한 "천하에 정전제를 실행할 수는 없어도 한 마을에서는 실험할 수 있다"며, 몸소 토지를 구입하여 실행에 옮기기도 하였다. 정조는 장재가 자신의 주장이 실제 실행될 수 있다는 사실을 증명하기 위해 전형적인 실험모델을 제시하였다는 점을 주목하였다.

> 선유의 말에 '정전은 반드시 한 고을에서부터 시작해야 한다'고 하였는데, 이는 대개 먼저 한 고을에다 시행하여 보고, 천하에 미루어 나가게 해야 한다는 뜻인 것이다.[53]

---

51. 위와 같음.
52. 『홍재전서』 권121, 추서춘기, 진심편, 서백선양로장.

정조는 1787년(정조 11) 경기 안의 두세 산군(山郡)에 병농(兵農)을 서로 연관시키는 둔전제를 실시하였다. 둔전을 통한 병농일치의 실현은 삼대의 유의(遺意)를 실현하는 방안의 하나였기 때문이다. 병사(兵事)와 농사(農事)를 서로 의지하게 하는 것은 장재가 뜻을 두었던 정전제의 뜻을 잇는 것이기도 하였다.[54] 정조는 1791년(정조 15) 백성으로부터 많은 조세를 거두어들이던 내수사 장토(庄土)를 없애고 양서(兩西)에도 둔전을 설치하였다.[55] 1795년(정조 19)에는 화성 둔전이라고도 불리는 대유둔전(大有屯田)을 설치하고 경영하였다.[56]

정전제의 시행 즉 토지 문제의 해결이 아니고서는 민의 균산(均産)과 사회적 안정을 기할 수 없다고 생각한 정조는 1796년(정조 20) 이후 들어 '정전제는 현실 사회에서 실현하기 힘들다'는 주자의 정전제난행설(井田制難行說)에 동조하는 방향으로 견해를 바꾸었다.[57]

그 이유는 다음 세 가지였다.

첫째, 정전제의 실시를 징험할 만한 역사적 근거가 없다는 점이다. 정조는 평양의 옛 자취는 진정한 정전제도가 아니며,[58] 장재의 정전론 역시 "단지 문서상으로만 전해오는 것"으로,[59] 역사적으로 징험된 것이 아니라고 하였다.

둘째, 국토가 중국과 다르다는 점이다. 정전제가 좋지 않은 것이 아니지만 중국의 지세로도 오히려 의논하기 어려운데 하물며 우리나라는 산

53. 『정조실록』 권11, 정조 5년 3월 18일(신묘)
54. 『홍재전서』 권167, 「일득록」 2, 대교신윤행임정미(1787)록.
55. 『정조실록』 부록, 정조대왕행장.
56. 화성둔전은 논에 100석을 파종하는 것을 기준으로 혹은 매입하고 혹은 새로이 개간하여 이루어졌다(『정조실록』 권43, 정조 19년 11월 7일(갑인)).
57. 정조는 "주자는 '큰 난리를 겪은 후에 비로소 정전제를 시행할 수 있다' 하였으니, 주자의 말은 실로 때와 형편을 헤아려서 한 말"이라며, 주자의 의견에 동조하였다(『정조실록』 권45, 정조 20년 9월 29일(신미)).
58. 『홍재전서』 권121, 추서춘기, 진심편 서백선양로장.
59. 『정조실록』 권43, 정조 19년 11월 24일(신미)

천의 형세가 중국과 판이하므로 정전제 시행이 더욱 어렵다는 것이다.[60] 정조는 "우리나라의 토지는 중국과 다르므로 정전법은 애당초 논할 수 있는 것이 아니"라고[61] 하였다.

셋째, 정전제를 시행할 경우 사회적 혼란이 야기되어 백성을 어렵게 만드는[擾民] 단서가 된다는 점이다. 정부가 정전제 실시를 위해 토지를 구입하려 하였다. 그러자 서울 사대부의 토지가 많아 사들이기로 결정한 양주에서 값을 치르기도 전에 소란이 일어나므로 부득이 계획을 늦출 수밖에 없었다.[62] 정조는 이러한 현실을 보고 토지제도는 갑자기 바꿀 수 없는 것이므로,[63] 전제개혁은 서서히 해야 한다고 하였다. 그리고 장재 역시 하루아침에 토지제도를 고쳐야 한다고 말한 것은 아니었다며,[64] 자신의 태도 변화를 정당화하였다.

정조는 농민층의 생활 향상이라는 방향에서 토지소유의 모순을 인식, 토지개혁의 필요성을 절감하였고 그 대책 마련에 노력하였다. 나아가 개혁반대론을 중요한 방해 요인으로 보고, 이를 정치적으로 제압할 수 있는 국왕권 확립을 개혁의 전제로 인식하고 있었다.[65]

정조의 손상익하 이념이 상업에서는 통공(通共)정책으로 나타났다. 유가의 왕도적 안민책은 부국강병과는 차이가 있었다. 부국(富國)을 궁극적 정책목표로 삼은 법가와 달리 유가는 부민(富民)이 전제되지 않은 부국책은 의미가 없다고 보았다. 민생이 안정되면 국가의 부강은 저절로 달성된다는 생각에서였다.[66] 이러한 유가적 이념에 입각하여 정조는 소상품생산자와 소상인, 도시소시민을 보호하기 위해 통공정책을 실시하

---

60. 『홍재전서』 권121, 추서춘기, 진심편 서백선양로장.
61. 『정조실록』 권43, 정조 19년 11월 24일(신미)
62. 『정조실록』 권46, 정조 21년 1월 29일(경오)
63. 『정조실록』 권53, 정조 24년 2월 22일(을사)
64. 『홍재전서』 권121, 추서춘기, 진심편 서백선양로장.
65. 김성윤, 1997, 『조선후기 탕평정치 연구』, 151－155쪽, 지식산업사.
66. 이헌창, 1996, 「조선시대 국가의 재분배기능과 국내상업정책」 『성곡논총』 27.

였다. 소상인에게 유리한 상업정책인 통공정책의,[67] 이념적 근거는 만민이 다 똑같은 나의 백성이라는 이념[一視之仁]이었다. 1791년(정조 15)에 실시한 신해통공은 이전 시기의 통공정책을 총화(總和)하면서 시전상인과 비시전상인 모두가 똑같은 나의 백성[同是吾民]이라는 대동 이념에 따라 취한 조치로,[68] 시전상인들의 독점적 생산과 판매 제도를 철폐함으로써 물가를 안정시키고 도시소민을 보호하고자 한 것이었다.[69]

에필로그

16세기 사림세력이 성장하면서 군주로 하여금 인정(仁政)을 실현하기 위한 학문인 성학을 배우도록 하여 성인 군주가 될 것을 요구하는 군주성학론이 등장하였다. 군주성학론은 양반사대부를 정치의 실질적 주체로 보고 정치 과정상의 핵심적 행위자이자 공론의 수렴자로서 붕당의 역할을 중시하였다. 천명사상이나 혈통만으로는 국왕으로서의 자격이 충분치 못하며, 성리학적 이념의 체득과 솔선수범에 의해서 정통성이 보장된다는 군주성학론이 대두하면서 왕권의 절대성은 위협받기 시작하였다. 성학을 공부하고 치자로써 적합한 도덕적 소양을 수양해야 한다는 점이 왕이건 사대부이건 똑같이 요구되었기 때문이다. 도덕적 수양을 이룬 유자가 국왕과 왕실을 보도(輔導)하고 조정을 이끌어야 한다는 군주성학론은 사림정치의 이론적 기반이 되었다. 군주성학론은 혈통과 세습에 의해 국왕의 절대권과 전제권을 확보하려는 군부론에 비해 국왕의 권위를 합리적이고 객관적인 기준에 의해 판단하려고 하였다는 점에서 한 단계 발전한 정치 이론이었다.

---

67. 『일성록』, 정조 17년 정월 1일(을미); 『일성록』 정조 18년 11월 24일(무신)
68. 『정조실록』 권32, 정조 15년 정월 25일(경자)
69. 김동철, 1980, 「채제공의 경제정책에 관한 고찰: 특히 신해통공발매론을 중심으로」 『부대사학』 4.

군주의 절대권·전제권을 부정하는 군주성학론은 왕권의 세속화에 기여하였다. 군주성학론을 거치면서 국왕은 더는 하늘의 명을 받아 백성을 다스리는 절대적·초월적 존재가 아니라 천명을 인간사회에 구현하는 능력, 즉 유학에서 이상으로 여기는 왕도정치를 현실 사회에 실현할 때 비로소 권능을 인정받는 존재가 되었다. 이 때문에 군주에게는 탁월한 능력과 비범함, 도덕적 자기완성을 지향하는 의지가 있어야 하며, 그러한 자질을 현실사회에서의 실천을 통해 입증해야만 했다.

정조는 군주성학론이라는 성리학적 왕정론에 공감하면서도 왕정 실현의 주체는 군주가 되어야 한다고 생각하였다. 성리학적 정치 이념을 수용하면서도 사림정치가 보여준 신권 중심의 정치를 극복하고 국왕이 중심이 되어 국정운영을 하려는 새로운 움직임인 것이다. 정조는 성리학적 이념을 체득하고 이를 군주 중심으로 재해석함으로써 국왕이 정치와 학문을 아울러 이끌고 나가는 삼대의 이상적인 군주상인 군사를 자임할 수 있었다. 반면 산림에 대해서는 도덕적 표상으로서의 제한적인 역할만 인정하였다. 이들이 시대적 과제를 해결할 안목과 역량을 갖추지 못하였다고 보았기 때문이다. 자신을 만물의 근원인 태극으로 비정한 정조는 산림도통론에 맞서 유학의 도통을 자신이 계승했음을 천명하는 군주도통론을 선언하였다.

국왕이 솔선수범하여 삼대의 이상정치를 실현함으로써 왕권의 정통성을 보장받으려는 군사론은 국왕의 자기완성과 위정자로서의 정치적 책임이 강조되는 정치 이념이었다. 인민을 본위로 하는 정치를 하기 위해 통치자는 스스로를 연마하여 백성을 지도할 만한 인격과 능력을 갖추어야만 했다.

정조는 적극적으로 백성의 복지와 최선의 공익을 추구하고 충성스러운 복종으로 응답하기를 기대하였다. 이를 위해 왕릉 참배를 구실로 도성 밖으로까지 나가 지방의 여러 백성을 직접 만나는 기회를 만들었다. 거둥을 통해 백성들과 소통함으로써 일체감을 조성하는 데 노력하였다.

그뿐만 아니라 거둥을 통해 백성들의 고통을 해결해줌으로써 도덕적 신망을 높이고 은혜를 베풂으로써 백성들에게서 자발적인 복종과 헌신을 이끌어낼 수 있었다.

조선 후기에 이르러 국왕이 도성 밖으로 거둥하는 일이 빈번해짐에 따라 백성들의 소원 수단인 상언·격쟁도 새로운 양상을 띠게 되었다. 상언 격쟁이 날로 격화되자, 이전 국왕들이 통제정책을 취한 것과는 달리 정조는 이를 적극 수용함으로써 백성들의 뜻이 국왕에게 전달될 수 있도록 통로를 열어놓았다. 즉위 직후 위외격쟁(衛外擊錚)을 허용하는 조치를 취한 것이다. 그뿐만 아니라 사회경제적 비리로 인해 야기되는 민은(民隱) 관련 사안에 대해서도 상언·격쟁을 허용하였다. 그 결과 상언·격쟁의 내용이 강상(綱常)의 윤리규범인 사건사(四件事) 위주에서 탈피할 수 있게 되었다. 정조대에 이루어진 위외격쟁과 민은의 허용, 이 두 가지 조치에 힘입어 소원제도는 전성기를 맞이하게 되었다.

대동사회를 구현하려는 정조의 노력은 지역 간 차별을 해소하려는 일시경외(一視京外)와 계층 간의 갈등을 해소하려는 손상익하(損上益下)로 나타났다. 18세기 들어 정치권력과 경제적 부를 장악한 경화사족(京華士族)과는 달리 지방사족(地方士族)은 중앙의 권력으로부터 소외되었다. 정조는 경향분기로 야기된 지역 간 갈등을 해소하기 위해 일시경외를 표방하였다.

손상익하는 균부(均賦)·균역(均役)·균산(均産) 등 균등사회를 지향하는 경제이념이었다. 왕도정치는 균평에서 완성된다고 생각한 정조는 정전제를 통한 토지의 평등한 분배를 염원하였다. 그리고 왕정 실현을 위해 경기와 관동 등 몇 개 고을에 둔전을 개간하거나 매입하여 정전제의 이상인 병농일치를 시험해보기도 하였다. 일시경외와 손상익하는 정조가 유교적 왕정 이념을 현실에 구체화하는 과정에서 찾아낸 결론이었다.

정조는 천리(天理)에 통하고 공심(公心)을 지닌 군사가 됨으로써 인정(仁政)을 실현하고자 하였다. 왕정을 통해 천하가 공기(公器)가 되는 공천하(公天下)를 추구한 것이다. 이러한 정치는 군주가 유학에서 궁극적으로 지향하는 삼대 이상사회 실현을 위해 높은 도덕성을 자기 기준으로 제시하고 거기에 부합되기 위해 모든 노력을 기울일 때만이 가능한 것이다.

19세기에 이르러 소수 경화벌열(京華閥閱)이 최고 권력기관인 비변사를 과점(寡占)하고 국정운영을 농단하는 세도정치가 출현하였다. 세도가들은 가문이라는 혈연적 기반을 바탕으로 권력을 사점(私占)하고 사회적 재부를 독점하였다. 자정 능력을 상실한 세도가문이 국정을 총괄하게 됨에 따라 사회적 통합은 급속히 해체되었다. 국왕이 사회갈등을 합리적인 소통을 통해 해소하지 못하자, 백성들은 사회모순에 대한 불만을 집단적이고 폭력적인 형태로 표출하였다. 농민 저항의 최고 형태인 봉기 즉 농민반란이 일어난 것이다. 19세기는 '민란의 시대'라고 일컬어질 정도로 농민항쟁이 활발하게 일어났다. 그 결과 조선사회는 지역간·계층간 소통을 최고의 사회가치로 삼는 '민소(民訴)의 시대'에서 민인들의 저항이 일상화되는 '민란(民亂)의 시대'로 접어들었다.

참고문헌

논문

김정신, 2008, 「조선전기 훈구·사림의 정치사상 비교」 연세대학교 박사학위논문.

김준석, 1990, 「17세기 정통주자학파의 정치사회론: 송시열의 세도정치론과 부세제도이정책」『동방학지』 67, 연세대학교 국학연구소.

김지영, 2005, 「조선후기 국왕 행차에 대한 연구」 서울대 박사학위논문.

박현모, 2000, 「정조의 탕평 정치 연구 "성왕론"의 이념과 한계」『한국정치학회보』 34-1, 한국정치학회.

윤정, 2007, 「18세기 국왕의 '문치' 사상 연구: 조종 사적의 재인식과 '계지술사'의 실현」 서울대 박사학위논문.

이헌창, 1996, 「조선시대 국가의 재분배기능과 국내상업정책」『성곡논총』 27.

정경희, 1999, 「영조 후반기(1749-1776) 경연과 영조의 의리론 강화」『역사학보』 162, 역사학회.

한상권, 2007, 「정조의 경제론」『한국유학사상대계VII: 경제사상편』 한국국학진흥원.

한상권, 2007, 「정조의 군주관」『조선시대사학보』 41.

저서

김문식, 2007, 『정조의 제왕학』 태학사.

김성윤, 1997, 『조선후기 탕평정치 연구』 지식산업사.

原武史, 1996, 『直訴と王權』 朝日新聞社.

오수창, 2002, 『조선후기 평안도 사회발전 연구』 일조각.

진정염·임기담 저, 이성규 역, 1990, 『중국대동사상연구』 지식산업사.

한상권, 1996, 『조선후기 사회와 소원제도』 일조각.

VI. 정조대 서울·지방의 분화와 지방사족의 등용

박현순(서울대학교 규장각한국학연구원)

1. 서울과 지방의 분화

1) 서울과 지방의 분화에 대한 논의

근래 영조·정조대 역사상의 특성으로 '경향분기(京鄕分岐)'로 표현되는 서울과 지방의 분화 문제를 활발히 논의하고 있다. '경향분기'는 당초 사상계의 분기 문제로 제기된 이래 서울의 상업 발달에 기초한 도시화와 도시 문화의 발달 문제로 연구의 지평이 확대되며 서울을 중심으로 하는 18세기의 새로운 역사상으로 자리잡기에 이르렀다. 그 가운데 당대인의 인식 속에서도 서울과 지방의 분화 양상이 각인되어 있었다는 것이 드러나고 있다.

전근대 역사에서 왕경민과 지방민 사이에는 엄연한 경계가 존재하였다. 신라시대에는 골품 신분으로 편제된 왕경 6부민의 후예들이 지배집단으로 지방민을 지배하였으며, 고려시대에는 소통이 완전히 봉쇄된 것은 아니었지만 계서적인 지방제도 하에서 문벌귀족은 개경에 집중 거주하였다. 중앙의 정치권력이 세습되는 귀족제적인 국가 운영이 왕경과 지방 사이의 경계를 낳았던 것이다.

조선시대에도 도읍인 서울은 여전히 정치권력의 중심지였다. 하지만 조선시대에는 고려시기 왕도와 지방 사이의 계서적인 질서가 해체되고 전국이 일원화되었으며, 과거제의 확대 실시를 통해 정치권력의 담당층이 전국 각지에서 배출되었다. 이처럼 정치권력의 담당층이 지방으로 확대된 것이 조선전기 사회의 주요한 특징이다.

조선전기 지방 사족층은 적극적인 농업 경영을 통해 경제적인 토대를 구축하는 한편 과거를 통해 중앙 관직에 진출하였으며, 재야에서는 사족을 중심으로 향촌 질서를 재편하고 성리학을 매개로 학파를 형성하였다. 이들의 성장을 통해 양반지배체제의 형성, 성리학의 정착, 사림정치의 전개와 같은 조선사회의 주요한 특성이 형성되었다.

여말 이래의 지방 개발과 지방 사족층의 성장은 서울과 지방의 경계를 허무는 촉매제가 되었다. 더욱이 재야의 산림과 공론이 정국 운영에 절대적인 영향력을 행사하는 공론정치(公論政治)의 구도 하에서는 서울과 지방의 구분이 큰 의미가 없었다.

그러나 18세기에 이르면 서울과 지방이 분화되는 양상이 여러 방면에서 나타난다. 현재까지의 연구에서는 그 가운데 특히 세 가지 점이 주목되어왔다. 하나는 정치적인 측면에서 경화벌열이 형성되며 권력이 서울로 집중되었다는 점이다. 또 하나는 경제적인 측면에서 서울의 상업이 발달하며 서울의 도시화가 진행되었다는 것이다. 그리고 마지막으로는 앞의 변화에 기초하여 '경화사족(京華士族)'이 형성되어 서울과 지방의 사상·문화가 분기하였다는 것이다. 이러한 논의에 의해 만들어지는 18세기의 역사상은 정치권력과 경제적인 부가 서울로 집중되며 서울·지방 사이의 정치·경제·문화적인 격차가 더욱 커지는 양상으로 집약된다.

지금까지 경향분기의 문제는 주로 18세기 서울의 경제적·문화적 성장을 중심으로 논의해왔다. 서울의 상업 발달과 도시화, '경화학계'와 '경화사족'의 대두는 서울과 지방을 대비시키는 중요한 지표로써 검토되어왔다. 따라서 전체적인 측면에서 보면 서울의 변화가 부각됨으로써 비로소 서울과 지방의 분화 문제에 주목했다고 해도 과언이 아니다.

이전까지 조선 후기에 대한 이해는 지방 사회를 중심으로 전개되어 왔다. 따라서 서울에 대한 이해가 제고됨으로써 18세기의 역사상에 대한 인식의 지평이 확대될 수 있었다. 그러나 연구 대상이 서울이라는 공간으로 제한되어 서울의 변화상이 지방 사회와 유리되어 파악되는 한계도 있다. 따라서 18세기의 종합적인 역사상을 구축하기 위해서는 양자를 아우르는 통합적인 시각이 필요하다.

18세기 서울과 지방의 분화는 정치권력과 경제적인 부가 서울로 집중되고 지방이 주변부화하는 현상이었다. 따라서 서울의 성장은 지방의 소외를 수반하는 것이었다. 지방의 소외 문제는 다방면으로 제기되었을 법하지만 가장 직접적으로 제기된 문제는 인사의 편중이었다. 조정의 인사가 경화사족에게 집중되어 지방 출신들이 관직에 진출할 수 있는 길이 갈수록 협소해진다는 것이다. 이것은 지방사족들의 소외의식을 증폭시키는 주요한 원인이 되었다.

이 글에서는 서울과 지방의 분화라는 현상의 이면에 존재하는 지방 출신들의 인사 소외와 조정의 지방사족 등용 양상을 중심으로 정조대의 사회상에 접근해보고자 한다.

2) '경화사족'과 지방사족

18세기 서울과 지방의 분화 문제를 검토하면서 가장 활발하게 논의한 부분은 이른바 '경화사족'의 대두다. 경화사족은 서울과 서울 교외에서 서울과 관련을 맺으며 생활하는 사인계층(士人階層)으로 정의된다.[1] 이와 같은 사족층은 어느 시기에나 존재하였을 법하지만 역사적으로 보면 18세기에 이르러 전면에 부상했다.[2]

---

1. 유봉학, 1998, 「경화사족의 사상과 진경문화」『진경시대』 1 돌베개, 83-84쪽.

경화사족은 서울을 중심으로 활동하는 사족층으로 숙종대 갑술환국 이후 누대에 걸쳐 벼슬살이를 하면서 대대로 서울과 서울 주변에 거주한 가계를 모태로 한다. 이들은 국왕이 탕평정치를 표방하며 산림세력을 배제하고 관료집단을 중심으로 정치를 운영하는 가운데 관료 생활을 매개로 서울에 세거하게 되었다.

이에 비해 지방사족들은 17세기 이래 점차 중앙의 정치권력에서 소외되며 지방에 세거하였다. 지방사족이 정치권력에서 소외되는 양상은 크게 두 단계로 나누어볼 수 있다. 먼저 붕당정치기에는 서인계가 권력을 장악한 가운데 북인계와 영남 남인계가 정치적으로 배제되었다. 그 다음 18세기에는 서울의 벌열들에게 정치권력이 집중되며 각 당파 내에서도 지방사족층이 외곽으로 밀려났다. 17세기에는 정치적으로 특정 지방이 배제된 데 비하여 18세기에는 서울과 지방 사이의 분화가 진행되며 서울로의 권력 집중과 지방사족층의 소외가 전면화되었다는 것이 그 특징이다.

정치권력 참여 여부와 그에 따른 거수지의 분화는 여러 가지 분화적인 분기를 야기하였다. 사상의 측면에서 보면 경화학계는 주자주의적 전통을 탈피하며 박학풍의 새로운 학풍을 수립해간 반면 지방사족들은 17세기 이래의 주자학적 명분론과 화이론적 중화주의를 고수하였다. 또 문화적인 측면에서도 경화사족들은 서울의 도시화를 배경으로 청문물을 수용하면서 서화, 골동, 여행, 장서 수집 등 다양하고 유흥적인 도시 문화를 창출하였다.[3]

2. 이우성, 1963, 「18世紀 서울의 都市的 樣相: 燕巖學派－利用厚生學派의 성립배경」『鄕土서울』 17, 서울시사편찬위원회; 유봉학, 1991, 「18·9세기 경·향학계의 분기와 경화사족」『국사관논총』 22, 국사편찬위원회(1995, 『연암일파 북학사상 연구』 일지사 수록); 金文植, 1994, 「18세기 후반 서울 學人의 淸學認識과 淸 文物 도입론」『奎章閣』 17, 서울대 규장각.
3. 유봉학, 1998, 앞의 책; 강명관, 1996, 「조선후기 서적의 수입·유통과 장서가의 출현」『민족문학연구』 9, 민족문학사학회; 장진성, 2007, 「조선후기 士人風俗畵와 餘暇文化」『미술사논단』 24, 한국미술연구소.

이상과 같은 차이를 통해 서울에 집중된 권력과 부, 신문화를 향유할 수 있는 경화사족과 구래의 권위를 바탕으로 기득권을 유지하려고 애쓰는 지방사족의 대비되는 모습을 확인할 수 있다.

거주 지역의 문제는 당대인들도 사회적·정치적 생활환경의 하나로 인식했다.[4] 박제가(朴齊家), 정약용(丁若鏞), 황윤석(黃胤錫)의 예를 통해 그 일면을 살펴볼 수 있다.

박제가는 서울에서 나고 자랐다. 서얼인 그는 어려서 아버지를 여읜 이후 홀어머니 아래서 서울의 여러 곳을 전전하며 어렵게 생활하였다. 하지만 그는 서울을 떠나서는 살 수 없다고 단언하였다. 서울은 자신이 나고 자란 곳이기도 하거니와 권력과 인물, 경제, 문헌의 중심지이기 때문이었다. 그가 서울을 떠날 수 없었던 것은 서울이 지니는 중심성 때문이었다.[5]

한편 정약용은 유배지에 있으면서 아들들에게 차후에 반드시 서울의 십리 이내에 거주하고자 한다는 계획을 밝히고 있다. 그는 서울과 지방의 문화 수준에 현격한 차이가 있기 때문에 벼슬이 없더라도 반드시 서울에 거주하며 문화적 안목을 키워야 한다고 강조하고 시골로 내려가는 것은 천한 무지렁이가 될 위험이 있다고 우려하였다.[6] 서울 근교에서 나고 자라 남도의 끝에서 유배생활을 하던 정약용의 눈에는 서울과 지방의 문화 수준이 현격하게 달랐기 때문에 서울은 떠날 수 없는 곳이었다.

흥덕 출신인 황윤석에게는 서울이 동경의 대상이었다. 그는 서울과 지방의 학문 수준은 현격하게 다르다고 인식하였고, 서울에서의 인정 여부가 학문적인 역량을 평가하는 중요한 준거가 된다고 인식하였다.

---

4. 이우성, 앞의 글; 배우성, 2006, 「18세기 지방 지식인 황윤석과 지방 의식」『한국사연구』 135, 한국사연구회.
5. 이우성 1963, 위의 글; 朴齊家, 『貞蕤閣集』 권1, 「送李定載公州序」
6. 丁若鏞, 『與猶堂全書』 제1집 詩文集 권18 「示二兒家誡」; 민족문화추진회 편, 『국역 茶山詩文集』 권18 家誡 「두 아들에게 보이는 가계」; 김문식, 1996, 『朝鮮後期經學思想硏究』 일조각, 9－10쪽.

그리하여 그는 "사람은 서울에서 살지 않으면 안 된다"고 탄식하였다. 그가 인식한 지방의 모습은 서울이라는 중심에 대비되는 주변부였다.[7]

황윤석은 한편으로 경화사족에 대비되는 지방사족의 소외 문제를 민감하게 인식하였다. 과거(科擧)의 결과를 놓고 경유(京儒)와 향유(鄕儒)의 비중을 의식하였으며, 향유로서 급제하는 자들은 권세가에 의탁한 자들이라고 인식하였다. 관직에 대해서는 인조반정 이후 청현직은 도성 문밖을 넘지 않았고, 경외의 관직들도 도성 주변 30리를 벗어나지 않았다고 인식하였다.[8] 황윤석의 인식에는 서울의 풍요로운 문화에 대한 동경과 더불어 지방 출신들이 관직 진출에 부당한 차별을 당하고 있다는 소외의식이 자리잡고 있었다.

서울은 어느 시기나 문화의 중심지였다. 따라서 지방사족들도 서울과의 교류에 매우 적극적이었다. 이와 관련하여 조선전기 영남에서도 '경가(京家)'를 소유한 사례가 다수 존재하였다는 점이 주목된다. '경가'는 '향가(鄕家)'와 대칭되는 말로 서울에 보유한 집을 가리키는데, 16세기 분재기에 자주 등장한다.[9] 경가는 주로 서울에서의 벼슬살이를 계기로 장만하였으며,[10] 지방 출신들이 상경하여 수학하고 교류하는 사회 활동의 근거지로도 기능하였다.[11] 이와 같은 경가의 존재는 지방 출신들이 서울에서도 활발하게 활동하고 있었다는 것을 보여준다.

---

7. 배우성, 앞의 글.
8. 黃胤錫, 『頤齋亂藁』 권8, 정해년 2월 10일 "盖國初用人 猶不拘門地 苟其人年少才秀者 得補承文 年老識邃者 得補成均 而其同歸於玉堂 則一爾 明宣之際 尤尙經學 小家子 發身淸顯何限 獨自癸亥反正以後 諸勳臣 只爲子孫地 一切淸顯之官 鮮出都城門外 而京外各衙門官員不越乎都城以內周三十里 數十大家耳"
9. 한 예로 1559년 金富弼 형제의 분재기에는 壽進坊洞에 위치한 43칸짜리 瓦家가 포함되어 있으며, 孫昭는 서울 苧剪洞에 가사를 소유하고 있었다. 1552년 연일정씨의 분재기에는 여러 채의 경가가 등장한다. 한국학중앙연구원 소장 固城李氏家寄託文書 중 李容妻의 깃득문기, 경주손씨고문서 分財記 5, 여주이씨 독락당 고문서.
10. 대표적인 예로 苧剪洞에 집을 가지고 있던 孫昭와 남산에 집을 가지고 있던 李賢輔의 사례를 들 수 있다. 李賢輔, 『聾巖集』 권1, 「題終南遊錄後」
11. 박현순, 2007, 「16세기 예안현 사족층의 修學과 관직 진출」 『教育史學研究』 17－1, 교육사학회.

18세기 황윤석의 일기에도 충청도에는 지방에 세거하면서도 서울에 거처를 두고 양쪽을 오가며 생활하는 사람들이 많다고 소개하고 있는데, 이를 '반경반향(半京半鄕)'이라고 기록하였다. 충청도에는 여전히 서울에 근거지를 두고 활동하는 사람들이 많았던 것이다.

하지만 여타 지역에서는 양상이 달랐다. 황윤석의 분석에 드러나듯 충청도에 '반경반향'하는 사람들이 많은 것은 '세족대가(世族大家)'가 많다는 특수한 상황 때문이었으며, 일반적인 양상은 아니었다.[12] 특히 18세기 후반 영남 상도에서는 이름이 조적(朝籍)에 있더라도 관직이 없으면 조령을 넘지 않는다고 할만큼 서울과의 교류는 제한되어 있었다.[13] 서울에서 분경(奔競)한다는 혐의를 피하기 위하여 의식적으로 서울과의 거리를 유지하려고 한 것이다. 그만큼 서울과 지방 사이의 심리적 거리가 멀어졌던 것이다.

조선후기 사족들은 누구나 지방에 세거지를 갖고 있었으며, 경화사족들도 마찬가지였다. 특히 근기지역은 경화사족들의 주요 근거지이자 경제적인 기반이기도 하였다.[14] 하지만 서울의 근거지는 지속적으로 관직에 진출하거나 그 가능성이 있는 계층만이 유지할 수 있었다. 경화사족과 지방사족의 분화는 조선후기에 진행된 정치적·계층적 분화를 반영하는 것이었다.

3) 인사의 서울 편중

18세기 사족층 내에서 전개된 서울과 지방의 분화 문제는 주로 사상적인 분기를 중심으로 논의해왔다. 그러나 당시 지방 사족들이 가장 민감

---

12. 배우성, 앞의 글; 黃胤錫, 『頤齋亂藁』 권15, 경인년 6월 17일(신묘) "湖西多世族大家 半京半鄕 乍春乍秋 以故視之無間 嶺南又多南人舊家 風氣强悍 激之易以變 以故畏而敬之 惟湖南 於斯兩者 無一焉 所以受擯至此歟"
13. 禹夏永, 『千一錄』 「建都」 附山川風土關扼 – 嶺南 "名在朝籍之人 無官職則不得踰嶺 蓋避干謁媒進之廉"
14. 김문식, 앞의 책, 7–10쪽.

하게 서울과 지방의 차이를 인식한 것은 인사 문제였다. 인사가 서울의 문벌들에게 집중되고 지방사족들은 소외되고 있다는 것이다.

서울로 인사가 집중된 계기로는 흔히 인조반정이 지목되었다. 반정공신들이 대대로 정치권력을 장악하고 청요직을 독점하여 서울의 세가거족(世家巨族)을 중심으로 인사의 문이 좁아지게 되었다는 것이다. 이러한 인식은 18세기에 상당히 보편화되어 있었다.[15]

하지만 현종대까지는 이이와 성혼의 문묘 종사 문제로 서인과 극한적인 대립을 보이던 영남 남인의 등용 문제가 주로 제기되었을 뿐 서울과 지방의 격차 문제가 논의되지는 않았다.[16] 이 문제는 숙종대부터 본격적으로 제기되어 18세기에 고질화되었다.

숙종대부터 본격화한 인사의 서울 편중 문제는 크게 두 방향으로 제기되었다. 하나는 알성시(謁聖試)·정시(庭試)와 같은 친림시에서 서울 유생들만을 선발한다는 것이고, 하나는 청요직 임용이 서울 출신들에게 집중되어 있었다는 것이다.

분과는 식년시 외에 경과(慶科)인 증광시·별시·정시·알성시·춘당대시 등 그 종류가 다양하였다. 이 중 식년시는 급제자의 출신 지역이 비교적 분산되어 있었다. 하지만 부정기적인 경과는 전통적으로 식년시에 비해 서울 출신의 합격 비율이 높았다.[17]

이처럼 시종별로 서울 출신들의 합격 비율이 다른 것은 시험 과목과 밀접한 관련이 있었다. 선초 이래 서울은 제술(製述)에, 지방은 강경(講經)에 강한 면모를 보여왔기 때문에 사실상 회시 초장의 강경으로 급제

---

15. 柳壽垣, 『迂書』 권2, 「論門閥之弊」; 黃胤錫, 『頤齋亂藁』 권8, 정해년 2월 10일
16. 박현순, 2006, 「16-17세기 禮安縣 士族社會 硏究」 서울대 박사학위논문, 166-194쪽.
17. 태조-숙종대까지 문과급제자 중 거주지가 확인되는 5,966명의 출신지역을 보면 시종별로 큰 차이를 보인다. 서울 출신의 경우 식년시 36.4%, 별시 59.6%, 증광시 58.0%, 친림시 75.2%를 차지하여 식년시와 경과의 합격 비율이 다른 양상을 보인다. 이 데이터는 송준호·와그너 편, 『CD롬 문과방목』를 분석한 결과다. 이하 문과방목 관련 데이터는 모두 동일한 자료를 활용하였다.

자가 결정되는 식년시에는 지방 출신의 비율이 높은 반면 제술만 시행하는 경과에서는 서울 출신의 비율이 높았던 것이다.[18]

그런데 숙종대에는 한나절 동안 한 편의 글을 제술한 후 당일에 바로 급제를 주는 정시·춘당대시 등 친림시가 본격적으로 시행되었고, 급제자 중 서울 출신의 비율이 절대 다수를 차지하여 80%를 넘었다. 이는 증광시나 별시 등의 다른 경과에 비해서도 절대적으로 높은 비율이었다.[19]

친림시는 간단한 시험절차 때문에 응시자들의 호응이 컸다. 그리하여 17세기 동안 식년시나 증광시, 별시 등 다른 시험에 비해 응시자 수가 매우 빠르게 증가하여 인조대에는 대략 2,000－3,000명 수준에 그친 응시자 수가 숙종대에는 만여 명에 이르렀다.[20]

이 때문에 응시자들은 다른 시험보다도 친림시 결과에 민감하였다. 그리하여 시험 때마다 친림시 급제자는 대개 고관의 친인척 일색이라는 비난이 제기되었으며, '정시는 한강을 넘지 않는다'는 속언이 생겨나기도 하였다. 그만큼 친림시 결과에 대한 불만들이 제기되고 있었던 것이다.

조정에서는 이를 무마하기 위하여 '향시방(鄕試榜)'이라는 비아냥을 들으면서까지 지방 유생들을 의도적으로 선발하기도 하였고 '후정시(後庭試)'라고 하여 정시가 끝난 후 지방 유생들을 위해 특별 시험을 시행하기도 하였다.

또 표(表)가 주로 출제되는 친림시의 과제(科題)가 서울 유생들에게 유리하다는 지적에 따라 숙종 말년부터는 표 외에 부(賦)·잠(箴)·명(銘)·송(頌) 등을 섞어서 출제하도록 하였다.[21] 영조대에는 특별히 지방 유생

18. 최진옥, 1998,『朝鮮時代 生員·進士 硏究』集文堂, 174－184쪽.
19. 숙종대 시종별 문과급제자 중 서울 출신이 차지하는 비율은 식년시 20.8%(117/562), 증광시 63.6%(256/444), 별시 63.6%(70/110), 친림시 81.5%(221/271)였다.
20. 정시·알성시 응시자의 급격한 증가는 과장의 공간 부족과 收券 과다 등 여러 가지 문제를 낳아 숙종대 科場을 春塘臺로 이설하고 收券 시간을 제한하는 등의 변통이 있었다. 박현순, 2009,「17세기 과거 응시자 증가 현상에 대한 고찰」『사학연구』93, 한국사학회, 101－116쪽; 박현순, 2009,「17세기 科擧 관리의 정비: 응시자 증가와 관련하여」『조선시대사학보』49, 조선시대사학회.

들을 선발할 목적으로 부(賦)를 자주 출제하기도 하였다.[22] 그 결과 영조·정조대에는 친림시 급제자 중 서울 출신의 비율은 급격히 떨어져 66.8%, 50.9%로 낮아졌다. 나아가 18세기에는 이전에 비하여 지방 출신들이 급제하는 비율도 높아졌다.[23] 따라서 과거 급제 비율로만 본다면 18세기에는 서울과 지방의 격차는 오히려 줄어들었다.

하지만 이것이 지방 출신들이 활발하게 관직에 진출할 수 있었다는 것을 의미하지는 않았다. 숙종대 이후에는 경과를 자주 설행하여 이전에 비해 급제자의 숫자가 크게 늘어나 그 수가 문관의 관직 수효를 초과하였다.[24] 따라서 문과에 급제하더라도 지속적으로 관직에 제수되지 못하는 경우가 발생하였으며, 관직 생활을 지속하더라도 극히 일부만이 청요직과 고위직에 진출할 수 있었다.

이처럼 관직을 둘러싼 경쟁이 치열해지면서 식년시 급제자들이 청요직에서 배제되는 양상이 나타났다.[25] 그런데 17–18세기 식년시 급제자 2,521명 중 1,935명, 즉 76.8%가 지방 출신이었다. 따라서 식년시 출신자의 청요직 배제는 곧 지방 출신의 청요직 진출을 제한하는 결과로 이어졌다.[26]

---

21. 『숙종실록』 권54, 숙종 39년 6월 21일(병신)
22. 『영조실록』 권49, 영조 15년 4월 28일(갑진)
23. 17세기 문과 급제자 중 지방 출신이 차지하는 비율은 52.9%(1,537/2,908)였으나 18세기에는 56.5%(2,060/3,645)로 높아졌다.
24. 연평균 문과급제자 수는 16세기 24.0명, 인조·효종·현종대 각 25.0명, 23.9명, 25.9명에 불과하였다. 하지만 숙종대에는 30.8명, 영조대에는 40.8명으로 그 수가 급격하게 늘어났다.
25. 『숙종실록』 권33, 숙종 25년 4월 26일(을축) "左議政崔錫鼎 上論事四條箚 …… 二曰選擧 我國中葉以前 公卿·侍從 皆由式年進 近歲京華之士 厭誦讀而樂剽竊 明經者多遐遠之士 其得通於臺省淸列者 僅十之一二"; 『영조실록』 권93, 영조 35년 4월 28일(무인)
26. 식년시는 사실상 회시 초장의 배송(背誦)으로 당락이 결정되었기 때문에 18세기에는 '명경과(明經科)'라고도 불렸다. 그런데 암송에 치우친 배송은 17세기부터 시험의 실효를 둘러싼 논란을 야기하여 비중을 줄이자는 주장이 자주 제기되었는데, 그나마 지방 유생들이 문과에 급제하는 통로가 된다는 이유로 존속될 수 있었다. 문과의 여러 시종 가운데 식년시가 지방 출신의 합격 비율이 월등히 높았기 때문이다. 17세기 시종별 문과 급제자 중 지방 출신이 차지하는 비율은 식년시 74.3%, 증광시 42.1%, 별시

지방 출신들의 인사 소외는 급제 직후의 승문원 분관에서부터 시작되어 홍문록 입록, 당상관 진출 등 여러 단계에서 재현되었다.[27] 문과 급제자의 수는 갈수록 늘어났지만 실제 청요직을 거쳐 당상관에 진출할 수 있는 부류는 서울을 주활동 무대로 하는 정치집단으로 제한되었던 것이다.

청요직과 당상관의 독점은 관료체제의 한 축을 차지하는 음관의 인사에도 절대적인 영향을 미쳤다. 음관들은 천거나 문음을 통해 관직에 진출할 수 있었다. 그런데 정례적인 예천(例薦)은 동서반(東西班) 3품 이상의 관원이 담당하였고, 인사권은 이조에서 주관하였다. 따라서 천거를 통한 음관의 초입사도 결국에는 관직을 장악하고 있는 경화사족을 중심으로 진행될 수밖에 없는 구조였다.[28]

이중환은 이와 관련하여 특히 영남 출신들의 인사 문제를 언급하고 있다. 그는 영남 출신은 문과에 급제하더라도 3품을 넘어갈 수 없고 낮으면 수령에 지나지 않는다고 기록하였다. 그에 따르면, 100여년 사이에 영남 출신으로 정경(正卿)에 오른 자는 2명, 아경(亞卿)에 오른 자는 4－5명에 불과하였고 재상에 제배된 자는 없었다.[29]

그런데 황윤석의 인식에 따르면 영남의 사정은 그나마 나은 편이었다. 그는 청현직은 도성을 벗어나지 않고 여타 관직도 도성 주변 30리 내의 수십 대가(大家)를 벗어나지 않는다고 인식하였다.[30] 나아가 지역

41.3%, 친림시 30.2%로 식년시 급제자 중 지방 출신의 비율이 가장 높았다. 따라서 식년시가 지방 출신의 문과 급제에 중요한 일익을 담당했음을 알 수 있다.

27. 차장섭, 1997, 『朝鮮後期閥閱硏究』 일조각.

28. 『숙종실록』 권11, 숙종 7년 1월 30일(갑신) “師命又言 今見別薦單子 則俱是京華士夫衆所共知 而絶無外方人被薦者 殊非朝廷揚側陋之意也”

29. 李重煥, 『擇里志』 慶尙道 “我朝則宣祖以前秉國者 皆是道人 四賢從祀文廟者 又是道人 宣(仁)廟朝 與栗谷李珥 · 牛溪成渾 · 白沙李恒福門生子弟靖亂 自是偏用京城世家 近百年之間自嶺南爲正卿者二人 亞卿四五人 無拜相者 高不過三品 下不過州縣”

30. 黃胤錫, 『頤齋亂藁』 권8, 정해년 2월 10일 “盖國初用人 猶不拘門地 苟其人年少才秀者 得補承文 年老識邃者 得補成均 而其同歸於玉堂 則一爾 明宣之際 尤尙經學 小家子 發身淸顯何限 獨自癸亥反正以後 諸勳臣 只爲子孫地 一切淸顯之官 鮮出都城門外 而京外各衙門官員

별로도 조정의 대우가 달라 서울과 유사한 대접을 받는 충청도와 남인구가(南人舊家)가 많아 무시하지 못하는 경상도, 조정에서 도외시하는 전라도, 하황(遐荒)인 서북지방으로 서열화되어 있다고 인식하였다. 황윤석은 이와 같은 차별이 이미 구조화되어 있다고 파악하였다.[31]

경화벌열의 형성은 문과, 청요직·당상관 임용, 음관 입사 등 다기한 경로를 통해 서울의 벌열을 중심으로 관직이 재집중되는 양상을 낳았다. 그 이면에서 지방 출신들은 정치권력과 관직에서 소외되는 현실을 경험하고 있었다.

2. 지방사족의 등용

1) 도천(道薦)의 시행

정조가 즉위한 시점은 지방사족들의 인사 적체가 만연한 시점이었다. 이 문제는 크게 두 가지로 제기되었다. 하나는 문과 급제자의 인사 적체 문제였으며, 하나는 지방 출신들의 초입사로가 협소하다는 문제였다.

문과 급제자의 인사 적체 문제는 숙종대 후반 선발 인원이 늘어나면서 처음 제기되었는데 영조대 후반 문과를 남설하면서 더욱 심화되었다. 그리하여 정조는 즉위 초부터 과거 시행 횟수와 선발 인원을 제한하는 한편 음관의 자리를 문관의 자리로 전환하기도 하였다. 하지만 기본적으로 음과(陰窠)가 비대하고 문과(文窠)가 협소하여 문관의 적체를 해소할 수 없었다.[32]

不越乎都城以內周三十里 數十大家耳”

31. 배우성, 앞의 글; 黃胤錫, 『頤齋亂藁』 권15, 6월 16일 갑인 “近世湖西 則視同京邑 處以淸顯無間 而嶺南衰矣 湖南尤衰 無異於西北遐荒 豈其人才 不及祖宗盛時歟 …… 湖西多世族大家 半京半鄕 乍春乍秋 以故視之無間 嶺南又多南人舊家 風氣强悍 激之易以變 以故畏而敬之 惟湖南 於斯兩者 無一焉 所以受擯至此歟 噫 勢吾無如之何 聖人已言之矣”

32. 『정조실록』 권24, 정조 11년 12월 20일(계축); 권47, 정조 21년 10월 12일(정미)

더욱이 지방 출신들은 사실상 청요직에 진출하는 것이 제한되었을 뿐 아니라 문과에 급제하고도 관직을 제수받지 못하는 경우도 빈발하였다.[33] 이 때문에 왕명으로 호남과 영남 출신을 청현직에 제수하기도 하였지만[34] 일회적인 조치에 그쳤을 뿐 인사의 구조적인 병폐를 극복하지는 못했다. 이것은 경화벌열을 중심으로 하는 정치권력 구조에서 기인하는 것이었기 때문이다.

지방 출신들의 초입사(初入仕) 문제는 음관의 문제였다. 조선시대 관료군 중 문과 급제자는 고급 관료로서 소수를 차지하였을 뿐이며 하급 관직은 취재나 천거 등으로 임용된 음관으로 채워졌다. 그런데 이 시기에는 음관의 임용도 서울에 집중되었다. 그 결과 관직이 도성 밖에 미치지 못한다거나 서울의 공경자제는 못하는 벼슬이 없지만 향곡의 선비는 발탁될 방법이 없다고 일컬어지는 등 서울 중심의 인사에 대한 불만이 팽배했다.[35]

이러한 가운데 정조는 문과 운영의 문제점을 보완하고 지방인들의 인사를 소통시키는 방안으로 즉위 초반부터 도천의 시행에 주력하였다.

도천은 인조대에도 시행한 사례가 있으며 효종·현종대에 정식화되어 『속대전』에 수록되었다.[36] 매 식년 연초에 각도 감사가 군현의 추천을 받아 재행이 뛰어난 2－3인을 추천한다는 것이 그 내용이다. 영조 역시 지방인을 등용하는 방법으로 도천과 어사천(御史薦)을 시행한 적이 있었다.[37]

---

33. 『정조실록』 권44, 정조 20년 5월 29일(계유)
34. 『정조실록』 권11, 정조 5년 6월 22일(계사); 권13, 정조 6년 3월 28일(을축); 권45, 정조 20년 7월 19일(임술)
35. 『정조실록』 권43, 정조 19년 11월 24일(신미) "批曰 …… 二百年餘科宦 漸不及於鄕外 至於近日 竝與城外而不及"; 『정조실록』 권29, 정조 14년 2월 13일(갑자) "掌令崔景岳上疏曰 …… 殿下以收用人才爲先務 …… 公卿子弟 無官不做 鄕曲寒素 無路自拔"
36. 『續大典』 吏典 「薦擧」 "各道前銜及生·進·幼學之才行表著者 每式年歲首 一鄕人保擧于守令 報觀察使抄薦－下三道 無過三人 上五道 無過二人 各其名下懸錄其才行 生·進則年三十以上 幼學則四十以上 前銜則不拘年歲"

정조는 도천을 통해 지방의 인사 문제를 개선할 수 있을 뿐 아니라 형식화된 과거 시험의 폐단을 극복하고 지행(知行)을 겸비한 인재를 선발할 수 있을 것으로 기대하였다. 그가 생각하는 도천은 주대의 향거리선(鄕擧里選)을 모델로 하는 이상적인 인재 선발 방법이었다.

정조는 즉위 이듬해 초 각도 감사에게 도천을 올리도록 하고 이조에도 조용(調用)을 신칙하여 자신의 이상을 실행으로 옮겼다.[38] 하지만 도천은 제때에 올라오지 않는 경우가 많았을 뿐 아니라, 올라오더라도 이조에서 임용하지 않거나 임용되더라도 부임하지 않는 사례가 많았다.

도천이 실패한 데에는 천거를 담당한 감사와 임용을 담당한 이조의 무관심이 주된 요인으로 지목되었다. 감사는 애초부터 사람을 가리는데 신경쓰지 않고 이조에서도 의례껏 비망하는 데 그치며 실제 현자(賢者)를 천거하여 등용하려는 의지는 없다고 비판받았다.[39] 감사는 현실적인 사환 가능성보다는 널리 알려진 인물을 추천하여 책임을 막음하는데 주력하고, 이조에서는 신상에 대한 정보가 충분치 않다는 이유로 의례적인 인사만을 단행하였을 뿐이라는 것이다.

한편 국왕이 상경을 신칙하여도 피천자들이 올라오지 않는 경우도 허다하였다.[40] 그 이유는 대개 부모나 자신의 질병을 들고 있으나 오히려 말단의 관직에 나아가는 것보다 전함(前銜)을 갖는 것에 만족한 것으로 보인다.

황윤석이 장릉 참봉과 의영고 직장으로 근무하던 시절의 기록을 보면 고향을 떠나 벼슬살이를 하는 것은 경제적으로 오히려 큰 부담이 되었다. 그가 받는 녹봉은 서울에서의 생활비를 충당하는 데에도 역부족이었으며, 부임 과정에서 경제적으로 큰 빚을 진 경우도 있었다.[41] 즉, 경

---

37. 『영조실록』 권99, 영조 38년 4월 21일(갑신); 권109, 영조 43년 6월 9일(신축)
38. 『정조실록』 권3, 정조 1년 1월 10일(정축); 권3, 1년 4월 13일(무신)
39. 『정조실록』 권12, 정조 5년 12월 6일(갑술)
40. 『일성록』 1796년 5월 25일(기사)
41. 정수환, 2002, 「18세기 이재 황윤석의 화폐경제생활」 『고문서연구』 20, 한국고문서학

제력이 취약한 지방사족들에게 말단의 관직 생활은 오히려 경제적인 부담이 되었던 것이다. 또한 도천을 받은 인물 가운데에는 노년인 경우도 많아 타지에서의 관직 생활을 기피하는 면도 있었다.

그러나 정조는 진산사건(珍山事件)을 계기로 다시 도천에 적극성을 띠었다. 이해 12월 도천장(道薦狀)이 가장 먼저 올라온 호남의 도천 인물들을 당일 바로 조용하게 하는 등 등용에 박차를 가하였다. 정조는 이에 대해 다음과 해명하였다.

> 지금 여러 도에서 천거해 올린 사람들이 반드시 모두 대유(大儒) · 걸사(傑士)인 것은 아니지만 그들이 읽은 것은 경전의 글이요 아는 것은 정(程) · 주(朱)의 말이니, 점필(佔畢)에만 빠져 있거나 공령(功令)에만 빠진 무리들과 비교해보면 큰 차이가 있다. 하물며 사경(邪經) · 잡학(雜學)과 비교해보면 음(陰)에 대해서는 양(陽), 이적(夷狄)에 대해서는 중원(中原)과 같다. 그러니 조정에서 그들에게 관심을 갖고 등용하려 하는 것을 어찌 우활하다고만 말할 수 있겠는가?[42]

이 즈음 정조가 다시 도천을 시행하려 한 것은 지방유생층이 주자성리학을 고수하는 정학(正學)의 수호자라는 이유 때문이었다. 정조는 진산사건을 계기로 서울과 인근의 젊은층이 서학과 북학에 경도된 것을 비판하는 가운데 지방 유생층을 등용함으로써 정학을 부양하려는 자신의 의지를 천명하려고 한 것이다.

하지만 그후 위기의식이 심화된 정조는 도천에 주력하려고 한 것을 이상주의에 치우친 우활한 것이었다고 자인하며 선발 이전에 경전을 익

회; 정수환, 2008, 「朝鮮後期 陵參奉의 經濟生活의 實際: 18세기 黃胤錫의 『이재난고』를 중심으로」 『민족문화논총』 38, 영남대 민족문화연구소.

42. 『정조실록』 권22, 정조 15년 12월 22일(임술), 12월 24일(갑자) "教曰 …… 今此諸道薦進之人 未必皆是大儒傑士 而其所讀者 經傳之文 所知者 程·朱之說 其視膠汨於佔畢 沈溺於功令者流 不但遠莫甚 又況比之於邪經雜學 其爲陽之於陰 中原之於夷狄 果如何哉 然則朝廷之眷眷於搜用 豈可曰迂也哉"

혀 의리와 윤리를 알게 하는 교화와 교육이 선행되어야 한다고 파악하였다.[43]

정조는 단순히 지방 출신을 등용하는 것이 아니라 성리학적 이념의 수호자들을 등용하는 것을 우선시하였다. 이런 점에서 도천의 시행은 인사 문제의 해소책이기도하지만 교화적인 성격도 띤 것이었다.

이후에도 정조는 도천을 다시 신칙하여 피천자(被薦者)들을 직접 소견하고, 관직에 제수하기도 하였으나 정조 21년(1798) 12월에는 다시 실패를 인정하였다. 그리고 '충신은 반드시 효자 중에서 구한다', '고가세족(古家世族)을 병풍과 울타리로 삼는다'는 옛말을 인용하며 그 대안으로 선현과 충신의 후예 중에서 적합한 인물을 찾아 천거하도록 하였다. 나아가 스스로 미처 후손을 등용하지 못한 선현과 충신을 예시하며 천거를 독려하기도 하였다. 고가·세족에서 출생하여 선훈(先訓)과 선무(先務)를 따라 선배들의 유풍(遺風)을 지키고 있으니 노성인(老成人)을 얻지는 못하더라도 전형(典刑)을 구할 수 있는 자는 있을 것이라는 것이 그 논리였다.[44]

이에 충청감사는 유계(兪棨) 등의 후손 5인,[45] 전라감사는 기대승(奇大升) 등의 후손 14인,[46] 경상감사는 장현광(張顯光) 등의 후손 9인[47]을 추천하였고, 이들은 곧 관직에 제수되었다. 이해 연말의 도목정사에서 정조는 임경업(林慶業)의 후손은 곤수(閫帥)가 되고, 정몽주(鄭夢周)의 후손은 부사가 되었다는 등의 예시를 들며 이조와 병조에서 전교의 뜻을 잘

---

43. 『정조실록』 권43, 정조 19년 11월 24일(신미) "初元綸音之欲倣周官鄕擧之遺義者 到今思之迂矣 予則曰 捨却閑說話 使家家人人 誦習經傳 知有義理倫綱 然後當可爲矣' 外此如此如彼之制度 文爲皆末也 何足言"
44. 『정조실록』 권47, 정조 21년 12월 20일(을사). 정조가 거론한 인물은 영남의 曺偉, 曺植, 鄭逑, 張顯光, 호서의 兪棨, 尹煌, 金慶餘, 金弘郁, 호남의 朴祥, 奇大升, 高敬命, 金千鎰이다.
45. 『일성록』 무오(정조 22) 5월 4일(정묘)
46. 『일성록』 무오(정조 22) 6월 9일(신축)
47. 『일성록』 무오(정조 22) 10월 13일(계묘)

받들어 충신들의 후예들이 많이 등용되었다며 만족을 표했다.[48] 이후 정조의 인사 방향은 지방사족을 대상으로 하는 포괄적인 인사보다는 선현과 충신의 후예를 등용하는 데 치중하였다.

정조가 선현과 충신의 후예를 등용하려 한 이유는 그들이 구래의 전통을 지키고 있다는 것이다. 이것은 진산사건 이후 정학을 부양한다는 이유로 지방사족들을 등용하려고 한 것과 일맥상통한다. 즉, 정조가 지방 사족층을 등용하려 한 데에는 상징적으로나마 정치권력에서 소외된 지방 출신들의 인사를 소통시키는 한편 이들을 통해 구래의 질서와 군신관계를 회복하고자 하는 기대가 담겨 있었다.

2) 충신·선현의 후손 등용

정조대 인사에서 주목되는 것 중의 하나는 충신·선현의 후손을 적극적으로 등용하려 한 점이다. 충신·선현의 후손 등용은 지방 출신만을 대상으로 한 것은 아니지만 지방사족들에게는 관직에 진출할 수 있는 유력한 경로가 되었다는 점에서 주목되는 양상이다.

선조의 공로로 후손을 등용하는 것은 그 유래가 매우 오래되었다. 대표적인 것이 문음(門蔭)이다. 이외 중종대에는 관료들의 청렴을 권장하기 위해 청백리 후손을 녹용(錄用)하는 것이 정식화되었으며,[49] 선조 33년에는 사로(仕路)를 맑게 한다는 명분으로 선현·사절인(死節人)·청백리 자손을 우선 수용하는 조치가 있었다.[50] 그 후 인조 12년(1634)에는 선현·청백리의 봉사손(奉祀孫)은 40세 이상, 전망인(戰亡人)의 친자(親子)와 공신문음자(功臣門蔭者) 1인은 30세 이상이 된 사를 계문(啓聞)하여 의망(擬望)하는 것이 정식화되었다.[51]

---

48. 『정조실록』 권50, 정조 22년 12월 19일(무신)
49. 『중종실록』 권4, 중종 2년 11월 25일(갑자); 권35 중종 14년 4월 3일(병인)
50. 『선조실록』 권131, 선조 33년 11월 25일(을축); 권133, 선조 34년 1월 7일(병오)
51. 『인조실록』 권30, 인조 12년 10월 21일(갑진)

후손의 녹용은 빈한한 봉사손을 등용하여 제사를 잇게 한다는 명분으로 시행되었다. 그러나 신료들의 요청과 국왕의 계하(啓下)를 거쳐 사안별로 결정되었기 때문에 실제 적용된 사례는 그리 많지 않았다. 효종대 이황(李滉), 조헌(趙憲), 송상현(宋象賢), 현종대 정문부(鄭文孚), 엄흥도(嚴興道), 이시직(李時稷) 등의 후손을 등용한 몇몇 사례만이 확인될 뿐이다. 사실상 인조대 이래 관행화된 이황의 봉사손 등용도 매번 자손의 어려운 처지를 진달하여 국왕의 재가를 받았다.[52]

그런데 숙종대에 들어 그 사례는 점차 늘어났다. 삼학사(三學士), 이사룡(李士龍), 척화신 윤황(尹煌), 김상헌(金尙憲) 등에게 증직(贈職), 증시(贈諡)와 함께 후손 녹용의 은전을 내렸으며,[53] 곽준(郭䞭), 정문부(鄭文孚), 김시민(金時敏), 고인후(高因厚) 등 임진왜란 당시의 전망인들에 대해서도 증직과 후손 녹용의 은전을 확대했다.[54] 임진왜란 2주갑인 숙종 38년(1712)에는 전몰자들에 대한 사제(賜祭)와 훈봉(勳封)되지 않은 자들의 후손에 대한 녹용을 함께 논의하기도 하였다.[55] 임진왜란과 병자호란과 관련된 인물들의 후손을 녹용하는 사례들이 늘어나고 있었던 것이다.

유신(儒臣)들의 경우에도 이황에 이어 문묘에 종사된 이이(李珥), 성혼(成渾)의 후손에게 은전이 확대되었으며,[56] 가세가 빈한하여 연시(延諡)를 시행하지 못한 송인수(宋麟壽)의 후손,[57] 충신 정몽주, 길재(吉再), 김종서(金宗瑞), 황보인(皇甫仁)의 후손도 녹용되었다.[58] 이외에 보사공신(保社功臣)과 정사공신(靖社功臣)의 후손도 그 대상에 포함되었다.[59]

---

52. 『영조실록』 권37, 영조 10년 2월 5일(임오)
53. 『숙종실록』 권11, 숙종 7년 1월 30일(갑신); 권59, 숙종 43년 1월 20일(을해)
54. 『숙종실록』 권24, 숙종 18년 8월 23일(경자); 권29, 숙종 21년 12월 17일(을사); 권47, 숙종 35년 7월 25일(갑오); 권54, 숙종 39년 윤5월 5일(신해)
55. 『숙종실록』 권51, 숙종 38년 4월 1일(계축)
56. 『숙종실록』 권12, 숙종 7년 10월 9일(무자); 권52, 숙종 38년 9월 15일(을미)
57. 『숙종실록』 권17, 숙종 12년 1월 13일(무진)
58. 『숙종실록』 권45, 숙종 33년 10월 15일(계사); 권47, 숙종 35년 6월 23일(임술); 권64, 숙종 45년 9월 21일(경인)

영조대에는 이에 더하여 무신란에서 공을 세운 인물들과 단종 복위 운동, 인현왕후 폐위 반대, 을사사화 원사인(冤死人) 등 절의(節義)와 관련된 인물들도 그 대상이 되었다. 유신의 경우에도 종전에는 문묘에 종사된 선현이 중심이지만 황희(黃喜), 맹사성(孟思誠), 개국공신 이지란(李之蘭), 조준(趙浚), 박세채(朴世采), 최명길(崔鳴吉), 이원익(李元翼), 장현광(張顯光), 유성룡(柳成龍) 등에게까지 은전이 미쳤다.

정조대에 들어 후손을 녹용하는 범위는 더욱 확대되었다. 은전의 근거는 앞서 제기된 임진왜란, 병자호란, 무신란, 단종 복위 운동 등에 신임사화가 추가되었으며, 각 사안별로 새로운 인물들에 대한 포장(褒奬)도 늘어갔다.

후손 녹용은 그 자체로서는 지방 출신을 염두에 둔 인사라고 보기는 어렵다. 하지만 후손 녹용의 대상이 된 인물 대다수가 경향분기 이전에 활동한 인물이었기 때문에 후손 등용은 지방 출신들이 조상을 매개로 등용될 수 있는 주요 발판이 되었다. 더욱이 후손을 녹용토록 한 경우는 후손의 관직 진출이 부진한 경우였다는 점에서 더욱 그러하다.

후손 녹용은 증시(贈諡)와 부조지전(不祧之典)과 같은 은전(恩典)을 시행하면서 후손에 대한 위로와 제사 봉행을 지원한다는 의미로 시행하기도 하였다. 그런데 숙종대 이후에는 증시와 부조지전이 점차 증가하였기 때문에 이에 수반하여 후손 녹용 대상자도 증가하였다.

증시는 원래 종친·문무관 실직 정2품 이상과 친공신(親功臣)에게만 시행했다. 그러나 이후 유현(儒賢)과 사절인(死節人)의 경우 정2품이 아니더라도 증시하는 것이 관행화되어 『속대전』에 그 내용을 수록했다.[60] 이에 따라 증시 인원도 지속적으로 증가하였는데, 연평균 인원을 보면 인조대는 2.0명에 지나지 않았으나 숙종대에는 3.8명, 영조대에는 5.6명,

---

59. 『숙종실록』 권26, 숙종 20년 윤5월 7일(계유); 권52, 숙종 38년(1712) 9월 15일(을미)
60. 『大典會通』 권1 「吏典」 贈諡 "(原) 宗親及文·武官實職正二品以上贈諡 (續)儒賢及死節人表著者 雖非正二品 特許賜諡"

표 1 조선후기 증시(贈諡) 인원(명)

구분 \ 왕대	인조	효종	현종	숙종	경종	영조	정조	합계
인원(명)	55	31	20	176	16	290	193	781
연평균(명)	2.0	3.1	1.3	3.8	4.0	5.6	8.0	4.4

전거: 『증시록(贈諡錄)』

정조대에는 8.0명으로 늘어났다.

증시는 원래 2품 이상 고관 출신들에게 내리는 은전이기 때문에 대개는 선왕대에 활동한 인물들이 대상이 되었다. 인조·효종대 증시를 받은 86명 중 최소 80명이 선조-인조대 활동한 인물들인 것을 통해 이를 확인할 수 있다. 하지만 유현과 사절인에게도 증시를 하사함에 따라 그 이전 시기에 활동한 인물들에게까지 증시 대상이 확대되었다. 그 결과 정조대 증시를 하사받은 193명 중 최소 93명이 17세기 이전에 사망한 인물들이었다.

대진(代盡)하여도 체천(遞遷)하지 않고 제사를 계속 지내게 하는 부조지전은 원래 친공신에게만 적용되었다.[61] 그러나 영조 30년(1754) 이후 절사인(節死人)과 공렬(功烈)이 있으나 공신에 입록되지 못한 사람들에게 부조지전을 허용하여 삼학사, 이정구(李廷龜), 김상용(金尙容), 이덕형(李德馨), 조헌(趙憲), 송상헌(宋象賢) 등에게 부조의 은전을 내렸다.[62] 당시 은전의 대상은 비록 몇 명 되지 않았지만 절사인에 대한 부조지전 하사는 그 시행 범위를 확대하는 빌미가 되어 정조대에는 다시 그 수가 늘어났다.[63] 부조지전의 은전을 입은 인물도 모두 17세기 이전의 인물들

61. 『經國大典』 권3, 「禮典」 奉祀 "始爲功臣者 代雖盡不遷 別立一室"
62. 『정조실록』 권29, 정조 14년 3월 27일(정미)
63. 文廟從祀人 외에 영조대 不祧之典이 인정된 인물은 11명이 확인되는데, 정조대에는 21명이 확인된다. 정조대 不祧之典의 은전을 받은 인물로는 李莞, 林慶業, 高敬命, 金千鎰,

이었다.

후손 녹용의 대상이 된 인물과 증시나 부조지전의 은전을 입은 인물들은 모두 유현과 사절인으로 중첩되어 있었으며, 17세기 이전의 인물들이 주대상이 되었다. 그 결과 후손 녹용의 대상에는 18세기 정치권력에서 소외된 지방의 명문가들이 다수 포함될 수 있었다. 이런 점에서 후손 녹용은 지방 사족의 인사에 중요한 의미를 지니는 것이었다.

또한 선현들의 후손을 등용하는 데에도 출신 지방에 대한 고려가 있었다. 가령 영남 인사를 수용한다는 뜻을 보이기 위하여 이언적(李彦迪)의 후손 이헌묵(李憲默)을 승탁하여 2품직에 의망하게 하고 옥산서원과 도산서원에 치제(致祭)하게 한다거나[64] 지방 출신을 승자(陞資)하는 것이 매우 드문 일이라는 것을 확인시키며 기대승의 후손 기언정(奇彦鼎)을 동부승지에 제수한 것이 그 예다.[65] 삼남 출신의 남대(南臺)를 세우기 위하여 김인후(金麟厚)의 후손 김수조(金壽祖)와 정경세(鄭經世)의 후손 정종로(鄭宗魯)를 발탁하여 별례(別例)로 지평에 제수한 것도 그 예다.[66] 정조 21년 후손을 등용할 선현들을 언급하면서 영남의 조위(曺偉), 조식(曺植), 정구(鄭逑), 장현광, 호서의 유계, 윤황, 김경여(金慶餘), 김홍욱(金弘郁), 호남의 박상(朴祥), 기대승, 고경명(高敬命), 김천일(金千鎰) 등 도별로 4명씩을 지목한 것 역시 지역 안배를 염두에 둔 것이다.[67]

정조는 충신과 현신의 후손을 등용하는 것은 충절을 표창하는 것인 동시에 세교(世敎)를 격려하기 위한 것이라는 뜻을 분명히 하였다.[68] 그가 후손 등용에도 출신 지역을 안배한 데에는 각 지역의 사표(師表)가

李時稷, 宋時瑩 등 임진왜란과 병자호란 당시의 戰死·節死人이 대부분을 차지한다. 다만 金堉은 특이하게 大同法 시행을 이유로 부조지전을 받았다.

64. 『정조실록』 권11, 정조 5년 6월 22일(계사)
65. 『정조실록』 권13, 정조 6년 3월 28일(을축)
66. 『정조실록』 권45, 정조 20년 7월 19일(임술)
67. 『정조실록』 권47, 정조 21년 12월 20일(을사)
68. 『정조실록』 권17, 정조 8년 6월 29일(임자)

될만한 인물을 세움으로써 성리학과 충절의 이념을 선양하려는 의도가 담겨 있었다. 이런 측면에서 충신과 현신의 후손 등용 역시 인사 소통과 지방에 대한 교화라는 이중적인 성격을 띠는 것이었다.

3) 응제시의 시행

정조대 지방인의 등용과 관련하여 주목되는 것은 응제시(應製試)의 시행이다.[69] 정조는 정조 16년(1792) 4월 영남을 시작으로 정조 23년(1798)까지 충청도·황해도·경기도를 제외한 5도와 함흥·영흥·제주 유생들을 대상으로 어제(御題)를 내려 시험을 치르고, 우수자를 급제(及第) 등으로 시상한 후, 『빈흥록(賓興錄)』을 편찬 간행하였다.[70] 응제시는 도과(道科)와 달리 정식 과거는 아니었지만, 상례를 넘어 직부전시(直赴殿試)의 특전을 하사하였다.

당초 정조는 '정학을 존숭하려면 선현을 존중해야 한다'는 뜻으로 각신 이만수(李晩秀)를 보내 옥산서원과 도산서원에 치제한 후 도산서원에서 유생들을 모아 응제(應製)하게 하였다. 그 이유에 대해 정조는 '사학(邪學)이 번질 때에 오직 영남 인사들이 선정(先正)의 학문을 지키고 마음을 빼앗기지도 않아 나의 앙모가 더하였'고, '추로지향(鄒魯之鄕)에서 도(道)를 잘 지켜왔으므로 선정에 대한 깊은 감회와 선비들을 가상히 여기는 뜻을 보이기 위한 것'이라고 밝혔다.[71] 즉, 영남의 시험은 진산사건 이후 정학을 고수해온 영남 유생들에 대해 특별한 은전을 베풀어 정학

---

69. 본고에서 應製試로 언급한 시험은 보통 '賓興科'로 언급된다. 그러나 이 시험은 정식 과거가 아니었으며, 급제자들도 다른 시험의 방목에 '直赴殿試'로 등재되어 있다. 따라서 본고에서는 이를 '응제시'로 일컬었다. 『國朝文科榜目』(태학사 영인) 참조.
70. 시험의 시행과 『빈흥록』의 편찬 간행에 대한 자세한 내용은 김문식, 앞의 책, 32-42쪽 참조. 호남의 경우 『빈흥록』은 작성하지 않았지만 동일한 방식의 시험을 치렀다. 『정조실록』 권48, 정조 22년 6월 18일(경술)
71. 『정조실록』 권34, 정조 16년 3월 2일(신미), 4월 4일(임신)

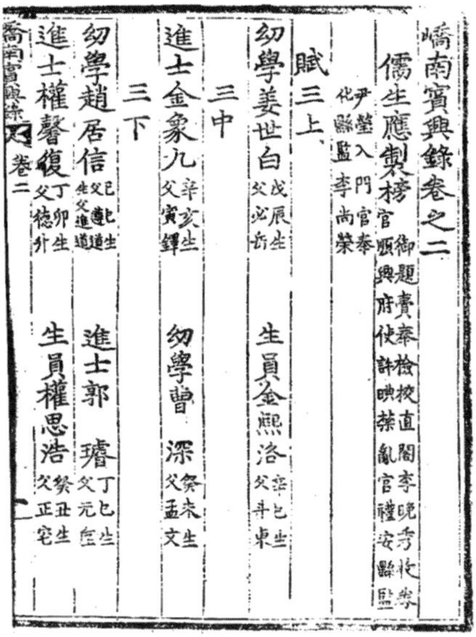
嶠南賓興錄卷之二
儒生應製榜
賦三上
幼學姜世白　生員金熙洛
三中
進士金象九　幼學曹　深
三下
幼學趙居信　進士郭　𤩽
進士權馨復　生員權思浩

그림 1『교남빈흥록(嶠南賓興錄)』. 1792년(정조 16) 정조는 각신(閣臣) 이만수(李晩秀)를 옥산서원과 도산서원에 보내 치제(致祭)하고 영남 유생들에게 응제시를 보였다. 그리고 이와 관련된 전교(傳敎)와 치제문(致祭文), 장계(狀啓)·방목(榜目)·과작(科作) 등을 엮어『교남빈흥록』을 간행하게 하였다. 이후 각도에서 응제시를 시행할 때마다『빈흥록』을 간행하게 하였다.

을 수호하려는 자신의 의지를 세상에 알리고자 한 것이다. 이 시험은 부(賦)와 의(義)를 시험하였는데, 총 7,228명이 응시하였으며, 수권(收卷)은 3,632장이었다. 정조는 서울로 가져온 시권을 직접 채점하여 부에서 급제 2인, 급2분(給二分) 9인, 지필묵 하사 19인 등으로 시상하였다.

이후 지방별로 시행한 시험은 어제와 서울에서의 과차(科次), 시상이라는 형식은 동일하지만 그 동기나 과정, 시험 내용 등은 조금씩 차이가 있다.

먼저 정조 17년(1793)에 시행한 강원도의 시험은 도목정사 때 관동인을 등용하고자 하였으나 통청(通淸)되지 않은 2명이 있을 뿐이라는 답변을 듣고 시취(試取)를 통해 학문을 권장한다는 목적으로 시행하였다. 시험 방법은 먼저 감사가 공령생(功令生)과 경공생(經工生)을 뽑아 추천하고 어제를 내려 시험을 본 후 시권을 서울로 가져와 채점하였다. 공령생은 시, 부, 책, 의(義)의 과목으로 시험하였고, 경공생은 의의조문(疑義

條問) 100여 조목에 대답하게 하였다. 그리고 선발된 공령생은 상경하여 춘당대에서 부와 책으로 다시 시험을 치러 영동과 영서에서 각기 부와 책 1명씩을 급제시키고, 3명에게는 급2분을 내렸다. 경공생 3명은 분교관(分教官)에 제수하였다.[72] 함경도에서도 유사한 목적으로 동일한 방식으로 시험을 진행하였다.

한편 정조 22년(1798) 평안도에서는 경학에 능통한 자만 시취하였다. 관동에서와 마찬가지로 감사에게 추천하게 하여 어제조문(御題條問)을 내려보내 대답하게 하였다. 추천된 3명 중 김도유(金道游) 등 2명을 참봉에 제수했는데, 정조는 상경한 김도유를 직접 만나 주자의 학문에 대해 토론하였다. 그 가운데 정조는 주자를 존숭하는 기풍이 점차 예전만 못하다고 지적하고, 경학 중에서도 특히 주자의 도(道)를 천명하여 도내 인사들에게 조정에서 숭상하는 바를 깨우치게 하도록 당부하였으며, 『주자서절요(朱子書節要)』와 『주자서백선(朱子書百選)』을 하사하였다.[73] 따라서 평안도의 응제는 특별히 정조가 정학의 핵심으로 파악한 주자학에 대한 관심을 제고시키는 것이 그 목적이었다고 하겠다.[74]

그 외의 시험들도 각기 다르게 진행되었다. 제주도와 함흥·영흥에는 어사파견과 환조(桓祖) 탄신 8주갑을 기념하는 제례 봉행을 계기로 시험을 시행하였는데, 무시(武試)도 함께 시행하였다.[75] 호남은 시험과 함께 응시 유생들에게 『어정대학연의(御定大學衍義)』 등의 교정과 정서를 담당하게 하였다.[76]

이상의 여러 시험은 도별로 다양한 방식으로 진행되었으며, 정조 본인이 천명한 시행 사유도 각기 차이가 있었다. 그러나 그 사이에서 공통적으로 지적할 수 있는 것은 이를 통해 주자학의 천명과 권장을 통해

---

72. 『정조실록』 권37, 정조 17년 4월 9일(신미)
73. 『정조실록』 권53, 정조 24년 3월 28일(경진)
74. 정조의 주자학에 대한 인식은 김문식, 앞의 책, 51－58쪽 참조.
75. 『정조실록』 권39, 정조 18년 4월 21일(정축); 권42, 정조 19년 5월 1일(신해)
76. 『정조실록』 권48, 정조 22년 6월 18일(경술)

정학을 부양하려 한 점이다. 지역별로 간행·배포된 빈흥록(賓興錄)은 유생들을 참여시켜 작성한 그 홍보물이라고 할 수 있다.

급제 하사 등의 상격은 분명 유생들에게 상당한 유인이 되었음직하다. 그런데 급제, 곧 직부전시의 자격을 준 인원을 보면 함경도 9명, 제주도 7명, 강원도 4명, 함흥·영흥 2명, 경상도 2명, 전라도 2명으로 문사(文士)가 많은 경상도나 전라도보다는 함경도나 제주도에서 훨씬 많은 인원이 배출되었다. 특히 제주도는 152장의 시권 중에 7명을 급제시켰다. 경상도에서 3,632장의 답안 중에 2명을 선발한 것과는 자못 대조를 이룬다. 따라서 인사 선발보다는 학문 권장을 위한 교육적인 차원에서 지역별 급제 인원이 정해졌다고 하겠다.

관직 등용이라는 측면에서 볼 때 급제자 수는 그다지 큰 의미가 있는 것은 아니었다. 18세기에는 문과의 증설로 문관의 적체가 가장 심각한 문제였기 때문이다. 그중에서도 평안도와 함경도 출신들은 문과에 급제하더라도 관직 진출이 극히 부진하였다. 18세기 문과 급제자 중 평안도 출신은 11.7%나 되었다. 이것은 서울, 충청도 다음으로 지방 8도 중에서는 두 번째로 높은 비율이었다. 그러나 평안도 출신들은 승문원 분관에서 제외되었으며, 6품직 이상의 관직 진출도 별로 없었다.[77] 문과 급제가 중앙 관직에 진출할 수 있는 기회를 부여하지는 못했던 것이다.

하지만 응제시를 통한 급제라는 형식은 분명 주목되는 바다. 국왕이 출제와 선발을 관장함으로서 교육의 주재자로 전면에 나섰기 때문이다.

정조는 당시의 과거를 그리 긍정적으로 평가하지 않았다. 게다가 과거를 과다하게 시행하여 급제자는 넘쳐나는 형국이었다. 즉위 초에 과폐변통윤음(科弊變通綸音)을 반포하여 향거리선을 이상적인 제도로 제시하고 과거의 남설을 개혁하고 과장을 엄중히 관리할 것을 선언한 것도

77. 오수창, 2002, 「조선후기 경상도·평안도 지역차별의 비교」 『역사비평』 59, 역사문제연구소.

이 때문이었다. 응제시도 이런 맥락에서 과거제의 한계를 보완하여 새로운 인재를 양성, 발굴하려는 목적으로 시행하였다.

나아가 정조는 초계문신과 더불어 성균관 유생의 교육과 평가에 많은 힘을 쏟았다. 성균관에서는 친시(親試), 응제, 절제, 도기과 등 다양한 방식의 시험을 설행하였으며, 우수자에게는 직부전시의 혜택을 주었다.[78] 직부전시의 자격을 하사하는 관행은 숙종대부터 등장하였으나 정조대에는 어느 시기보다도 자주 시행하였다.[79]

지방에서 시행된 응제시는 일회적인 시험으로 성균관 과시와 같이 적극적인 교육의 의미를 지니지는 못하였다. 하지만 국왕이 정학의 부양을 목적으로 시행한 응제시 역시 교육적이고 교화적인 성격을 반영하는 것이었다.

에필로그

18세기 조선사회에는 여러 측면에서 서울과 지방이 분화되는 양상이 나타났다. 구체적인 모습은 서울에서의 상업발달에 따른 도시화와 경화사족의 대두로 설명되고 있다. 그러나 그 이면에서는 부와 권력이 서울로 집중되는 가운데 지방인들이 소외되는 양상이 자리잡고 있었다. 18세기 서울은 특권화한 공간이었던 것이다.

지금까지 연구에서 서울과 지방의 분화 문제는 주로 서울의 발전과 변화상을 중심으로 논의되어 왔다. 따라서 서울의 도시화라는 변화가 지방 사회와 어떻게 연관되는지 하는 문제는 별로 검토되지 못했다. 이

---

78. 김문식, 2007, 『정조의 제왕학』 태학사, 256－269쪽.
79. 정조대 문과 급제자 777명 중 263명, 즉 33.8%가 직부전시 자격으로 문과에 급제하였다. 이는 숙종대의 9.3%(132/1418), 영조대의 19.1%(406/2124)에 비해 월등히 높은 비율이었다. 박현순, 2009, 「19세기 文科의 운영」『19세기 조선사회의 역사성과 정체성』 규장각 국제워크숍 자료집.

문제는 앞으로 계속 고찰되어야 할 연구 과제다.

정조시대는 경향분화가 고착화된 가운데 지방인의 인사 소외가 전면화된 시기였다. 정조는 이를 타개하기 위하여 소외된 지방사족들을 소통시키는 것을 주요한 과제로 제기하였다. 그것은 즉위초 도천을 시행하는 것으로 나타났다. 도천은 삼대의 이상 정치를 모델로 지방의 인재를 고르게 등용하는 것을 목적으로 하였으나 정치권력이 서울에 집중되고 인사 적체가 만연된 가운데 실효를 거두기 어려웠다. 이념적인 혼란과 체제 위기를 인식한 정조는 자신이 필요로 하는 인재상을 보다 구체화하였다. 그 결과 정조대 후반에는 도천의 교화적 성격을 강화하는 한편 지역의 사표가 되는 선현 · 충신의 후손 등용과 정학의 부양을 위한 지방별 응제시를 더 활발하게 시행하였다. 이는 인사 등용과 더불어 교화적인 효과를 기대하는 것이었다.

정조대는 경직과 변동이 공존하던 시대였다. 정치권력은 벌열화 · 경직화되어간 반면 체제를 유지해온 성리학적 명분론과 신분질서, 경제질서는 동요하고 있었다. 그 사이에서 경직을 완화하고 다기한 소외와 욕구를 소통시켜 새로운 통합을 완성하는 것이 정조대의 과제였다. 서울과 지방의 분화는 18세기의 경직성을 보여주는 양상 중 하나였으며, 지방 사족의 등용은 왕도정치의 이념 하에 지역 간의 격차를 완화하고 전국의 인재를 등용, 배양하는 한편 구래의 이념과 질서를 고수하는 지방사족들을 부양함으로써 지방사회를 안정시키려 한 노력의 일환이었다.

지금 정조시대에 대한 평가는 어떤 프리즘을 통해서 시대를 바라보느냐에 따라 상당히 엇갈리고 있다. 현재로서는 정조시대를 어떤 관점에서 바라볼 것인가 하는 문제는 녹녹치 않은 문제다. 다만 지금까지의 연구사를 통해 만들어진 정조시대의 역사상을 보면 특정 부분에 연구가 집중되어 있다는 것을 확인할 수 있다.

우선 연구 분야의 측면에서 정치사나 사상사에 대한 연구가 활발한 반면 국가 정책이나 사회상에 대한 이해는 미진하다. 이에 따라 많은 문제가 정치나 사상의 문제로 환원되어 버리고 정책에 반영된 시대상이 사장되어 버리는 경우가 있다. 정조시대의 역사적 위치를 이해하기 위해서는 그 시대의 정책과 그 결과에도 주목할 필요가 있을 것이다.

다음으로 정조시대 연구는 국왕인 정조에 초점을 맞춘 경우가 많다. 정조는 개인적인 학문 수준뿐 아니라 국왕으로서의 자질, 정치력에서 시대를 선도하는 위치에 있었음이 틀림없다. 하지만 역사에서 정조가 수행한 역할을 파악하려면 그가 처한 시대적인 상황과 그가 풀어야 했던 과제에도 주목해야 할 것이다. 특히 정조대의 역사적 과제는 주로 정치적인 측면에서 주목되고 있으나 사회적인 측면까지 인식을 확대할 필요가 있다.

위에서 언급한 문제는 연구의 축적과 더불어 상당부분 해소될 것으로 생각된다. 하지만 이를 위해서는 기존의 논의 구조를 넘어서는 새로운 패러다임을 모색하려는 연구자들의 노력이 필요하다.

참고문헌

논문

강명관, 1996, 「조선후기 서적의 수입 · 유통과 장서가의 출현」『민족문학연구』 9, 민족문학사학회.

박현순, 2009, 「17세기 科擧 관리의 정비: 응시자 증가와 관련하여」『조선시대사학보』 49, 조선시대사학회.

박현순, 2009, 「17세기 과거 응시자 증가 현상에 대한 고찰」『사학연구』 93, 한국사학회.

배우성, 2006, 「18세기 지방 지식인 황윤석과 지방 의식」『한국사연구』 135, 한국사연구회.

오수창, 2002, 「조선후기 경상도 · 평안도 지역차별의 비교」『역사비평』 59, 역사문제연구소.

유봉학, 1991, 「18 · 9세기 경 · 향학계의 분기와 경화사족」『국사관논총』 22, 국사편찬위원회(1995, 『연암일파 북학사상 연구』 일지사 수록).

유봉학, 1998, 「경화사족의 사상과 진경문화」『진경시대』 1, 돌베개.

이우성, 1963, 「18世紀 서울의 都市的 樣相: 燕巖學派－利用厚生學派의 성립배경」『鄕土서울』 17, 서울시사편찬위원회.

장진성, 2007, 「조선후기 士人風俗畵와 餘暇文化」『미술사논단』 24, 한국미술연구소.

정수환, 2002, 「18세기 이재 황윤석의 화폐경제생활」『고문서연구』 20, 한국고문서학회.

정수환, 2008, 「朝鮮後期 陵參奉의 經濟生活의 實際: 18세기 黃胤錫의 『이재난고』를 중심으로」『민족문화논총』 38, 영남대 민족문화연구소.

저서

김문식, 1996, 『朝鮮後期經學思想研究』 일조각.

김문식, 2007, 『정조의 제왕학』 태학사.

차장섭, 1997, 『朝鮮後期閥閱研究』 일조각.

최진옥, 1998, 『朝鮮時代 生員 · 進士 研究』 집문당.

VII. 18세기 국가운영체제의 재정비

정재훈(경북대학교 사학과)

1. 조선후기 국가 운영과 정조시대

국가운영이란 비단 정치를 통한 국정의 운영만을 뜻하는 좁은 의미만을 가리키는 것은 아니다. 현재도 그러하겠지만 국가운영은 정치·경제·사회·문화의 모든 방면을 망라하는 광범위한 부분을 포괄하는 영역을 대상으로 한다. 국가운영은 전통시대나 지금이나 하나의 국가가 나아갈 방향, 곧 이념적 지표부터 형벌이나 물가 등 지극히 일상적인 영역까지 포괄하는 개념이다.

그러나 본 연구에서 다룰 18세기 국가운영체제의 재정비에 대한 검토에서는 우선 조선후기의 국가운영체제와 관련하여 두 부문에서 18세기를 전후한 시기의 변화상을 주로 다루려고 한다. 먼지 국가운영체제의 변화양상을 거시적인 사상사적 변화의 맥락에서 다루려고 한다. 왜냐하면 조선의 국가운영은 그 기초에서 성리학사상에 뿌리를 두고 있기 때문에 사상적 지향에 대한 검토가 필요하기 때문이다.

과연 조선의 18세기에는 어떠한 사상적 모색을 하였을까. 18세기는 중국 중심의 천하체제가 붕괴되기 시작한 19세기가 시작되기 전 이미 균열의 조짐이 보이기 시작한 때였다. 명나라와 청나라의 교체로 인해 중화(中華) 중심의 천하체제에 대해서는 전통적인 인식 자체가 변화하여 청나라 역시 전통적인 사이(四夷)를 외국(外國)으로 여겨 자기와 대등하게 대할 정도로 바뀌었다.[1] 조선 역시 청나라의 등장에 따라 전통적인 소중화론(小中華論)에서 '조선중화(朝鮮中華)'를 외칠 정도로 이전과는 다른 상황을 맞이하고 있었다.

18세기에 들어 종래의 성리학이 여전히 주도를 한 것인지, 아니면 성리학에서 벗어나거나 외국에서, 특히 서구문명을 새로운 사상으로 받아들여 다른 형태의 사상적 모색을 할 것인지의 갈림길에 서게 되었다. 동시에 이러한 모색은 조선국가의 운영에서 궁극적 지향을 어떻게 설정할 것인지의 문제로 대두될 수 있겠다. 이 시기에 대해 종래의 연구에서는 근대의 지향과 관련하여 많은 설명이 이루어졌는데, 이 시기의 변화를 그와 관련하여 어떻게 설명할 수 있을지도 질문거리다.

둘째는 18세기에 나타나는 국가운영체제와 관련된 여러 영역에서의 변화양상은 어떠한지를 살펴야 한다. 18세기는 이전의 시기와는 다른 몇 가지 특징을 보여준다. 이러한 특징이 의미하는 바는 무엇인지를 연구사적 검토를 통해 살펴보며, 새로운 연구의 전망은 어떻게 가능한지를 살피고자 한다.

주지하다시피 조선후기에 대한 연구는 1960-70년대에 활발하게 전개된 '내재적 발전론'에 관한 연구가 많은 비중을 차지하였다. 현재도 그러한 연구 경향이 없지는 않지만 '내재적 발전론'에서의 전망은 '전근대사회의 자본주의'로의 변화라는 단일한 방향에 맞추어진 느낌이 없지 않다. 이러한 방향은 18세기만을 놓고 본다면 크게 보아서는 반성하지 않을 수 없는 대목이 있다.

---

1. 김용섭, 2008, 『東아시아 역사 속의 한국문명의 전환: 충격, 대응, 통합의 문명으로』 지식산업사, 182쪽 주 120 참조.

이미 서양의 역사학에서도 반론이 나타나고 있듯이, 18세기의 세계사에서 종래 유럽이 중국을 앞섰다고 보는 전통적 시각에서 벗어난 새로운 연구들이 나타나고 있다. 이 연구들은 18세기 말이나 심지어 19세기 초까지 중국의 선진 지역은 유럽의 선진 지역과 비교해서 큰 차이가 없다는 점을 지적하고 있다.[2] 굳이 이런 연구를 인용하지 않더라도 조선의 역사에서 18세기에 대해 종래 근대와의 관련성 속에서 주로 이해하려고 한 점은 이런 관점에서 근본적인 반성을 하지 않을 수 없는 면이 있다. 몇몇의 분야에서 자본주의 전조(前兆) 또는 비슷한 현상이 관찰되었다고 하더라도 조선국가의 전체적인 지향, 곧 정책이나 실상의 큰 부분이 어떠한 방향으로 전개되었는가를 우선 자세하게 살피고 그러한 변화의 위상을 먼저 설명해야 함에도 그렇지 못한 측면이 있었다.

특히 그 사이의 연구에서 18세기, 특히 정조대를 중심으로 한 18세기 후반의 역사는 다른 시기에 비해 매우 각광을 받은 시기임에도 정치제도, 법제도, 사회변화, 경제체제 등 국가운영체제 전반의 고찰은 상대적으로 매우 미흡하였다. 개별 부문의 연구가 축적되지 않은 것은 아니었지만 전체적인 관점에서 연결시키려는 시도 역시 매우 드물었다.

이런 점을 고려하여 18세기의 국가운영체제가 어떠한 이념적 기초에 의해 제시되었는지, 또 실제 국가운영체제는 어떻게 편제되었는지를 몇 가지 사실을 중심으로 검토하고자 한다. 우선은 기존의 연구사를 살피며, 이후 이러한 검토를 통해 어떠한 연구 전망을 가질 수 있는지에 대해 제시하고자 한다. 이러한 연구를 통해 조선이 국가로서 18세기에 지향한 것, 국정운영체제에서 변화를 지향한 것의 궁극적인 목표, 현실적인 변화의 결과 등을 이해하는 데 도움이 되기를 바란다.

---

2. 주경철, 2008, 「세계의 팽창, 세계의 불균형」『대항해시대』, 서울대학교출판문화원, 26－44쪽 참조.

2. 18세기 국가 운영 관련 연구의 검토

1) 사상사적 연구

국가운영에 관한 연구에 포괄될 수 있는 영역은 정치제도, 정치운영, 정치사상, 유학사상, 사회·경제 등 다양하다. 여기에서는 일단 사상사적 연구로서 조선후기, 18세기를 전후로 하여 국가 운영에 관련된 정치사상, 유학사상, 사회·경제사상에 대해 살피고자 한다.

기존의 성과에 대해서는 이미 연구사적 정리가 어느 정도 이루어진 면도 적지 않다. 이러한 점을 감안하여 이와 관련된 모든 연구를 나열하여 정리하기보다는 몇몇의 연구 가운데 연구사적 의미가 있다고 판단되는 내용을 중심으로 살펴보면 다음과 같다.

우선 종래 18세기를 파악하는 사상사적 연구경향의 대표적인 예는 실학(實學)이라고 할 수 있다. 이미 여러 차례 이에 대해서는 검토가 이루어졌지만 실학은 1960년대 이래 내재적 발전론을 설명하는 핵심 고리로 평가되었다.[3] 즉 종래 실학은 조선후기에 나타난 경영형(經營型) 부농(富農)의 등장, 사장제(私匠制) 수공업(手工業)의 발달, 덕대제(德大制)의 출현, 사상(私商)의 발전 등 사회경제적 변화에서 나타난 자본주의의 맹아(萌芽)에 대응하는 사상적 측면에서의 변화를 지칭하였다.

'자유'와 '평등'을 기초로 하여 근대적인 사상의 맹아로서 신분제의 변화, 토지제의 개혁 등을 다루는 것이 실학자의 사상으로 조명을 받았고, 이는 곧 근대 사상의 앞선 형태로서 이해되었다. 그야말로 성리학이라는 지배이념이 '허학(虛學)'이었던 것에 비해 '실학(實學)'은 조선후기의 사회 변화를 담보하고 새로운 지향을 향한 실제적인 내용을 담은 것이라고 평가되었다.

---

3. 최근의 실학에 대한 재평가에 대한 연구는 한림대학교 한국학연구소 편, 2007, 『다시, 실학이란 무엇인가』(푸른역사)에서 볼 수 있다.

그러나 이렇게 실학에 대한 평가가 '근대화', '서구화', '산업화', '민족주의'라는 틀에서 재단된 것에 대한 비판은 여러 방면에서 제기되었다. 실학의 실체에 대해서도 성리학과의 관계를 살펴볼 때 정체성에 대한 의문을 제기하는 것에서부터, 근본적으로 실학이 존재하였는가의 문제까지 다양한 비판이 이어졌다.[4] 무엇보다 근대를 염두에 두고 역사적 현상을 해석함으로써 조선사회 내에서 지니는 의미를 소홀히 한 측면에 대한 비판이 컸다.

실학에 대한 가장 강력한 비판은 18세기 문화가 화려하게 꽃을 피웠으며, 그 뒤편에는 실학자들이 아니라 집권세력이던 서인-노론들이 자리하고 있었다는 주장으로 제기되었다. 최완수에 의해 대표되는 '진경문화(眞景文化)'론으로 조선중기에 주자성리학을 자기화한 '조선성리학'을 바탕으로 18세기에 조선 고유의 '진경문화'를 창안하여 조선 문화의 절정기를 맞았다는 것이다.[5] 이 주장은 사상에서 사회, 경제와 서예, 회화 등의 문화까지 광범위하게 포괄하면서 실학을 조선후기의 대표적 사상으로 간주한 종래의 이해방식에 새로운 전기를 마련하였다고 평가된다.

진경문화가 가능하였던 이유에 대해서는 병자호란 이후 지식인들이 자기회복의 방법을 놓고 성리학의 절대 신봉 또는 탈피라는 두 가지 노선으로 분립하였고, 주자성리학의 절대 신봉을 주장한 송시열(宋時烈)과 송준길(宋浚吉) 등의 서인(西人)이 성리학에서의 탈피를 주장한 허목(許穆)과 윤휴(尹鑴) 등의 남인에게 정치적으로 승리하였기 때문으로 보았다. 이후에도 세도(世道)의 소재가 서인 영수(領袖)의 손에서 벗어나지 않았고, 이를 기반으로 중화문화의 정통을 조선이 계승하면서 '조선중화주의(朝鮮中華主義)'를 제창하였고, 이것이 18세기 문화의 텃밭이 되었

4. 2000년대 이후에는 성리학과 실학의 단절보다는 연관성에 주목하는 연구 경향이 있다. 그럼에도 불구하고 성리학과 실학을 나누어보는 관점도 여전하며, 실학을 성리학에 포함시키려는 관점과 팽팽이 맞서고 있다. 이에 대한 지적은 고영진, 2008, 「성리학과 실학」『새로운 한국사 길잡이(제3판 한국사연구입문)』 지식산업사 참조.
5. 최완수 외 지음, 1998, 『진경시대』 1 · 2, 돌베개.

다는 것이다.

이러한 시각을 이어 18세기를 문화의 융성이라는 관점에서 파악한 연구도 이어졌다. 영·정조대 특히 정조시기에 '문예부흥'이라고 불릴 정도로 활발하였던 현상에 대해 문화사적 관점에서 접근한 연구다. 정옥자의 연구가 대표적인데, 조선후기, 특히 병자호란 이후 조선의 국가운영에 대해서는 그 방향을 국가재건이라는 목표 아래 도덕국가나 문화국가로 설정함으로써 18세기의 조선 문화의 융성을 이끌어내었다는 설명이다.[6] 17세기 병자호란 이후 국가운영의 방향과 관련하여 무력국가가 아니라 문화국가로 위상을 설정하였다는 것이다. 대체로 이 연구에서는 갑술환국(甲戌換局, 1694) 이래 정권을 담당한 서인 계열, 특히 노론(老論)의 정치적 입장을 중심으로 이들의 지향을 전제로 두고 이해하였다.

18세기 후반, 정조대를 중심으로 한 연구는 유봉학에 의해 심화되었다. 유봉학은 18세기에 나타난 진경문화를 만들었던 주체를 경화사족(京華士族)으로 파악하고 이들을 집중적으로 조명하였다. 조선후기에 사림이 주도하는 성리학적 향촌사회질서가 확립되고, 농업진흥책과 전국적 양전(量田), 대동법(大同法) 등의 사회경제정책을 추진함에 따라 농업생산이 늘어나고, 유통경제가 발전하여 서울 등의 도시적 발전 양상이 나타나게 되었다고 보았다. 그에 따라 경(京)과 향(鄕)이 분기(分岐)되는 현상이 나타났고, 이 속에서 경화사족이 등장하게 되었다는 것이다. 또 이들에 의해 북학이 추진된 사정을 해명하기도 하였다.[7]

경세론의 관점에서 조금 이른 17세기에 서인이 남인과는 달리 예가 천하에 있어 평등하다는 관점과 양반들에게도 호포를 거두어야 한다는 호포론을 주장할 만큼 진보적이었다고 파악한 지두환의 연구도 비슷한 관점이라고 할 수 있다.[8] 이러한 연구들은 종래 18세기 사회와 문화를 이끌

---

6. 정옥자, 1988, 『朝鮮後期 文化運動史』 일조각; 1990, 『朝鮮後期 文學思想史』 서울대학교출판부; 1991, 『朝鮮後期 知性史』 일지사; 1993, 『조선후기 역사의 이해』 일지사.
7. 유봉학, 1995, 『燕巖一派 北學思想硏究』 일지사.

었던 주체에 대해 한층 더 분명하게 해명을 하는 데 도움이 된 연구다. 실학이라는 관점에서는 파악하지 못했던 집권층의 동향과 지향에 대해 깊이 있게 접근함으로써 당대의 실상을 파악하는 데 도움을 주었다.

한편 서인(西人)과 남인(南人)에 의해 일어난 인조반정 이후 이들의 노선 분화를 좀 더 대립적으로 살핀 연구도 있다. 서인과 남인으로 크게 나누어 '국가재조(國家再造)'의 관점에서 연구한 김준석의 연구가 이에 해당한다. 역시 17세기에 국가재조론의 두 흐름을 대표하는 유형원(柳馨遠)과 한원진(韓元震)을 비교하여 분석하면서 이들의 사상이 사족층의 위기에 대한 대응양상을 대표하는 것으로 보았다. 송시열과 한원진은 서인－노론의 처지에서, 허목(許穆)과 유형원은 남인의 처지에서 사회개혁론을 제시하였는데, 각각 정통 주자학적 입장과 범유교사상과 연결되는 견해로 분리하여 파악하였다.[9]

그 결과 남인은 토지개혁론과 군주중심 정치운영론을 중심으로 진보적 개혁론을 제시하였고, 서인－노론이 주장한 부세제도 이정론(釐正論)과 신권(臣權)중심 정치론은 보수개량론으로 파악된다고 하였다. 그리고 이 두 개의 현실 대응논리는 타협점을 찾지 못한 채 후자에 의해 전자가 일방적으로 질곡되었다고 보았다.

이러한 연구 성과를 살펴보면 1980년대를 기점으로 내재적 발전론에 입각하여 실학을 연구하는 경향은 어느 정도 극복한 것으로 보인다. 즉 실학의 경우 성리학 자체를 완전히 부정하는 데서 출발함으로써 조선후기를 이끈 서인과 남인의 사상을 자세하게 살피지 못하였다. 이에 비해 '진경문화'를 주장하는 쪽이나 '국가재조'의 관점에서 파악하는 쪽이나 모두 시대사상으로서 성리학의 역할을 인정하고, 그 사상의 내부로 들

8. 지두환, 1987, 「朝鮮後期 禮訟 硏究」『釜大史學』 11; 1988, 「조선후기 戶布制 論議」『韓國史論』 19.
9. 김준석, 1998, 「兩亂期의 國家再造 문제」『韓國史硏究』 101; 2003, 『朝鮮後期 政治思想史 硏究』(지식산업사) 재수록.

어가 국가운영의 관점에서 사상을 이해하려고 한 공통점을 지녔다고 할 수 있다. 다만 17세기부터 성리학에 입각한 측과 이를 벗어나려는 측의 대결로 이해하는 점도 공통되는 이해방식이다.

18세기로 한정하여 논의를 좁힌다면, 이 시기는 대체로 집권 측의 정파로서 남인이 탈락함으로써 결국 성리학을 긍정적으로 파악하여 국가운영의 축으로 삼은 서인들이 주류를 이루었다고 이해할 수 있다. 그런데 과연 이렇게 18세기를 성리학 긍정주의, 즉 '조선중화주의'의 시대로만 이해할 수 있을지 의문이 제기된다.

이 질문에는 18세기 당시의 사상적 환경을 보았을 때 다음의 두 측면을 고려할 필요가 있다. 첫째, 서학(西學)과 북학(北學) 등 외래사상의 영향이다. 서학은 이미 17세기부터 영향을 미치고 있었고, 18세기에 들어와서는 그 영향이 더욱 커진 상황이었다. 서학으로 대표되는 것에는 서양의 문물, 지도, 역법, 천문 등의 영향이 광범위하게 포괄되었다. '조선성리학'이건, 정통성리학이건 18세기의 사상계에서는 어떤 형태로든 서양에서 기원한 서학에 대한 대응이 없을 수 없었다. 이 점은 좀 더 고려해야 할 측면이다.

둘째는 실학에서 성리학 내부로 관심의 초점을 옮겼는데도 이 사상을 담보하였던 주체를 사대부에만 국한함으로써 국왕의 역할을 상대적으로 작게 파악하거나 무시한 측면이 있었다. 이 시기에는 탕평군주, 국왕들의 활동이 활발한데, 이들의 지향이나 역할이 국가운영에서 차지한 비중이 적지 않았다. 적지 않은 정도가 아니라 매우 지대하였던 측면이 있었다.

본래 '국가(國家)'란 중국에서 유래한 용어로 그 어원을 살펴보면, 한(漢)나라의 경우 황제 출신의 모체인 유씨 가문[家]이 국가이며, 여기에서 파생하여 황제의 존칭이나 조정, 정부의 별칭으로 사용되었다. 즉 국가 자체가 군주를 중심으로 하였으며, 그 통치를 뒷받침해주는 사람들을 포함하는 조직을 가리키는 용어라고 규정할 수 있다.[10] 따라서 국가를 설명할 때에 국왕의 역할을 중심으로 설명하는 것은 반드시 필요하다.

한 가지 간단한 사례로 영조(英祖)와 정조(正祖)가 강조하고 지향한 '군사(君師)'라는 모델은 사실 성리학으로만 설명하기 어려운 면이 있다. 성리학에서 물론 국왕에게 성리학적 수양을 강조하고 이를 통해 국왕을 '성인(聖人)의 왕'으로 이끌려는 전망과 프로그램을 가졌음에도 불구하고, 이는 결국 고전적 이상을 제시하는 것에 불과한 면이 있다. 즉 국왕에게 성인의 학문으로서 성학(聖學)을 강조한 것은 곧 사대부의 적극적인 정치 참여를 보장하려는 다른 의도가 있었던 것이며, 이는 국왕에게 위임통치(委任統治)를 주장함으로써 '군신공치(君臣共治)'를 실현하려는 정치적 의도가 있었던 것이다.[11]

이런 점에서 탕평국왕들이 새삼스럽게 국왕으로서 '군사(君師)'의 역할을 자임한 것은, 곧 성리학적 가치를 수용하면서도 고전적 유학세계에서 이상으로 제시된 황제와 성인의 일치를 자신이 감당할 수 있음을 선언한 것으로 해석할 수 있다.

2) 정치사적 연구

조선후기, 특히 18세기의 국가운영에 대해 정치사적 관점에서 이루어진 연구는 1980년대 들어 매우 활발해졌다. 종래 정치사에 대한 부정적 인식을 극복하면서 비교적 연구에서 뒤쳐져 있던 정치 분야에 대한 새로운 연구를 통해 1980년대 들어 당쟁론으로 점철되어 있던 조선후기 정치를 새롭게 인식하게 되었다.

---

10. 溝口雄三 등 저/김석근 등 역, 2003,『中國思想文化事典』민족문화문고, '國家' 참조.
11. 조선 중기에 이미 李珥에 의해 이러한 주장이 君主聖學論으로 완성되었다. 국왕의 학문이 聖學이고, 또 그것의 실제적인 내용은 性理學인데, 이의 학습을 통해 국왕이 궁극적으로 성취하고자 하는 성학의 목표는 '立志 →求賢 → 委任'으로 이어지는 위임통치가 제시된 것이었다. 국왕의 역할보다는 君臣共治의 모델을 염두에 둔 것이라고 할 수 있다. 이에 대한 자세한 논의는 정재훈, 2005,『조선전기 유교 정치사상 연구』태학사 참조.

그 사이의 성과를 적극적으로 반영하면, 조선후기의 정치는 붕당정치, 탕평정치, 세도정치로 정리할 수 있다. 특히 17세기 양란 이후에 국가적 위기를 수습하는 과정에서 붕당 간의 대립은 서인과 남인의 대립으로 나타났다. 예송(禮訟)은 이러한 대립의 가장 극단적인 예로 제시될 수 있다. 붕당 간의 대립은 숙종 대에는 환국(換局)의 형태로 나타났으며, 그 결과 붕당의 대립은 서인 정파의 승리로 17세기를 마감하게 되었다.

서인의 정치적 승리는 서인의 정치론에 입각한 산림정치(山林政治)의 극대화를 가져온 한편 반작용도 가져왔다. 우선 17세기 내내 이어진 반정(反正)과 분당(分黨), 환국(換局)과 처분(處分) 등으로 대립이 격화되면서 위기의식이 고취되었다. 지배층의 대립이 격화되면서 지배층 일반에서 상호 정쟁을 자제해야 한다는 인식이 제기되어 숙종 때 탕평론이 나타나기도 하였다.

한편 서인 정파의 정치적 승리는 근원적으로 국왕의 정치적 역할을 자각시키는 새로운 계기가 되었다. 즉 사림(士林)－산림(山林)정치로 이어지면서 국왕의 정국 주도권이 위태롭게 된 것을 근본적으로 돌리려는 시도가 국왕을 정치적 중심으로 새롭게 만들려는 노력으로 나타났다. 이렇게 제기된 탕평책은 또한 조선후기에 변화하는 사회현실을 반영하는 것이기도 했다. 한편으로는 양반 지배층이 가문화(家門化)하고, 보수화(保守化)하는 측면이 있었지만 동시에 경제발전과 사회변동에 따른 새로운 사회계층이 등장하면서 이들의 요구를 수용하는 통로가 필요했다.

이러한 탕평책을 중심으로 18세기를 연구한 성과는 적지 않다. 우선 영·정조대의 탕평책이 박광용에 의해 주목되어 탕평의 성격이 영조와 정조대에 어떻게 달라지는가에 대한 기초적인 이해의 바탕을 마련할 수 있었다. 영조대의 탕평과 정조대의 탕평이 어떻게 다른지에 주목하여 그 운영원리를 규명하였다. 주로 정권을 담당하였던 측의 주장을 반영하여 설명하였다는 한계가 있지만 각 정치집단이 추구한 정책의 성격까

지 고려한 점은 의미가 있었다.[12]

이후 정조대에 대해서는 정치학 분야에서도 연구가 진행되어 '정치가'로서 정조의 성격을 규정한 연구도 나왔다.[13] 정조의 학문과 정치를 통해 정조의 개혁정치에 대해 경제·인사·군사·지방의 각 분야를 통해 검토하여 그의 개혁정치가 지향하는 바를 조명하였다. 그런데 이 연구에서는 정조를 중심에 두고 주체로서 상정하였음에도 정조의 지향이 갖는 역사적 의미를 객관화하는 데에는 한계가 있었다.

최근에는 군주의 정치의리를 독립된 실체로 보아야 한다는 연구도 제시되었다.[14] 영조·정조와 같은 탕평 군주가 사대부 중심의 자작의리(自作義理)를 비판·극복하고 의리 주재권을 관철시켜 나가는 과정을 중시하여, 탕평군주가 신료들과 정치의리를 합의하거나 국시(國是)로 확정해 나가면서, 이를 바탕으로 정국의 주도력을 장악해 나갔다는 설명이다. 그러나 아직도 정조의 개혁정치가 무엇을 지향하였는지, 조선의 역사에서 어떤 의미가 있는지에 대해서 설명하는 데는 한계가 있다고 할 수 있다.

조금 이른 영조대를 다룬 연구도 이어졌다. 영조대 정치사를 다룬 이근호의 연구에서 탕평파를 본격적으로 분석하였다.[15] 특히 탕평파가 형성되는 것을 추적하여 혈연과 혼인관계를 분석하고, 숙종 대에 탕평을 제창한 박세채(朴世采)에 대한 학문적 계승의식이 탕평파를 형성한 원인으로 보았다. 또 홍봉한이 정국을 주도한 영조 37년을 전후로 하여 벌열화(閥閱化) 단계로 변화하였다고 보아 탕평이 변질된 것으로 이해하였다.

이러한 몇몇의 탕평에 관한 연구에도 불구하고 영·정조대의 정치사적 변화를 아직 정확하게 파악하고 있지는 못한 것이 지금의 상황이다. 이

---

12. 박광용, 1994, 「朝鮮後期 '蕩平'硏究」 서울대국사학과 박사학위논문; 2000, 『영조와 정조의 나라』 푸른역사.
13. 박현모, 2001, 『정치가 정조』 푸른역사.
14. 최성환, 2009, 『正祖代 蕩平政局의 君臣義理 연구』 서울대학교 박사학위논문.
15. 이근호, 2002, 『英祖代 蕩平派의 國政運營論 硏究』 국민대학교 박사학위논문.

를테면 18세기 숙종대부터 정치적 사건의 추이도 충분하게 분석되지 않았으며, 정치세력의 동향이나 정치운영론 역시 좀 더 검토의 소지가 있다.[16]

무엇보다 영·정조시기에 탕평론에만 매몰되지 않고 전체적으로 정치적 변화를 염두에 둔 시각이 필요하다. 정치세력과 정치운영이라는 관점에서 18세기 중·후반에 탕평이 매우 중요한 현상임에는 분명하지만 이 시기 여타의 현상과 연결되어 설명되어야만 더 설득력을 지닐 수 있다. 이를테면 탕평에 짝하여 국가적으로 추진된 법전(法典)의 체계를 정비한 일은 왕정체제의 강화와 국가의 영역을 확인한다는 의미에서 그 의의가 적지 않았다.[17] 그럼에도 불구하고 이러한 일을 추진한 주체와 의도, 그 내용과 관련하여 정치세력의 변동과 연결하여 설명할 점이 적지 않다.

그러한 경향의 연구가 없었던 것은 아니지만 탕평책이나 탕평론은 정치세력의 재편이나 정치론으로서만 의미를 지닌 것은 아니었다. 영조대의 균역법, 정조대에 시도된 신해통공이나 서얼허통의 문제 역시 탕평의 논의와 밀접하게 관련되는 것이었다.[18]

---

16. 이 점에서 『역사와 현실』 53(한국역사연구회)의 특집에서 영조 후반기 탕평정치와 정치세력을 다룬 공동연구는 의미가 있다.
17. 이와 관련된 연구성과로 오영교 편, 2005, 『조선후기 체제변동과 속대전』(혜안)이 있다. 그런데 이 공동연구에서 표방한 『속대전』에 관해 실제의 연구에서는 어떻게 정치, 사회에 영향을 미쳤는지에 대해 그리 크게 반영되지 못한 한계가 있다.
18. 최근 영조의 탕평정치를 다룬 연구에서는 탕평정치를 새로운 패러다임의 모색이라는 관점에서 바라보아, 『經國大典』을 이은 『續大典』의 편찬을 새로운 국법체계로 이해하는 견해가 제시되었다. 백성들을 사법체계 내에서 보호받는 존재로 파악하는 맥락과 연결되어 '균역'의 대상으로 보았으며, 이들의 신분 개선도 이루어졌다는 것이다. 金伯哲, 2010, 『조선후기 영조의 탕평정치: 『속대전』의 편찬과 백성의 재인식』(태학사) 참조.

3. 국가 운영의 사상적 기초에 대한 전망

임진왜란과 병자호란을 겪은 후에 조선이 처한 현실에서 선택할 수 있는 길은 크게 두 가지였던 것으로 보인다. 우선 16세기 이래 새로운 원리로서 성리학을 더 깊이 있게 받아들이고 이를 바탕으로 조선을 이끌고 나가는 길이 있었다. 16세기 사림의 등장으로 붕당의 차이에도 불구하고 이러한 관점은 17세기 중반까지는 공유되었던 것으로 보인다. 그러나 17세기 중반 양란을 치른 후에 보다 치열한 선택의 기로에 다시 놓이게 되었다.

성리학에 대해 한층 더 심화된 이해를 바탕으로 문제를 해결하려는 견해와 성리학에 대해 상대적으로 유연한 태도를 바탕으로 새롭게 문제를 해결하려는 견해로 나뉜 것이다. 이런 갈등은 현상적으로는 주자학이냐, 탈주자학이냐 혹은 국왕 중심이냐 군신공치 중심이냐라는 문제로 드러났다. 이 두 문제를 연결시켰던 것은 바로 17세기의 전례(典禮) 논쟁이었다.

이 논쟁의 근저에는 사실상 성리학에 대해 전반적으로 심화된 이해와 실천이라는 문제가 놓여 있었다. 특히 예 문제에서 기준으로 작용하던 『주자가례』의 실천 문제가 놓여 있었다. 『주자가례』의 실천 문제는 이미 조선 초부터 문제가 되었지만 사림이 본격적으로 활동하기 시작한 16세기 중반 이후에는 『주자가례』를 전면화하고 이를 구체적으로 실천하는 문제가 대두되었다. 사대부 층에서 본격적으로 실천하면서, 이것이 결국 왕실에까지 미친 것이었다.[19]

이 논쟁에 대해서는 이미 여러 의견이 제시되었지만 논쟁의 결과 붕당 간 정치적 승부와는 별개로 국왕과 신하와의 관계가 정리되는 변화가 생기게 되었다. 일단 국왕 측에서는 『주자가례』라는 원칙을 수용하

19. 정재훈, 2010, 『조선의 국왕과 의례』 신구문화사, 142-174쪽 참조.

여 자신의 입장에서 정리함으로써 전례의 분야에서도 국왕의 주도권을 확보하려고 하였다. 이는 산림(山林) 주도의 정치현실을 국왕(國王) 주도의 것으로 바꾸려는 것과 같은 맥락이었다.

결국 전례 분야, 예의 영역에서는 국왕을 향한 집중현상이 나타나고, 동시에 법전의 보완 등 예치(禮治)보다는 법치(法治) 위주로 정리하려는 현상이 나타났다. 그리고 왕을 필두로 하여 국가가 의리논쟁 등의 한 가운데서 중심이 되어 정리를 하는 현상이나 이와 관련된 출판물이 급증하는 현상이 나타났다. 또한 관서지(官署志)를 정리하여 출판하거나, 경학(經學)에서의 국왕명편(國王命篇) 출판물의 증가, 각종 의리서(義理書)의 간행 등의 현상이 나타났던 것도 비슷한 경향이었다.

이러한 현상 자체가 성리학의 근본적인 지향인 치자 계층의 지배를 부정하는 것은 아니었다. 반대로 곧 치자 계층 내에서 주도권을 누가 더 확보하는가의 문제로 보는 것이 정확할 것이다. 결국 17세기 사림정치－산림정치에서 나타났던 신하들의 국정주도권 장악에 대해 18세기에 국왕이 이를 다시 확보하는 문제였다고 할 수 있다.

이 과정에서 민(民)의 문제가 새롭게 제기될 수 있다. 즉 민을 통치와 교화의 대상으로 파악할 것인지 아니면 새로운 주체로 받아들일 것인지의 문제가 제기될 수 있다. 이러한 문제제기를 받아들인 것으로 볼 수 있는 사상은 조선후기에 고전유학 또는 양명학적(陽明學的) 사유가 있었다. 중국의 경우 양명학적 정치사상에서는 민을 정치의 주체로 파악하고 신분에서도 자유롭게 설정하는 측면이 있다. 이러한 이론적 영향을 받아 조선후기에도 양명학의 이념에 기초하여 민의 처지에서 현실의 사회모순을 타개하고, 왕권과 민을 결합하는 가운데 평등사회를 지향하는 국가개혁, 사회개혁을 추구하는 사람들이 등장한 예도 있다.

양명학의 사상이 일반민의 정치적 지위를 높일 수 있는 사상적 근거가 될 수 있음을 지적하거나[20] 소론계 양명학자인 정제두(鄭齊斗)가 영조 초에 경연에서 활발하게 활동하였고, 탕평정치의 이념적 기반에 양명학의 영향을 미쳤을 것으로 추정하는 연구도 있었다.[21] 그러나 양명학을 받아들인 이들은 실제로 그러한 정치사상을 펴나갈 만한 정치적 지위나 위상을 확보하지 못했던 것으로 보인다.

집권세력이나 일부 지식인 가운데서는 민(民)·백성(百姓)·민국(民國)의 중요성을 강조하고 국가권력을 민과 결부시키려는 경향이 늘어났다. 정부의 사회 정책에 민의 권리를 인정하려는 정책이 더러 법제화되고, 부세(賦稅)의 균부균세화(均賦均稅化), 신분제의 부분적 해체를 추구하는 경향이 늘어났다. 그러나 성리학적 왕정을 국왕 주도로 이루어나가는 과정에서 핵심적인 문제는 사족이 아니라 백성을 국정 교화(敎化)의 대상으로, 국역(國役)의 담당자로(均役과 大同의 이상) 설정하는 것이었다. 그런데 이러한 지향은 조선초기의 이상에서 크게 벗어난 것은 아니었다. '민본(民本)'을 우선으로 하는 전통적인 성리학적 왕정상(王政像)에서 벗어난 것은 아니었고, 더구나 조선 초에 시도한 이상과 거리가 크게 떨어진 일이 아니었다.

『속대전』이나 『대전통편』과 같이 17세기 전반 이후에 수보(修補)된 법전 어디에도 반상제(班常制)를 확인하는 법적 규정이 추가되지 않은 점은 국가에서 양반보다는 상민(常民)을 국가 편제의 대상으로 파악하고 있음을 보여준다. 비록 현실에서 '체형과 군역 면제권', '문·무반 관직 독점권'과 같은 양반층과 비양반상민층을 분리하는 사회관습이 존재하였음에도[22] 양민을 국가의 지배에서 법적인 대상자로 여전히 전제하였다는 사실이 주목된다.

이러한 상황에서 탕평국왕의 사상적 지향에 관해 국가운영의 관점과 연결해서 고려해볼 때 다음의 몇 가지에 대해서 좀 더 논의가 필요하다. 즉 18세기 중·후반에 나타난 이념의 재정비로서의 사상을 종합하는 경

---

20. 정재훈, 1993, 「霞谷 鄭齊斗의 陽明學收容과 經世思想」『韓國史論』 29.
21. 김준석, 2002, 「朝鮮後期의 蕩平政治와 陽明學政治思想」『東方學志』 116.
22. 김성우, 2008, 「사회신분」『새로운 한국사 길잡이』 지식산업사.

향, 법전의 보수, 다양한 서적의 편찬 등의 현상은 좀 더 주목할 만한 측면이 있다.

우선 탕평군주들의 정치사상적 지향을 파악할 수 있는 기준으로 들 수 있는 좋은 사례가 정조가 만든 『대학유의(大學類義)』다. 이 책은 경세 이념에 대한 총 정리서로 『대학(大學)』을 종합하려는 의도에서 나온 것이다. 그래서 『대학』 『대학연의(大學衍義)』 『대학연의보(大學衍義補)』를 합하여 『대학유의』를 편찬하였다. 이는 『대학』을 기본으로 두면서, 『대학연의』와 『대학연의보』를 합하여 제왕학의 기본으로 삼으려 한 것이다.[23]

『대학연의』나 『대학연의보』의 기본 성격은 경학(經學)에 사학(史學)을 접합하여 국왕에게 구체적인 경세의 지침을 주려는 것이었다. 즉 정조의 입장에서 주자학적 원칙을 표방하면서도(『대학』) 그 원칙을 현실에서 실현한 구체적인 사례모음집(『대학연의』와 『대학연의보』)을 동시에 통합하여 제시함으로써 경세 이념에서 국왕의 주도권을 완전히 확보하였다고 할 수 있다.[24]

정조는 "이제까지 무수한 저술과 주석서(註釋書)가 많은 학자들에 의해 이루어져 전해지나 이것이 하도 번다하고 망연(茫然)해서 일조(一朝)에 다 읽어 연구할 수 없는 것"[25]이라고 하여 제일 내용이 충실하다고 본 『대학연의』와 『대학연의보』를 택하여 수십여 년을 연구하여 만들었다고 하였다. 비단 『대학』에 관련된 것만이 아니라 정조는 경학 전반에 걸쳐서 이전과는 다른 새로운 형태의 모색을 하였다. 우선 사서삼경의 기본서에 대해서는 정본(正本)을 편찬하는 작업을 하였다. 『(삼)경(사)서정문((三)經(四)書正文)』(1775)이나 원(元)의 예사의(倪士毅) 『사서집석(四

23. 『대학유의』에 대한 연구는 김문식, 2007, 『정조의 제왕학』(태학사) 제2부 1장 참조.
24. 『대학유의』의 편찬 과정은 다음과 같다. 1781년 『대학연의보』, 1787년 『대학연의』에 批點, 1796년 圈點, 1799년 『대학유의』 필사본을 완성하였다. 따라서 본서는 정조의 治世기간 내내 편찬이 추진되어 정조의 치세 이념을 엿볼 수 있다.
25. 『大學類義』 「題大學類義」

書輯釋)』을 수정한 『중정사서집석(重訂四書輯釋)』이 그 예다.

정본뿐만이 아니라 선본(選本)의 편찬에도 정조는 힘을 기울였다. 『오경백편(五經百篇)』『주자대전(朱子大全)』의 요약인 『주자증선(朱子會選)』『자양자회영(紫陽子會英)』『주문수권(朱文手圈)』, 『주자대전』과 『주자어류』의 핵심 구절을 모은 『주자선통(朱子選統)』『주자서절약(朱子書節約)』, 주자의 편지글과 시문을 모은 『주서백선(朱書百選)』『아통(雅誦)』 등이 그러한 예다.

이와 같이 경학 관련의 경전을 정본과 선본으로 다시 만들려고 했던 정조의 의도는 무엇이었을까? 『사부수권(四部手圈)』이 편찬된 특징을 보면 정조가 경전을 대하는 태도를 짐작할 수 있다. 『사부수권』은 주지하다시피 정조가 경(經)·사(史)·자(子)·집(集)의 사부(史部) 가운데 글을 읽고 중요한 부분을 직접 뽑아서 편집한 책이다. 경사자집을 모두 망라한 점에서 정조의 학문적 태도를 알 수 있는데, 여기에서 뽑힌 구절을 보면 정조는 이전의 학술을 총정리하는 입장에서 공맹의 도통(道統)이 송대(宋代)로 이어지고, 송대에 주자(朱子)가 정리한 유학을 자신의 견해에서 재정리하려고 하였다.

경부(經部)에서 『의례(儀禮)』에 대한 관심은 주자의 『의례』에 대한 관심을 연장한 것이었고, 자부(子部)의 『오자수권(五子手圈)』에서 『주문수권(朱文手圈)』의 비중이 압도적이었던 사실, 집부(集部)에서 육지(陸贄)의 주의문(奏議文)에 대한 관심과 당송팔가(唐宋八家)의 문장에 대한 관심도 모두 주자를 학문적 지향점으로 삼으면서 주자를 넘어서려는 정조의 지향을 보여준다고 할 수 있다.[26] 그 방식 또한 여러 서술에서 정수(精髓)에 해당하는 것을 가려 뽑는 넓음[博]에서 핵심[約]으로의 과정을 시도하여 집대성의 발판을 마련하는 것이었다. 즉 정조는 주자와 관련된 저술뿐만 아니라 유학의 모든 저술을 통합하여 대일통문자(大一統文字)를

---

26. 『四部手圈』(奎 51). 규장각 영인본의 鄭在薰의 해제 참조.

만들려는 의도가 있었고, 이것은 다음 단계의 변화를 위한 기초를 마련하는 것이었다.

다음으로 법전의 보수는 18세기의 중요한 특징 가운데 하나다. 특히 이 시기에는 『속대전(續大典)』과 『대전통편(大典通編)』의 편찬이 중요하다. 『속대전』의 경우, 『육전』을 『(경국)대전』으로 정리하고, 체계화하는 작업이었던 것처럼 『대전』에 대한 체계화작업으로 설명할 수 있다. 숙종 14년(1688) 박세채가 『속대전』 편찬을 통해 『대전』 이후 법령의 체계화를 주장하였고, 박세채 주장 이후 10여년 만에 편찬·정리한 것이 『수교집록』(1698)으로 완성되어 태종에서 숙종대에 걸친 수교(受敎)가 총망라되었다.

이후 『대전』 『대전속록』 『대전후속록』 등의 합본으로 『전록통고(典錄通考)』(1706)를 간행하였다. 또 그후 『신보수교집록』와 『증보전록통고』를 편찬하였다. 이러한 작업의 종합으로서 기존의 집록(輯錄)이나 통고(通考)보다는 대전(大典)으로 새롭게 정리한 형태가 『속대전』으로 통합되어 나타났다. 『대전통편』의 편찬은 영조 후반과 정조 초반의 정치·사회의 현실을 반영하는 것으로 『대전』과 『속대전』을 합본하여 부족한 사항을 증보한 것이었다.

이러한 법전의 편찬이 갖는 의미는 단순히 법사상의 발전이라는 측면에서만 파악할 수 있는 것은 아니다. 선왕(先王)의 법제(法制), 국법(國法)을 준수한다는 의미에서 제도보다 관행이나 관습에 의한 정치를 거부한다는 의미에서 주목된다. 정치의 주체를 법의 실행을 담보할 수 있는 국왕과 이를 지지하는 관료에 의해 시행하겠다는 구상, 즉 관행이나 예보다는 법을 통한 통치라는 형식에 더욱 무게를 실음으로써 통치의 형식과 방향을 전환하려는 시도로 해석될 수 있다는 점에서 주목할 필요가 있다.

그러나 이때의 법이 서구의 입법주의와 곧바로 연결된다고 보기는 어렵다. 그 이유는 첫째 서구의 법사상이 들어와서 영향을 미친 것이 아니며, 둘째로 이러한 법치적 성격은 이미 동양의 입법주의(立法主義) 속에 내재된 요소를 발현하여 좀 더 강조한 것이므로 굳이 성격부여를 하자면 서구와는 다른 '또 하나의 근대'로서 이해해야 하는 것이 좀 더 온당할 것으로 보인다.

법전의 보수와 함께 18세기의 특징을 보여주는 요소로 또 하나 지적할 수 있는 것은 다양한 서적이 편찬, 간행되었다는 사실이다. 영 · 정조대에 특히 나타났던 이 현상의 기저에는 사실 중국에서 새로운 서적이 유입된 것이 배경으로 되었다. 청나라의 강희(康熙) · 옹정(雍正) · 건륭(乾隆) 연간이 청조 문화의 최전성기라는 사실은 주지하는 바인데, 이때 간행된 서적 역시 조선에 큰 영향을 주었다.

청에서 들여온 책은 매우 다양하였다. 『전당시(全唐詩)』『고문연감(古文淵鑑)』과 같은 문학 작품에서부터, 『주역절중(周易折中)』『주자전서(朱子全書)』 어제(御製) 등의 경서류(經書類), 『강희자전(康熙字典)』『음운천징(音韻闡徵)』 등의 자전과 음운서 등 경사자집의 모든 분야를 망라하면서 특히 어학, 문학류의 서적을 활발히 도입하였다. 영조대에는 특히 역서(曆書)와 지도, 어학서 등이 많이 들어왔다.[27] 역서의 경우 17세기에 이어 시헌력의 도입에 따라 변화가 많이 있게 됨에 따라 이와 관련된 책의 수입이 많았다. 정조대까지 새로운 역법에 따른 연구와 역서의 개정 작업은 지속되어 정조대에 『천세력(千歲歷)』『신법누주통의(新法漏籌通義)』『신법중성기(新法中星紀)』를 간행하게 되었다.

지도나 어학서의 수입도 활발하였는데, 무엇보다 정조 1년(1777)에 『고금도서집성(古今圖書集成)』을 수입한 것은 『사고전서(四庫全書)』를 수입하지 못한 것에 대체물로서 청조 문물 전반에 대해 깊은 관심을 가졌던 사정을 보여준다. 정조는 서적을 무차별적으로 구입하는 것이 아니라 『내각방서록(內閣訪書錄)』을 작성하여 체계적으로 구입하려 한 점에

---

27. 신양선, 1996, 『조선후기 서지사 연구』 혜안, 114－140쪽 참조.

서 주목된다. 이 목록에는 경·사·자·집 총 385종 1만 357권의 서명과, 권수 등이 방대하게 수록되어 있다. 특별히 주목되는 것은 이 가운데 구입목록의 분포가 총 385종 중 경부 34.8%, 사부 17.4%, 자부 31.4%, 집부 16.4%로 비교적 경서의 비중이 높다는 점이다. 이 가운데 실제 구입한 것은 경부 4종과 자부 7종 등 극히 일부에 지나지 않는다.[28]

이러한 현상은 정조가 학문의 기초로서 여전히 경학에 대한 정리를 중요하게 여겼다는 사실을 보여준다. 다만 사부에서 순수 사서보다는 문물제도 정비와 전례(典禮)에 참고가 되는 장고류(掌故類)가 41.8%를 차지한 점이나 자부에서 유가류와 비슷하게 의서나 병서가 차지하였다는 사실, 도교나 불교까지 포함하였다는 사실[29]은 정조가 국가경영에 참고하려고 한 다양한 학문의 범위를 알 수 있게 해준다.

이런 점은 정조대의 어정서(御定書), 명찬서(命撰書)의 간행에 반영되었다. 정조대에 간행된 어정서는 『군서표기(群書標記)』에 소재한 것을 기준으로 보면 『해동신감(海東臣鑑)』 등 89종 2,490권이 되며, 명찬서 역시 『군서표기』에 소재한 것을 기준으로 보면 『역학계몽집전(易學啓蒙集箋)』 등 64종 1,501종이다. 정조대 간행된 문헌의 특징은 지식의 총합적 성격이 어느 때보다도 강하다는 점이다. 정조대의 시기는 18세기의 후반으로, 조선왕조의 흐름으로 볼 때는 바로 이전 시기인 16－17세기에 사림 주도의 주자학으로 특징되는 분위기와는 다른 모색이 이루어지는 시기다. 이때 나타나는 특징은 주자학적인 방식으로만 지식을 이해하는 것이 아니라 이전 시기 한(漢)·당대(唐代)의 지식이해 방식이나 서구지식의 영향, 중국 청나라의 고증학(考證學)의 영향 등으로 지식에 대한 총체적인 이해, 총합적 이해의 성격이 어정서나 명편서에 반영된다는 사실이다. 이는 어느 한 분야에서만 나타나는 현상이 아니라 전반적으로 나

28. 강혜영, 1990, 「朝鮮朝 正祖의 書籍 蒐集政策에 관한 연구」 연세대 박사학위논문 참조.
29. 『周易參同契』 『參同契發揮釋疑』 『雲笈七籤』의 道家類와 『金剛正文小疏』 『大方廣圓覺經近釋』 『妙法蓮華經台宗會議』 등 釋家類가 이에 해당한다.

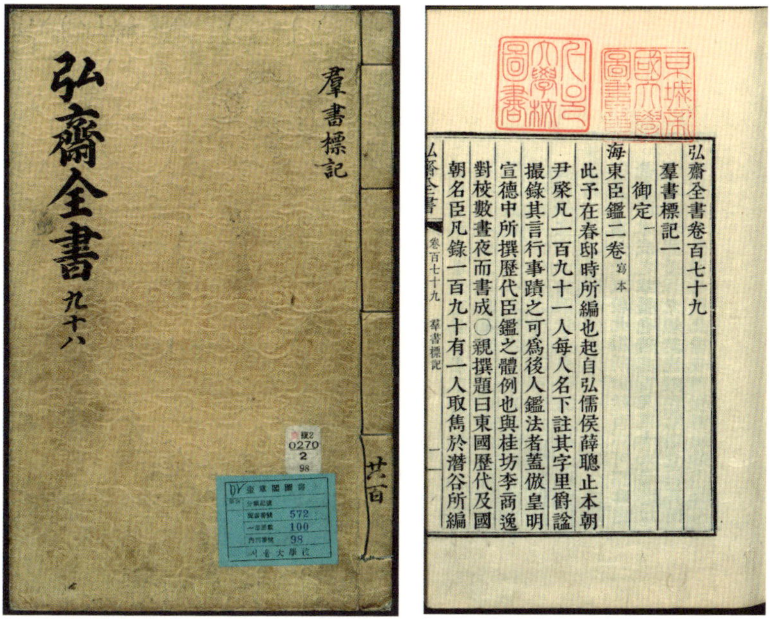

그림 1 『군서표기(群書標記)』 표지(규장각 소장). 정조 때에 간행 또는 필사된 어정서(御定書)와 명찬서(命撰書)를 수록하여 해제한 서목이다. 6권 3책으로 『홍재전서(弘齋全書)』 184권 100책 가운데 179－184권째의 책들로서 정조시대의 서적 편찬 사업을 일목요연하게 볼 수 있다.

타나는 성격이기도 하다.

이렇게 사상을 종합하려는 태도는 사상사적인 시각에서 보면 '주지주의(主知主義)'의 부활이라고도 할 수 있다. 중국에서 청대에 명대의 학술이 공소(空疎)하다고 비판하면서 훈고와 고증의 길에 나서게 되었고, 그러한 방향에서 유가 경전의 전면적인 재정리와 사상의 재검토가 이루어진 측면과 유사하다.

이때 간행된 다양한 서적에는 의리서(義理書)를 국왕이 직접 제시하는 것과 각종 훈서류(訓書類)에 해당하는 책도 포함되었다. 영조가 『어제엄제방유곤록(御製嚴堤防裕昆錄)』과 『어제경세편(御製警世編)』 『어제근정훈유

(御製勤政訓諭)』 등의 어제서(御製書)를 통해 신하들에게 효를 강조한 것이 이에 해당한다. 또 세종이 사정전(思政殿)에서 만든 『사정전소학훈의(思政殿小學訓義)』를 참고삼아, 『선정전(소학)훈의(宣政殿(小學)訓義)』를 만든 것도 같은 맥락으로 교화의 주체를 국왕으로 명확하게 상정한 것이었다. 청나라에서 향촌질서에 국가권력이 침투하는 예로 칙유(勅諭) 16조, 옹정제의 성유광훈(聖諭廣訓)이 반포되는 것과 비슷한 예라고 할 수 있다.

어정서와 명찬서 외에 숙종대부터 이어진 관서지(官署志)의 편찬도 주목되는 역사적 현상의 하나다. 숙종대에 『통문관지(通文館志)』(1715)·『혜국지(惠局志)』(1719)·『홍문관지(弘文館志)』(?), 영조대에 『춘관지(春官志)』(1744)·『홍문관지』(1744?)·『태상지(太常志)』(1766), 정조대에 『통문관지』(1778)·『혜국지』(1778)·『규장각지(奎章閣志)』(1781)·『추관지(秋官志)』(1781)·『춘관지(春官志)』(1781)·『추관지』(1782)·『규장각지』(1784)·『홍문관지』(1784)·『시강원지(侍講院志)』(1784)·『태학지(太學志)』(1785)·『탁지지(度支志)』(1788)·『추관지』(1788)·『추관지』(1792)·『통문관지』(1795) 등이 편찬되었다.

관서지에 대한 이와 같은 정리는 관서의 정비를 통해 관료제의 정비라는 목표로 최종적으로 귀결되는 현상이었다. 영조대에 이루어진 관각제도의 정비 역시 이러한 관료제의 정비와 관련이 있다. 조선전기의 경우 세종대에 설치한 집현전의 뒤를 이어 성종대에 정비된 홍문관은 이후 사림세력의 정치적 진출과 부침을 같이하였다. 홍문관은 사화(士禍)를 거치며 확보한 낭관권(郎官權)을 기반으로 하여 언관화(言官化)되었고, 비슷한 예문관, 승문원, 성균관, 교서관 등까지 정치에 참여하는 현상이 나타났다.[30] 그러나 문한(文翰)직의 증대와 중복 현상은 탕평 국왕들의 입장에서는 과도한 것으로 비쳤고, 예문관, 교서관 등에도 관제 개혁을 하게 되었다.

---

30. 우경섭, 1998, 「英·正祖代 弘文館 기능의 변화」『韓國史論』 39 참조.

탕평국왕들은 비단 기존의 관각제도를 정비하는 것에서 그치지 않고 나아가 세종대의 집현전과 같은 새로운 전각제의 신설을 추구하기도 하였다. 규장각은 이러한 시도에서 숙종 대 설치한 것을 정조대에 다시 주목하여 만든 것이었다. 이는 설치 의도에서 정조의 친위세력의 기지라는 점을 명확하게 함으로써 국왕을 직접적으로 보조하는 역할을 감당하게 하는 것이 주된 기능이었다. 따라서 각종 관서지의 편찬과 관서의 정비는 최종적으로 국초의 전각제도를 회복하는 방향으로 그와 유사하게 진행된 것으로 보인다.

4. 국가운영론의 재정비 방향

18세기 국가운영을 재정비하려는 방향은 구체적으로는 정치제도에서 국왕을 중심으로 일원적으로 편제되는 관료제의 강화, 탕평책을 중심으로 한 신하들의 세력 재편, 법과 제도의 정비를 통한 국가의 범위를 확정, 강화하는 형태로 나타났다. 이러한 국가운영론에서 나타나는 궁극적 지향은 어디를 향하는 것이었을까? 국가의 범위를 확정하고 국왕의 권위를 중심으로 관료제를 재편하고, 정치제도를 바꾸며, 신하들에게 탕평을 요구한 방향은 유교의 이상적 정치인 요순지치(堯舜之治)를 표면에 내건 것이었지만 전체적으로 보았을 때 조선 초의 국가를 전범으로 하는 것처럼 보인다.

영조 7년(1731)의 내탕고(內帑庫) 폐지 논란에 대해 영조는

> 우리나라가 초기에는 실질을 숭상하다가 세종조(世宗朝)에 이르러 문채(文采)가 아주 완비되었다. 선조조(宣祖朝)에는 유술(儒術)을 크게 숭상하여 산림(山林)의 선비들이 많이 나아갔으나, 명예를 좋아하는 폐단이 오히려 오늘날과는 같지 않았다. 오늘날은 스스로 의리(義理)를 만드니 이에 도리어 의리를 가두어 죽게 하므로, 조정의 의논이 이기기를 다투는 데서 시작해서 결국은 무신년(1728, 영조 4)의 역변(逆變)에 이르게 되었다. 그중에서는 보통보

다 뛰어난 사람일지라도 고집스럽고 꽉 막힌 병통이 없지 않으니, 마땅히 순박한 방향으로 돌아오게 하여야 할 터이나, 아마 내가 풍속을 바꾸는 교화를 할 수 있을지 두렵다.[31]

실제 영조는 인재가 많았다고 하여 '목릉성세(穆陵盛世)'로 일컬어졌던 선조대보다 세종대를 더 높이 평가하는 것에 동의하였다. 이조판서 원경하의 의견을 빌린 것이기는 하나 이 시기 세종대를 바라보던 시각은 도덕과 문장만이 아니라 문명(文明)이 발전하였던 때라고 보았다.

영묘조(英廟朝)(세종)는 우리나라의 제일 으뜸가는 문명(文明)의 기회였기 때문에 도덕과 문장에 뛰어난 선비만을 배출한 것이 아니라, 예악(禮樂)을 만들고 정비하는 시대라서 박연(朴堧)과 같이 기예(技藝)와 백공(百工)에 비상한 기능을 가진 사람들이 시대에 부응하여 태어났으며, 편경(編磬)을 만드는 데 적합한 남양(南陽)의 옥(玉)이나 율관(律管)을 교정하는 데에 사용하는 옹진산(甕津産)의 검은 기장[黍]이 역시 시대를 좇아 나오게 된 것입니다.[32]

이러한 시각에서 세종대에 시행된 제도나 간행된 도서 역시 회복할 대상이 되었다. 『삼강행실도(三綱行實圖)』[33]나 『치평요람(治平要覽)』[34]에 대한 관심, 측우기(測雨器)의 창덕궁과 경희궁 설치,[35] 세종대 갑인자(甲

31. 『英祖實錄』 권30, 영조 7년 12월 19일(무신) (前略)上曰 "我國之初, 尙質實, 至世宗朝, 文采大備. 宣廟朝, 敦尙儒術, 山林之士彙征, 而好名之弊, 猶不如今時. 今則自作義理, 乃反牿亡義理, 始於朝論爭勝, 而終至於戊申逆變也. 其中超出者, 亦不無執滯之病, 宜使返之淳厚, 而恐予不能致移風易俗之化也."

32. 『英祖實錄』 권71, 영조 26년 1월 9일(계축) 吏曹判書元景夏奏曰: "頒橘詩, 是國朝三百年再有之盛事. 祖宗朝頻有如許盛事, 故一時文學之士無不激勸, 人才蔚興. 爲人君者, 若不預爲培植, 則何以得人於危亂之際乎? 如六臣等立節之士, 蓋英廟儲養中人也. 壬辰之亂, 只一李舜臣卽臨亂拔擢之人, 而其餘忠臣、碩輔, 卒建中興之烈者, 如李恒福, 李德馨, 尹斗壽, 尹根壽, 柳成龍, 李元翼, 莫非宣廟初年培植之材也." 上曰: "宣廟朝人材 如彼其盛, 而今人每謂不及於英廟朝何也?" 景夏曰: "英廟朝, 乃我朝一元文明之會, 故不但道德, 文章之士輩出, 制作禮樂之時, 技藝百工之超常者如朴堧之徒, 應時而出, 造磬之玉, 造律之黍, 亦應時而生矣."

33. 『英祖實錄』 권72, 영조 26년 9월 18일(정사)

34. 『英祖實錄』 권81, 영조 30년 3월 3일(계축)

寅字)를 모델로 한 정유자(丁酉字)의 간인(刊印),[36] 『무원록언해(無冤錄諺解)』의 간행,[37] 감인소(監印所)를 다시 국초의 명칭인 주자소(鑄字所)로 호칭[38]하는 등은 모두 세종대의 업적을 다시 구현하려는 목적에서 나온 것이다.

그렇다면 영조가 국가를 운영하는 데 핵심으로 삼은 실제적 정책은 무엇인가? 그것은 이조낭관(吏曹郎官)의 권한 제한, 한림천거제(翰林薦擧制)의 폐지, 산림(山林) 세력의 견제, 균역법(均役法)의 시행 등이었다.[39] 대체로 균역법을 제외하고는 붕당중심의 정치를 부정하는 것이 영조의 정치운영 방식의 기본방향이었다.

영조는 초반에 소론탕평파의 도움을 받아 탕평의 기반을 마련하기 위해 각종 제도적 정비를 시도한다. 양역(良役)의 변통, 전랑자대제(銓郎自代制)의 혁파, 한림소시법(翰林召試法) 채택을 위한 관제(官制)의 정비, 『속대전』과 『국조속오례의』 편찬, 서원과 사우의 철폐 등은 모두 붕당의 폐해를 없애기 위한 시도들이었다. 이러한 시도를 통해 영조는 궁극적으로 사대부들이 주체가 된 붕당정치를 넘어서서, 국왕중심의 정치체제를 구성하려고 하였다.

이와 같은 국왕중심의 정치체제는 국왕이 홀로 주체가 되어 이끄는 정치 형태가 아니라 국왕이 중심이 되고, 민이 그 대상이 되는 왕(王)－민(民)체제의 형태를 띠는 것이었다. 당시 사료 상에서는 '민국(民國)'으로 표현되는 것이 이에 해당한다. 종래에는 민본(民本)으로 표현되었던 민유방본(民維邦本)의 개념에서는 백성은 통치의 대상일 뿐이었다. 그런데 17세기 후반 숙종 대부터 시작하여, 18세기에 들어와서 특히 영조와 정조 시기에 국가란 용어를 대치하여 '민국(民國)'이 등장하여 '백성과

35. 『英祖實錄』 권114, 영조 46년 5월 1일(정축)
36. 『正祖實錄』 권39, 정조 18년 1월 24일(임자)
37. 『正祖實錄』 권45, 정조 20년 11월 3일(갑진)
38. 『正祖實錄』 권45, 정조 20년 12월 15일(병술)
39. 『英祖實錄』 권107, 영조 42년 10월 24일(경신)

나라'를 포괄하는 개념으로까지 발전하게 되었다.[40]

그런데 중앙집권의 전통이 매우 강하였던 조선에서 사대부들을 어떻게 '민국'의 체제 안으로 끌어들이느냐의 문제는 해결이 필요한 과제였다. 붕당의 해체를 통한 탕평의 구현은 궁극적으로 '민국' 안으로 사대부 관료들을 끌어들이는 것을 목표로 한 것이었다. 이 때문에 영조대의 각종 관제 개혁에 이어 정조대에서도 규장각을 설치하고, 초계문신(抄啓文臣) 세력을 키우는 등 정치세력을 육성하였다.

국가운영에서 왕권으로의 권한집중은 국가전례(國家典禮)의 분야에서 특별히 두드러지게 나타났다. 국가전례는 국가의 공식적인 의식(儀式)을 말한다. 이것은 반복성과 일관성을 갖추고 있으며, 분명하게 규정된 행동규범을 특징으로 한다. 따라서 제반 의식의 수행은 그것이 상징하는 도덕적 가치를 내면화하여 구성원들을 사회적으로 통합할 수 있도록 한다.

유교를 통치 이념으로 채택한 조선왕조는 유교 윤리의 보급과 국가질서를 위해 오례(五禮), 즉 길례(吉禮), 가례(嘉禮), 빈례(賓禮), 군례(軍禮), 흉례(凶禮)를 국가전례로 규정하고, 국가의식으로 수행하였다. 세종대에 이르러 예제의 틀을 갖춘 국가전례는 현실 상황과 시대의 변화에 따라 시기별로 각종 의절을 재정비하였다. 그리고 그 과정에서 조선의 중요 전례서가 편찬되었다. 즉, 세종대의 의절을 담은 『세종실록오례의(世宗實錄五禮儀)』, 성종대의 『국조오례의(國朝五禮儀)』, 영조대의 『국조속오례의(國朝續五禮儀)』, 정조대의 『춘관통고(春官通考)』 및 1897년 대한제국 성립 무렵에 편찬된 『대한예전(大韓禮典)』이 그것이다. 따라서 조선시대 전례서에 수록된 용어와 내용은 각 시기별 전례의 전개와 변화를 그대로 담게 되었다.

의례는 법령보다 더 근본적인 규범으로 심지어는 법적 구속력까지 갖

---

40. 金伯哲, 2007, 「조선 후기 영조대 백성관의 변화와 '民國'」 『韓國史硏究』 138; 김백철, 2010, 앞의 책 참조.

그림 2 화성행행도병풍(華城行幸圖屛風) 중「시흥환어행렬도(始興還御行列圖)」(국립고궁박물관 소장). 정조가 1795년(정조 19)에 사도세자(思悼世子)의 능인 현륭원(顯隆園)이 있는 화성(華城, 지금의 수원)에서 혜경궁(惠慶宮) 홍씨(洪氏)의 회갑연을 베풀었던 행사를 그린 기록화 가운데 시흥행궁으로 돌아오는 모습을 그린 그림이다. 국왕의 행차를 자유롭게 바라보는 민들의 모습이 이 시기 정조가 바랐던 민을 상징하는 듯하다.

추었다. 국가 의례서의 편찬은 법전의 편찬 과정과 맥락을 같이하였던 것은 그러한 사정의 반영이었다. 『경국대전』－『속대전』－『대전통편』－『대전회통』의 편찬은 전례서(典禮書)와 같은 맥락에서 작성되었다.[41]

18세기에 편찬된 『국조속오례의』, 정조대의 『춘관통고』 『국조상례보편(國朝喪禮補編)』 등은 모두 국가와 왕실의 주장이 어느 때보다도 강하게 반영되었다는 점에서 주목이 된다. 영조 20년(1744)에 편찬된 『국조

41. 정재훈, 2010, 『조선의 국왕과 의례』 지식산업사, 142－145쪽.

속오례의』는 시대의 변화에 따른 부적합한 부분의 수정, 보완을 이루면서 다음의 몇 가지 특징을 갖게 되었다. 길례에서 서계의(誓戒儀)·전향축의(傳香祝儀) 등 왕이 친림하는 의식 절차 및 종묘와 영녕전에 배알하는 의식으로 세자·왕비·세자빈 등의 알종묘영녕전의(謁宗廟永寧殿儀)가 있으며, 영희전의(永禧殿儀), 장녕전의(長寧殿儀), 행릉의(幸陵儀) 등 궁전 내에서 제사를 지내는 의식을 규정한 것이 대부분이다. 가례에는 존호책보의(尊號冊寶儀), 친영의(親迎儀), 진연의(進宴儀), 유생전강의(儒生殿講儀) 등이 있다. 군례에는 대사례(大射禮)에 추가한 대사의(大射儀)를 비롯해 노포(露布)와 일식(日食)에 관한 의식이 있다. 흉례에는 복제(服制)·재궁(梓宮)·발인(發靷)·영가(靈駕) 등에 대한 절차와 망곡(望哭)·천릉(遷陵)·복위(復位) 등의 의식이 추가되어 있다. 궁원(宮園)에 대한 의식이 정비되는 것도 같은 맥락이다. 왕실에서 기신제(忌辰祭)를 운영하는 데서도 종래와는 달리 왕릉에서 직접 행하는 것은 국왕에 대한 의례가 새롭게 정비되는 현실을 반영한 것이었다.[42]

『춘관통고(春官通考)』는 1788년(정조 12)경 유의양(柳義養)이 왕명을 받아 『춘관지(春官志)』『국조오례통편(國朝五禮通編)』(李祉永 편) 등을 바탕으로 예조가 관장하는 모든 예제와 예문을 길·가·빈·군·흉의 오례로 나누어 총 정리하여 편찬한 책이다. 『춘관통고』는 예조에 소관되는 각종 예제와 연혁 등을 조선 초부터 정조 초까지 서술하고, 이에 관한 고실(故實)·의주(儀註)·도설·도식·원의(原儀)·속의(續儀)·보의(補儀)·증의(增儀) 등을 포괄적으로 각각 붙여서 조선시대에 시행된 모든 예제를 일목요연하게 이해할 수 있는 특징이 있다. 특히 왕례(王禮)에 관련된 부분의 보강이 두드러졌는데, 『국조오례의』와 비교하면 왕례와 관련된 사례가 급증하였다. 따라서 이 책은 조선왕조에서 유교적 국가 전례의 모든 사례를 총망라한 유일의 회통서(會通書)라고 할 수 있다.

---

42. 정재훈, 2007, 「조선후기 왕실 忌辰祭의 설행과 운영」『奎章閣』 31 참조.

『국조상례보편(國朝喪禮補編)』은 홍계희(洪啓禧) 등이 영조 명으로 편집한 궁중 예제에 관한 내용으로 『국조오례의』 가운데 의주(儀註)가 없는 것이라든지 옛날에는 있었지만 지금은 없는 것 등을 작도(作圖)하였다. 여기에는 실질적인 삼년상제를 주장해 정리하였다. 『향례합편(鄕禮合編)』은 이병모(李秉模) 등의 각신(閣臣)이 정조의 명에 따라 만든 책이다. 이 책은 의례의 향음주례(鄕飮酒禮), 향사지례(鄕射之禮)와 사관(士冠), 사혼(士昏)의 의례에다 여씨향약(呂氏鄕約) 등을 모아 풀이를 덧붙여 백성들이 보고 실행하기에 편하도록 엮은 책이다. 대체로 위의 의례를 설명하면서 『예기』부터 당·송·명의 예와 『국조오례의』 『주자가례』 등을 다양하게 예로 들어 설명하였다. 이러한 특징은 정조대에서 나타나는 일반적인 특징으로 볼 수 있다. 따라서 이와 같이 보면 『국조속오례의』에서는 왕권을 높이는 방향으로 왕실의 의례를 정비한 것에 비해 『국조상례보편』과 『향례합편』에서는 상례(喪禮)와 향례(鄕禮), 즉 사대부의 예까지 국가 의례의 경계 안으로 포괄하려는 의도에서 정리한 것으로 추정된다.

18세기 조선의 국가운영체제는 이전의 시기에 비해 크게 달라진 것이 역사적 사실이다. 그 변화의 한복판에는 탕평국왕이 자리하고 있었다. 숙종대부터 서서히 나타난 탕평국왕들의 모습은 현상적으로 볼 때 높아진 왕권을 배경으로 하고 있음이 틀림없다. 그렇다면 이러한 탕평국왕들의 역사적 위상을 어떻게 이해할 수 있을까?

탕평국왕들은 주자성리학에서 내세운 이념을 자기의 것으로 만들면서, 이의 실행주체로 자임하였고, 이에서 나아가 요순지치를 이룬다는 표방 아래 새로운 정치 모델을 제시하려고 하였다. 요순지치의 실제적인 내용은 국가(왕)-민의 체제를 만드는 것이라고 할 수 있다. 이것을 만드는 근거로 『주례』를 주목했는데, 『주례』는 사대부를 비롯한 귀족층의 사적 지배를 배제하고 국가(왕)-민으로 연결되는 일원적인 체제를 지향하는 측면이 있었다. 곧 민을 제민화(齊民化)하는 것이 목표였던 것이다.

그런데 이러한 모델은 전혀 새로운 것은 아니었다. 조선의 역사에서 이미 경험한 조선초기의 모델, 국가중심의 성리학 이해와 이를 통한 국가체제의 운영이 이루어진 세종대의 전범과 비교될 수 있었다. 조선 초에는 성리학을 이미 국가의 국정교학으로 체제화하였던 원나라에서 도입하면서 그의 영향을 받아 국가 중심의 성리학에 입각한 국정운영체계를 추구하였던 것이다.

이후 조선중기에 이러한 국가중심의 체제교학을 넘어서려는 노력이 사림에 의해 제시되었다. 이에 기반한 것이 주자주의에 입각한 사림정치론이었다. 이후 17세기까지 사상적 지향의 기준으로서 역할을 하였던 주자주의를 국왕이 자임함으로써 주자주의를 무화(無化)하고, 나아가 주자학을 넘어서 유학의 틀에서 사고하려고 하였다. 국가(국왕)-민의 체제는 이러한 의미에서 사대부 관료 중심의 주자학을 넘어서 전통적인 유학의 세계를 다시 제시하는 것이었다고 할 수 있다. 마치 청나라에서 『사고전서』가 국내외적인 사상통제로서 대내적으로는 한족에 대해, 대외적으로는 서학에 대한 대응으로 나타난 것과 같다. 조선에서도 정조가 『사고전서』에 관심을 크게 가진 것도 비슷한 맥락에 있었기 때문인 것으로 보인다. 따라서 이런 점에서 볼 때 조선과 청은 서구문명에 대한 대응양식에서 유사한 점이 있다고 할 수 있다.

붕당정치 타파를 위한 여러 장치는 이것을 목적으로 만들어진 것이었다. 이때 종래의 사대부 관료를 어떻게 끌어들이는가가 문제가 될 수 있었다. 결국 여러 정책을 제시하였으나 이들을 탕평의 '민국'체제로 끌어들이는 데는 한계가 있었던 것으로 보인다. 따라서 18세기의 조선은 '민국'체제를 지향하는 탕평국왕과 종래 사대부의 국가를 지향하였던 전통의 체제가 동거하는 상황이 비교적 실상에 가까운 것이었다고 설명할 수 있다.

이러한 변화를 조선후기에 주자학의 중세적 보편주의에서 벗어나 '절대주의'를 성립하려는 노력, 혹은 '계몽군주'로 보자는 주장도 있다.[43] 하지만 그보다는 조선 중기에 성행한 사림정치 이전의 조선 초의 국가적 지향과 비교하여 같고 다른 점을 밝히는 것이 18세기, 좀 더 한정한다면 정조시대의 역사적 위상에 대해 객관적으로 접근할 수 있는 길이라고 판단된다.

43. 이태진, 1993, 「정조: 유교적 절대 계몽군주」『한국사시민강좌』 13, 일조각.

참고문헌

사료

『英祖實錄』『正祖實錄』『大學類義』『四部手圈』

논문

강혜영, 1990,「朝鮮朝 正祖의 書籍 蒐集政策에 관한 연구」연세대 박사학위논문.

김준석, 1998,「兩亂期의 國家再造 문제」『韓國史硏究』101.

______, 2002,「朝鮮後期의 蕩平政治와 陽明學政治思想」『東方學志』116.

박광용, 1994,「朝鮮後期 '蕩平'硏究」서울대국사학과 박사학위논문.

우경섭, 1998,「英·正祖代 弘文館 기능의 변화」『韓國史論』39.

이태진, 1993,「정조: 유교적 절대 계몽 군주」『한국사 시민강좌』13, 일조각.

정재훈, 1993,「霞谷 鄭齊斗의 陽明學收容과 經世思想」『韓國史論』29.

______, 2007,「조선후기 왕실 忌辰祭의 설행과 운영」『奎章閣』31.

지두환, 1987,「朝鮮後期 禮訟 硏究」『釜大史學』11.

______, 1988,「조선후기 戶布制 論議」『韓國史論』19.

최성환, 2009,「正祖代 蕩平政局의 君臣義理 연구」서울대학교 박사학위논문.

저서

김문식, 2007,『정조의 제왕학』태학사.

김백철, 2010,『조선후기 영조의 탕평정치:《속대전》의 편찬과 백성의 재인식』태학사.

김용섭, 2008,『東아시아 역사 속의 한국문명의 전환: 충격, 대응, 통합의 문명으로』지식산업사.

김준석, 2003,『朝鮮後期 政治思想史 硏究』지식산업사.

박광용, 2000,『영조와 정조의 나라』푸른역사.

박현모, 2001,『정치가 정조』푸른역사.

신양선, 1996,『조선후기 서지사 연구』혜안.

유봉학, 1995,『燕巖一派 北學思想硏究』일지사.

溝口雄三 등 저/김석근 등 역, 2003,『中國思想文化事典』민족문화문고.

오영교 편, 2005,『조선후기 체제변동과 속대전』혜안.

이근호, 2002,『英祖代 蕩平派의 國政運營論 硏究』국민대학교 박사학위논문.
정옥자, 1988,『朝鮮後期 文化運動史』일조각.
______, 1991,『朝鮮後期 知性史』일지사.
정재훈, 2005,『조선전기 유교 정치사상 연구』태학사.
______, 2010,『조선의 국왕과 의례』지식산업사.
주경철, 2008,『대항해시대』서울대출판문화원.
최완수 외 지음, 1998,『진경시대』1 · 2, 돌베개.
한국사연구회 편, 2008,『새로운 한국사 길잡이』지식산업사.
한림대학교 한국학연구소 편, 2007,『다시, 실학이란 무엇인가』푸른역사.

Abstract

King Jeongjo and His Reign

by Kim, Ingeol et al.

Among all the Joseon Dynasty kings, Jeongjo(正祖) is (although arguably) by far the most interesting one who have continued to draw the attention of countless people and researchers. Most of the studies done on this character or introductions made for this king, have typically concentrated upon the 'honorable king(聖君)' aspect of his reign. As a result, a systemic approach armed with a comprehensive perspective has never been appropriately applied to the task of analyzing the nature of his reign and his time. The 18th century when Jeongjo ruled the country, was a very important part in the history of the Joseon Dynasty, yet studies were never successful in reaching their objectives, and accurate evaluations of this time have yet to exist.

Within the Korean historical community, which continued to develop itself after liberation from the Japanese occupation, attempts to thoroughly examine this time period surely continued. This period was in fact the most passionately studied aspect of the entire Joseon Dynasty. Socio-economic studies concentrated upon examining the developing aspects of the Joseon society in its later periods, and political and philosophical studies announced inspiring evaluations of this time period as well. Yet individual studies often displayed problems, like failing to secure sufficient data to back their theories, or failing to provide more distinct insights into the events of the past. They apparently had problems in finding connections between themselves, their own studies and perspectives, as well.

In proceeding with this study, we tried to understand the nature of this time period not only in terms of King Jeongjo and his reign, but also in terms of the entire historical flow of the Joseon society in its latter half. We also intended to raise new questions regarding this time period. First, we examined previous studies, and then contemplated what the background to King Jeongjo's governance and his reign may have been like. We also chose to perceive this time period as exemplifying the theme of 'self-recognition,' a theme that could be used in penetrating into Jeongjo's time.

Based upon such a perspective, in this study, the era of Jeongjo is examined mainly from two angles: his perception of space and time, and his perception of Joseon and the governance of it. In the former half of this book, two articles respectively dealing with "Joseon science's concept of time and history during King Jeongjo's reign" and "Joseon people's understanding of space during King Jeongjo's reign" are positioned. And in the latter half of this book, four articles titled "Jeongjo's perception of the state(國體)," "Jeongjo's perception of the king's role and governance based upon the (Sage) Kings' way," "The divergence between the capital & local regions and employment of local literary figures during Jeongjo's reign" and "Remodification of the governance system in Joseon" will follow.

With such efforts, we were able to confirm several things. We are convinced that King Jeongjo and his fellow Joseon people at the time were actually aware of there self-identity as an independent cultural entity. That self-recognition seems to have been a very distinctive sense of identity, as it was an identity that was created while recognizing the existence of the Qing culture, and also an identity that pursued a higher level of communication with the public(公) side of the society.

For example, Jeongjo tried to elevate the cultural standards of Joseon to the level of the Chinese Qing dynasty and all its cultural accomplishments. Also, that Jeongjo ordered the calculation of the North-bound altitudes(北極高度) of all eight provinces inside the Joseon(Korean) peninsula and ordered the implementation of the Korean calendar("本國曆"), and his comment remarking that "They should preserve the nature of the East," confirm the nature of his perception of Joseon, That is, he viewed it as an independent entity and as an identity that stood apart from Qing, its counterpart in China.

Jeonjo's own argument for wanting to become the Master King("君師論"), and the argument for employing a policy of 'fair assignments of officials("蕩平論"),' were in fact variations of previous stances that had been displayed by his immediate predecessors like Sukjong or Yeongjo, with regard to the theories of 'the king and Vassals ruling together("君臣共治論")' or 'Prioritizing the king's Dedication to Rightful studies("君主聖學論"),' that were actually supported by the vassals. So, Jeongjo's position toward academic studies, the "Sage' kings" ways, and the so-called "Tangpyeong(蕩平)" politics should not be exclusively regarded as Jeongjo's own creations. Yet Jeongjo also managed to display new attempts, and endeavored to establish a political structure aiming for accompaniment(大同), communication and unity. We were able to confirm the existence of such efforts, from his attempts to alleviate tensions and conflicts between regions and classes, to communicate with estranged local intellectuals and literary figures, and to publish ritual protocol manuals meant for the state and the royal family.

Based upon his efforts, we are certain that the accomplishments and shortcomings of his reign should be evaluated from a new perspective. Although his attempts as the king of the Joseon dynasty were not well-received by the Joseon people of his time on more than a few occasions, we should aim to shed some light upon the historical truth of Jeongjo's time, which would also be crucial in understanding the history of 19th Korea.

찾아보기

ㅈ

발간사

'한국학'에 대한 관심과 요구가 국내외에서 높아지고 있다. 한국학을 전공으로 하는 학과도 생겨나고 한국학 연구자들의 국제학술대회도 종종 접하게 된다. 한국사회가 짧은 시기에 보여 준 역동적인 변화에 대한 학문적 관심이 나라 안팎으로 증대된 결과일 것이다. 한국의 역사와 문화, 사회적 경험이 점점 더 많은 연구자들의 관심대상으로 되고 있다는 사실은 매우 반가운 일이다.

한국학이란 고정된 분과학문 체계 내의 한 부분영역이 아니라 다양한 분과학문들이 함께 참여하는 학제적 연구의 성격을 지닌다. 한국학은 과거의 전통에 깊은 관심을 갖지만 현재의 문제들에도 주목하며 미래의 전망을 모색하는 작업도 포함한다. 인문학적 논의와 사회과학적 관심은 물론이고 자연과학적 문제의식과 예술적 시각이 함께 어우러지는 곳이다. 당연히 한국학은 국내의 연구자들이 자신의 특수성만을 부각시키는 폐쇄적인 장이 아니라 전 세계의 학자들이 자유롭게 참여하는 지적 토론의 공간이다. 한국을 대상으로 한 다양한 연구를 지원하며 진지한 논의와 지적 실험을 뒷받침하는 것이야말로 한국학의 가장 중요한 역할이라 할 것이다.

이런 의미에서 한국학은 한국의 문화와 역사적 경험을 전 인류의 문화유산과 역사적 경험의 한 부분으로 바라보는 전 지구적 시각을 요구받고 있다. 한국학은 한국사회의 경험을 연구하되, 그것을 21세기 세계사적 과제들과 더불어 사고함으로써 새로운 문명적 대안을 모색하는 전 지구적 논의에 적극적으로 동참하는 작업이 되어야 한다. 이런 종합적이고 개방적인 연구의 집적을 통해서만 한국의 특수성만을 절대화하는 오류에서 벗어나면서 동시에 서구의 눈으로 한국을 대상화, 타자화하는 오리엔탈리즘적 지역학의 한계도 극복할 수 있는 길이 열릴 것이다.

한국의 학문 발전에 큰 책임을 지고 있는 서울대학교는 한국학의 바람직한 발전을 위해 적극적인 역할을 하고자 한다. 이를 위해 별도의 연구기금을 마련하여 '한국학 장기기초연구 지원사업'을 추진하고 이 사업의 결과물들을 모아 연구총서, 자료총서, 모노그래프를 출간하기로 했다. 서울대학교 교수진의 연구역량과 진지한 문제의식들이 결집됨으로써 한국학의 연구수준이 더욱 높아지고 내용이 보다 풍부해질 것을 믿고 있다. 이 연구사업이 해를 거듭할수록 한국사회에 대한 이해가 깊어짐은 물론이고 한국의 경험을 통해 세계 학계의 시각과 논의도 더욱 풍성해질 것을 기대해 마지않는다.

2003년 8월

서울대학교 규장각한국학연구원 한국학연구사업위원회

저자 약력(게재순)

문중양 Moon Joong-Yang
서울대학교 계산통계학과 학사, 과학사 협동과정 석사, 박사
현 서울대학교 국사학과 교수

배우성 Bae Woosung
서울대학교 국사학과 학사, 석사, 박사
청운대학교 교양과정 교수 역임
현 서울시립대학교 국사학과 교수

김인걸 Kim Ingeol
서울대학교 국사학과 학사, 석사, 박사
전 한국역사연구회 회장
현 서울대학교 국사학과 명예교수

한상권 Han Sang Kwon
서울대학교 국사학과 학사, 석사, 박사
전 한국역사연구회 회장
현 덕성여자대학교 사학과 명예교수

박현순 Park Hyun Soon
서울대학교 교육학과 학사, 국사학과 석사, 박사
현 서울대학교 규장각한국학연구원 HK교수

정재훈 Jung Jae-Hoon
서울대학교 국사학과 학사, 석사, 박사
현 경북대학교 사학과 교수

서울대학교 규장각한국학연구원 한국학연구총서

01 지방문학사: 연구의 방향과 과제 | 조동일
02 한국 근대과학 형성과정 자료 | 문만용 · 김영식
03 목석의 울음: 손창섭 문학의 정신분석 | 조두영
04 통일한국의 농업 | 김완배 외
05 현대 한국사회의 철학적 문제: 사회운영원리 | 백종현
06 한국유교의 과제 | 금장태
07 韓國 古代 · 中世初期 土地制度史: 古朝鮮~新羅 · 渤海 | 이경식
08 『무과총요』 연구 | 나영일
09 북한 주요 산업지역의 토지이용 변화와 개방지역에 관한 연구 | 황만익 · 이기석
10 재벌체제와 다국적기업: 경제개발의 두 가지 유형 | 이승훈
11 붉은악마와 월드컵 | 이순형
12 『조선왕조실록』 보존을 위한 기초 조사연구(1) | 송기중 · 신병주 · 박지선 · 이인성
13 한국 근대의 사회복지 | 안상훈 · 조성은 · 길현종
14 한국어 체언의 음변화 연구 | 이상억
15 조선 중기 무예서 연구 | 나영일 · 노영구 · 양정호 · 최복규
16 1950년대 사회주의 건설기의 북한 보건의료 | 황상익
17 후발 산업화와 국가의 동학: 탈관료화와 강성국가의 공동화 | 하용출
18 조선 후기의 기술도: 서양 과학의 도입과 미술의 변화 | 정형민 · 김영식
19 韓國 中世 土地制度史: 朝鮮前期 | 이경식
20 남북 언어의 문법 표준화 | 권재일
21 50권본 『화엄경』 연구 | 이승재
22 한 · 중 소화의 비교 | 서대석
23 고려전기의 전시과 | 이경식
24 개항기 전후 경상도의 육상교통 | 허우긍 · 도도로키 히로시
25 한국어의 주제와 통사 분석: 주제 개념의 새로운 전개 | 임홍빈
26 한국적 패션 디자인의 제다움 찾기: 전통미와 현대적 활용을 중심으로 | 김민자
27 한국 근대문학교육사 연구 | 우한용
28 『조선왕조실록』의 여진족 족명과 인명 | 김주원
29 중앙아시아 고려말의 문법 | 권재일
30 삼국통일전쟁사 | 노태돈
31 한국의 사회운동과 진보정당 | 임현진
32 한국 행락문화의 변천과정 | 황기원
33 노래의 상상계 | 신범순

34 한국의 언어 민속지: 전라남북도 편 | 왕한석
35 주시경의 언어이론과 표기법 | 송철의
36 일제강점기의 철도 수송 | 허우긍
37 인권으로 읽는 동아시아: 한국과 일본의 인권 개선조건 | 정진성 · 공석기 · 구정우
38 정조와 정조시대 | 김인걸 외
39 문화의 정치와 지역사회의 권력구조: 안동과 안동김씨 | 김광억
40 한국어 명사구의 의미론: 한정성/특정성, 총칭성, 복수성 | 전영철
41 한국의 건강 불평등 | 김창엽 · 김명희 · 이태진 · 손정인
42 한국어의 재구조화 1 · 2 | 임홍빈
43 조선에 전해진 중국 문헌 | 이종묵 외 6인